苏格拉底的使命就是发现人的无知："未经审察过的生活是不值得过的。"

子曰："己所不欲，勿施于人。"这位中国第一教师的梦想是"教化天下"。

蒙田："对一个人来说，世界上最伟大的事情是如何保持自我。"

马丁·路德："我不承认有任何解释圣经的固定法则。"

塞万提斯："让我们为堂吉诃德哭泣。"

斯威夫特："你的大多数同胞是造物主容忍在地球表面爬行的小害虫中最丑陋、最恶毒的一类。"

约翰逊："每一个人都有权说出他认为是正确的东西，其他每一个人也有权对前者进行驳斥。"

伏尔泰："我不同意你的观点，但我誓死捍卫你说话的权利。"

卢梭："让孩子们享用其与生俱来的自由吧，这种自由至少在某一个时期内可使他免受奴役的戕害。"

人类的精神星空 人类的声音

歌德："永恒的女性，引我们上升。"

波德莱尔："快陶醉吧！醉于美酒、醉于诗歌，或是醉于德性。"

荷尔德林："劬劳功烈，然而人诗意地栖居在大地上。"

雨果："世界上最广阔的是海洋，比海洋更广阔的是天空，比天空更广阔的是人的心灵。"

巴尔扎克："我粉碎了每一个障碍！"

福楼拜："包法利夫人就是我。"

高尔基说托尔斯泰："只要这个人活在世上我便不是孤儿。"

陀思妥耶夫斯基："美将拯救世界。"

爱默生："所有被焚烧的书籍将照亮世界；所有被查禁和删除的语言将回荡在世界的每一个角落。"

梭罗："我从未发现过一个像孤独那样志同道合的伴侣。"

惠特曼："我歌唱带电的肉体。"

尼采："上帝死了！"

人类的精神星空
人类的声音

里尔克："此刻有谁在世上某处哭，无缘无故在世上哭，在哭我。"

王尔德："社会常常宽恕犯罪者，却从不宽恕梦想者。"

卡夫卡变形记："每一个障碍都粉碎了我。"

纪德："把自己塑造成无法替代的人。"

普鲁斯特："在我们的记忆中寻找失去的乐园，那唯一真实的乐园。"

罗曼·罗兰："呼吸一下英雄们的气息，人类中最优秀的和你们同在。"

泰戈尔："准备出发吧，我的心！让那些必须停留的人徘徊不前吧。"

伍尔夫："我信任普通读者的见解。"

萨特："人注定是自由的。从他被抛入这个世界的那一刻起，他就为自己的所作所为负责。"
波伏瓦："女人与其说是生就的，不如说是变成的……是整个文明生产出女人。"

人类的精神星空

人类的声音

加缪："今天的写作是一种信奉。"

萧伯纳："拯救人类的唯一希望在于教育。"

林肯："你确实可以在某一个时候欺骗所有的人，你甚至可以永远欺骗某一些人，但你却不能在所有的时候欺骗所有的人。"

乔治·奥威尔："一切动物都是平等的，但是有些动物比其他动物更平等。"

茨威格："人有坚守'异端的权利'。"

索尔仁尼琴："文学，如果不能成为当代社会的呼吸，不敢传达那个社会的痛苦和恐惧，不能对威胁着道德和社会的危险及时发出警告——这样的文学是不配称作文学的。"

川端康成："美，一旦在这个世界上表现出来，就决不会泯灭。"

博尔赫斯置身迷宫："啊，真是无能啊！我的梦从来没有产生过一只我渴望的老虎。"

罗素："有三种简单但极其强烈的情感统治着我的生活：对爱的渴望，对知识的探求，对人类苦难的难以忍受的怜悯。"

爱因斯坦七十岁生日照。"决不做违反良心的事，即便这是国家的要求。"

居里夫人："我认定科学本身就具有伟大的美。"

诺贝尔："我准备在死后建立一笔基金以推动和平事业，但我怀疑其结果。"

甘地："非暴力这种武器属于最强者。"

马丁·路德·金："我有一个梦想。"

人类的精神星空

敬　启

　　严凌君先生主编的"青春读书课"系列丛书，立意高远，贴近青少年阅读心理，选文题材广泛，内容丰富。在编辑过程中，我们按照现代出版规范对选文进行了统一处理，对部分选文做了删减，力求提供一套符合现代文字规范的青少年读物，以帮助读者建立对纯洁汉语的认知与体悟。敬请作者、译者见谅。

　　另外，我们已经联系到部分选文的作者和译者，他们同意将作品列入"青春读书课"系列丛书出版，但由于作者面广，仍有部分作者和译者无法取得联系。请作者和译者看到本系列丛书后尽快与我们联系，以便奉寄样书和稿酬。

　　诚致谢意!

　　联系人：蒋鸿雁

　　电话：0755-83460371

　　Email：984213171@qq.com

海天出版社

THE VOICE OF HUMAN BEING A COLLECTION OF ESSAYS ON WORLD CULTURE

青春读书课·珍藏本　第六卷

成长教育系列读本

严凌君　主编／导读

人类的声音

世界文化随笔读本　［下］

海天出版社（中国·深圳）

图书在版编目(CIP)数据

青春读书课.人类的声音.下/ 严凌君主编、导读.—深圳:海天出版社，2018.1 (2019.10重印)

ISBN 978-7-5507-2187-6

Ⅰ．①青… Ⅱ．①严… Ⅲ．①阅读课－中学－课外读物 Ⅳ．①G634.333

中国版本图书馆CIP数据核字(2017)第269122号

青春读书课．人类的声音．下

QINGCHUNDUSHUKE.RENLEI DE SHENGYIN.XIA

出 品 人	聂雄前
责任编辑	蒋鸿雁 谢 芳
责任技编	梁立新
责任校对	万妮霞
书籍设计	韩湛宁
插页设计	李晓光

出版发行	海天出版社
地 址	深圳市彩田南路海天综合大厦（518033）
网 址	www.htph.com.cn
订购电话	0755–83460293（批发） 83460397（邮购）
排版制作	深圳市思成致远创意文化有限公司 Tel：0755–82537697
印 刷	深圳市华信图文印务有限公司
开 本	787mm×1092mm 1/16
印 张	19.25
字 数	360千
版 次	2018年1月第1版
印 次	2019年10月第3次
定 价	32.00元

目 录

话说中国

上编 文学的力量

应该有一种更好的生活，
用真、善、美洗刷过的生活。
人们在文学的长河中，
寻觅她摇曳多姿的倒影。

The voice
人类的声音
of human being

【奥地利】卡夫卡

刘小枫 译 孙凤城 校

致斐丽斯①

　　在这封写给女友的信中,卡夫卡(1883~1924)把写作推到极致:"写作就是把心中的一切都敞开,直到不能再敞开为止。写作也就是绝对的坦白……"把作家的生活方式推到极致:"我常常在想,对于我来说,最好的生活方式也许是一个人呆在宽大而又幽闭的地下室里最靠尽头的一间小室,只身伴着孤灯和写作用的纸笔。"作为世俗中人,他是失败的,身为法律博士,一生做的是保险公司的小职员;因为害怕婚姻,以致终身未婚;生前也没有发表过几篇作品。作为作家,他最终取得巨大成功,他的心灵超前于同时代人,他被后人奉为"作家的作家"。把事情做到极致,才可能获得极致的成功,而这需要付出巨大的代价。

　　(1913年1月14日~1913年1月15日②)

我最亲爱的:

　　今晚在写作中不觉又到了夜深人静的时候。我总是在深夜近两点钟时才一下子想到那位中国诗人③。唉,可惜唤醒我睡意的并不是诗中的那位女子,而是这封我一直惦记着要给你写的信。有一次你在信中写道,你多么想在我写作时坐在我身旁。哦,可是我想,这样我就无法写作了,(尽管我可以写得少一些)但这样我就根本无法写作了。什么叫写作,写作就是把自己心中的一切都敞开,直到不能再敞开为止。写作也就是绝对的坦白,没有丝毫的隐瞒,也就是把整个身心都贯注在里面。这样,一个人就会觉得在跟人的交往中失去了自我,而在这种状态下只要他还是清醒的,就会变得畏惧起来,因为人只要活着,那他就想活下去。但是,对写作来说,坦白和全神贯注却远远不够。这样写下来的只是表层的东西,如果

---

　　① 选自伍蠡甫、胡经之主编《西方文艺理论名著选编·下卷》,北京大学出版社,1996年版。

　　② 这封信是卡夫卡于深夜写的,所以是从十四日至十五日,而不是分为两天写成。——译者注

　　③ 1912年11月24日卡夫卡寄了一首袁枚的诗给斐丽斯,诗中写到一位女子劝袁枚在"寒夜里"不要再攻书。——德文版编者注

仅只于此，不触及更深层的泉源，那么这些东西就毫无意义，在这时刻产生的只是真实的感情使地层的表面晃动而已。所以，在写作时，只身独居还不够，一个人静静地形影相吊还不够，夜深人静的深夜到底太少。所以，对一个写作的人来说，需要有很长的时间供他支配，因为路途太长，很容易迷失方向，甚至还会感到害怕，在毫无强迫和诱惑的情况下也得控制自己的快乐（这种快乐后来多半要遭重惩），正如猝然之间被自己最亲爱的人的芳唇吻了一下！我常常在想，对于我来说，最好的生活方式也许是一个人呆在宽大而又幽闭的地下室里最靠尽头的一间小室，只身伴着孤灯和写作用的纸笔。吃的东西叫人给我送来。让地下室的大门的启闭老是离我远远的。我唯一的散步就是穿着睡衣，经过地下室里一个一个的拱顶去取别人给我送来的饭食。然后很快回到自己的书桌旁，一边默思一边慢慢地用餐，然后马上又拿起笔来写作。那我将会写出什么来啊！我会把我内心最深处的东西都写出来！而且毫不费力！因为最高度的集中就不知道什么紧张了。不过我也许不能这样坚持太久，也许在这种情况下一开始我就会遭到不可避免的失败，而这必然会导致我神经错乱。你的看法呢？我最亲爱的。在这样一位地下室里的居士面前你不会吓跑吧！

弗朗兹

【奥地利】卡夫卡

叶廷芳 译

饥饿艺术家①

　　一个表演饥饿的艺术家，相当古怪的行业，在卡夫卡的想象世界里，所有的古怪都是隐喻。表演饥饿的艺术已经被世人遗弃，这是一门没落的艺术。最后一名饥饿艺术大师被马戏团收留，人们宁愿去看兽笼，也不对饥饿艺术感兴趣，最后他被人遗忘，饥饿艺术家饿死在铁笼里。几处隐喻提请注意：1. 为什么说"也许他压根儿就不是因为饥饿，而是由于对自己不满而变得如此消瘦不堪"？2. 小说多次提到孩子们，"他们炯炯发光的探寻着的双眸里，流露出那属于未来的、更为仁慈的新时代的东西"，用意何在？"孩子"和"成人"的表现有何不同？3. 怎样理解饥饿艺术家的遗言："因为我找不到适合自己口味的食物。假如我找到这样的食物，请相信，我不会这样惊动视听，并像你和大家一样，吃得饱饱的"？4. 艺术家死后，他表演用的铁笼里换上了一只小豹，作者为什么说"它那高贵的身躯，应有尽有，不仅具备着利爪，好像连自由也随身带着"？

　　这是卡夫卡本人最珍视的短篇小说之一。在去世前一个多月，他在病榻上校阅本稿的出版清样时，禁不住泪流满面。卡夫卡本人，就是我们这个时代的一个孤独的"饥饿艺术家"。

近几十年来，人们对饥饿表演的兴趣大为淡薄了。从前自行举办这类名堂的大型表演收入是相当可观的，今天则完全不可能了。那是另一种时代。当时，饥饿艺术家风靡全城；饥饿表演一天接着一天，人们的热情与日俱增；每人每天至少要观看一次；表演期临近届满时，有些买了长期票的人，成天守望在小小的铁栅笼子前；就是夜间也有人来观看，在火把照耀下，别有情趣；天气晴朗的时候，就把笼子搬到露天场地，这样做主要是让孩子们来看看饥饿艺术家，他们对此有特殊兴趣；至于成年人来看他，不过是取个乐，赶个时髦而已；可孩子们一见到饥饿艺术家，就惊讶得目瞪口呆。为了安全起见，他们互相手牵着手，惊奇地看着这

---

　　① 选自叶廷芳主编《卡夫卡全集》第一卷，河北教育出版社，1996年版。

位身穿黑色紧身衣、脸色异常苍白、全身瘦骨嶙峋的饥饿艺术家。这位艺术家甚至连椅子都不屑去坐，只是席地坐在铺在笼子里的干草上，时而有礼貌地向大家点头致意，时而强作笑容回答大家的问题。他还把胳臂伸出栅栏，让人亲手摸一摸，看他多么消瘦，而后却又完全陷入沉思，谁也不去理会，连对他来说如此重要的钟鸣（笼子里的唯一陈设就是时钟）他也充耳不闻，而只是呆呆地望着前方出神。双眼几乎紧闭，有时端起一只很小的杯子，稍稍啜一点儿水，润一润嘴唇。

观众来来去去，川流不息，除他们以外，还有几个由公众推选出来的固定的看守人员。说来也怪，这些人一般都是屠夫。他们始终三人一班，任务是日夜看住这位饥饿艺术家，绝不让他有任何偷偷进食的机会。不过这仅仅是安慰观众的一种形式而已，因为内行的人大概都知道，饥饿艺术家在饥饿表演期间，不论在什么情况下都是点食不进的，你就是强迫他吃他都是不吃的。他的艺术的荣誉感禁止他吃东西。当然，并非每个看守的人都能明白这一点的，有时就有这样的夜班看守，他们看得很松，故意远远地聚在一个角落里，专心致志地打起牌来。很明显，他们是有意要留给他一个空隙，让他得以稍稍吃点儿东西；他们以为他会从某个秘密的地方拿出贮藏的食物来。这样的看守是最使饥饿艺术家痛苦的了。他们使他变得忧郁消沉；使他的饥饿表演异常困难；有时他强打精神，尽其体力之所能，就在他们值班期间，不断地唱着歌，以便向这些人表明，他们怀疑他偷吃东西是多么冤枉。但这无济于事，他这样做反而使他们一味赞叹他的技艺高超，竟能一边唱歌，一边吃东西。另一些看守人员使饥饿艺术家甚是满意，他们紧挨着笼子坐下来，嫌厅堂里的灯光昏暗，还用演出经理发给他们使用的手电筒照射着他。刺眼的光线对他毫无影响，入睡固然不可能，稍稍打个盹儿他一向是做得到的，不管在什么光线下，在什么时候，也不管大厅里人山人海，喧闹不已。他非常愿意彻夜不睡，同这样的看守共度通宵；他愿意跟他们逗趣戏谑，给他们讲他漂泊生涯的故事，然后又悉心倾听他们的趣闻，目的只有一个：使他们保持清醒，以便让他们始终看清，他在笼子里什么吃的东西也没有；让他们知道，他们之中谁也比不上他的忍饿本领。然而他感到最幸福的是，当天亮以后，他掏腰包让人给他们送来丰盛的早餐，看着这些壮汉们在熬了一个通宵以后，以健康人的旺盛食欲狼吞虎咽。诚然，也有人对此举不以为然，他们把这种早餐当做饥饿艺术家贿赂看守以利自己偷吃的手段。这就未免太离奇了。当你问他们自己愿不愿意一心为了事业，值一通宵的夜班而不吃早饭，他们就会溜之乎也，尽管他们的怀疑并没有消除。

人们对饥饿艺术家的这种怀疑却也难于避免。作为看守，谁都不可能夜以继日、一刻不停地看着饥饿艺术家，因而谁也无法根据亲眼看见的事实证明他是否真的持续不断地忍着饥饿，一点漏洞也没有；这只有饥饿艺术家自己才能知道，因此只有他自己才是对他能够如此忍饥耐饿感到百分之百满意的观众。然而他本人却由于另一个原因又是从未满意过的；也许他压根儿就不是因为饥饿，而是由于对自己不满而变得如此消瘦不堪，以致有些人出于对他的怜悯，不忍心见到他那副形状而不愿来观看表演。除了他自己之外，即使行家也没有人知道，饥饿表演是一件如此容易的事，这实在是世界上最轻而易举的事了。他自己对此也从不讳言，但是没有人相信。从好的方面想，人们以为这是他出于谦虚，可人们多半认为他是在自我吹嘘，或者干脆把他当做一个江湖骗子，断绝饮食对他当然不难，因为他有一套使饥饿轻松好受的秘诀，而他又是那么厚颜无耻，居然遮遮掩掩地说出断绝饮食易如反掌的实情。这一切流言飞语他都忍受下去，经年累月他也已经习惯了，但在他的内心里这种不满始终折磨着他。每逢饥饿表演期满，他没有一次是自觉自愿地离开笼子的，这一点我们得为他作证。经理规定的饥饿表演的最高期限是四十天，超过这个期限他决不让他继续饿下去，即使在世界有名的大城市也不例外，其中道理是很好理解的。经验证明，大凡在四十天里，人们可以通过逐步升级的广告招来不断激发全城人的兴趣，再往后观众就疲了，表演场就会门庭冷落。在这一点上，城市和乡村当然是略有区别的，但是四十天是最高期限，这条常规是各地都适用的。所以到了第四十天，插满鲜花的笼子的门就开了，观众兴高采烈，挤满了半圆形的露天大剧场，军乐队高奏乐曲，两位医生走进笼子，对饥饿艺术家进行必要的检查、测量，接着通过扩音器当众宣布结果。最后上来两位年轻的女士，为自己有幸被选中侍候饥饿艺术家而喜气洋洋。她们要扶着艺术家从笼子里出来，走下那几级台阶，阶前有张小桌，上面摆好了精心选做的病号饭。在这种时刻，饥饿艺术家总是加以拒绝。当两位女士欠着身子向他伸过手来准备帮忙的时候，他虽是自愿地把他皮包骨头的手臂递给了她们，但他却不肯站起来。现在刚到四十天，为什么就要停止表演呢？他本来还可以坚持得更长久，无限长久地坚持下去，为什么在他的饥饿表演正要达到最出色的程度（唉，还从来没有让他的表演达到过最出色的程度呢）的时候停止呢？只要让他继续表演下去，他不仅能成为空前伟大的饥饿艺术家——这一步看来他已经实现了——而且还要超越这一步而达到常人难以理解的高峰呢（因为他觉得自己的饥饿能力是没有止境的），为什么要剥夺他达到这一境界的荣誉呢？为什么这群看起来如此赞赏他的人，却对他如此缺乏耐心呢？他自己尚且还能继续饿下去，为什么他们却不愿忍耐看看下去呢？而且他已经很疲乏，满可以坐在草堆上好好休息休息，可现在他得支立起自己又高又细的身躯，走过去吃饭，而对于吃，他只要一想到就要恶心，只是碍于两位女士的分上，他才好不容易勉强忍住。他仰头看了看表面上如此和蔼，其实是如此残酷的两位女士的眼睛，摇了摇那过分沉重地压在他细弱的脖子上的脑袋。但接着，一如往常，演出经理出场。经理默默无言（由于音乐他无法讲话），双手举到饥饿艺术家的头上，好像他在邀请上苍看一看他这草堆上的作品，这值得怜悯的殉道者（饥饿艺术家确实是个殉道者，只是完全从另一种意义上讲罢了）；演出经理两手箍住饥饿艺术家的细腰，动作非常小心翼翼，以便让人感到他抱住的是一件极易损坏的物品；这时，经理很可能暗中将他微微一撼，以致饥饿艺术家的双腿和上身不由自主地摆荡起来；接着就把他交给那两位此时吓得脸色煞白的女士。于是饥饿艺术家只得听任一切摆布；他的脑袋耷拉在胸前，就好像它一滚到了那个地方，就莫名其妙地停住不动了；他的身体已经掏空；双膝出于自卫的本能互相夹得紧紧，但两脚却擦着地面，好像那不是真实的地面，它们似乎在寻找真正可以着落的地面；他的身子的全部重量（虽然非常轻）都落在其中一个女士的身上，她气喘吁吁，四顾求援（真想不到这件光荣差事竟是这样的），她先是尽量伸长脖子，这样至少可以使饥饿艺术家碰不到她的花容。但这点她并没有做到，而她的那位较为幸运的女伴却不来帮忙，只肯战战兢兢地执着饥饿艺术家的一只手——其实只是一小把骨头——举着往前走，在哄堂大笑声中那位倒霉的女士不禁哇的一声哭了起来，只得由一个早就站着待命的仆人接替了她。接着开始就餐，经理在饥饿艺术家近乎昏厥的半眠状态中给他灌了点流汁，同时说些开心的闲话，以便分散大家对饥饿艺术家身体状况的注意力，然后，据说饥饿艺术家对经理耳语了一下，经理就提议为观众干杯；乐队起劲地奏乐助兴。随后大家各自散去。谁能对所见到的一切不满意呢，没有一个人。只有饥饿艺术家不满意，总是他一个人不满意。

每表演一次，便稍稍休息一下，他就这样度过了许多个岁月，表面上光彩照人，扬名四海。尽管如此，他的心情通常是阴郁的，而且有增无减，因为没有一个人能够认真体察他的心情。人们该怎样安慰他呢？他还有什么可企求的呢？如果一旦有个好心肠的人对他表示怜悯，并想向他说明他的悲哀可能是由于饥饿造成的。这时，他就会——尤其是在经过了一个时期的饥饿表演之后——用暴怒来回答，那简直像只野兽似的猛烈地摇撼着栅栏，真是可怕之极。但对于这种状况，演出经理自有一种他喜欢采用的惩治办法。他当众为饥饿艺术家的反常表现开脱说：饥饿艺术家的行为可以原谅，因为他的易怒性完全是由饥饿引起的，而对于吃饱了的人并不是一下就能理解的。接着他话锋一转就讲起饥饿艺术家的一种需要加以解释的说法，即他能够断食的时间比他现在所作的饥饿表演要长得多。经理夸奖他的勃勃雄心、善良愿望与伟大的自我克制精神，这些无疑也包括在他的说法之中；但是接着经理就用出示照片（它们也供出售）的办法，轻而易举地把艺术家的那种说法驳得体无完肤。因为在这些照片上，人们看到饥饿艺术家在第四十天的时候，躺在床上，虚弱得奄奄一息。这种对于饥饿艺术家虽然司空见惯，却不断使他伤心丧气的歪曲真相的做法，实在使他难以忍受。这明明是饥饿表演提前收场的结果，大家却把它解释为饥饿表演之所以结束的原因！反对这种愚昧行为，反对这个愚昧的世界是不可能的。在经理说话的时候，他总还能真心诚意地抓着栅栏如饥似渴地倾听着，但每当他看见相片出现的时候，他的手就松开栅栏，叹着气坐回到草堆里去，于是刚刚受到抚慰的观众重又走过来观看他。

几年后，当这一场面的目击者们回顾这件往事的时候，他们往往连自己都弄不清是怎么一回事了。因为在这期间发生了那个已被提及的剧变；它几乎是突如其来的；也许有更深刻的缘由，但有谁去管它呢；总之，有一天这位备受观众喝彩的饥饿艺术家发现他被那群爱热闹的人们抛弃了，他们宁愿纷纷涌向别的演出场所。经理带着他又一次跑遍半个欧洲，以便看看是否还有什么地方仍然保留着昔日的爱好；一切徒然；到处都可以发现人们像根据一项默契似的形成一种厌弃饥饿表演的倾向。当然，冰冻三尺，非一日之寒，现在回想起来，当时就有一些苗头，由于人们被成绩所陶醉，没有引起足够的重视，没有切实加以防止，事到如今要采取什么对策却为时已晚了。诚然，饥饿表演重新风行的时代肯定是会到来的，但这对于活着的人们却不是安慰。那么，饥饿艺术家现在该怎么办呢？这位被成千人簇拥着欢呼过的人，总不能屈尊到小集市的陋堂俗台去演出吧，而要改行干别的职业呢，则饥饿艺术家不仅显得年岁太大，而且主要是他对于饥饿表演这一行爱得发狂，岂肯放弃。于是他终于告别了经理——这位生活道路上无与伦比的同志，让一个大马戏团招聘了去；为了保护自己的自尊心，他对合同条件连看也不屑看一眼。

马戏团很庞大，它有无数的人、动物、器械，它们经常需要淘汰和补充。不论什么人才，马戏团随时都需要，连饥饿表演者也要，当然所提条件必须适当，不能太苛求。而像这位被聘用的饥饿艺术家则属于一种特殊情况，他的受聘，不仅仅在于他这个人的本身，还在于他那当年的鼎鼎大名。这项艺术的特点是表演者的技艺并不随着年龄的递增而减色。根据这一特点，人家就不能说：一个不再站在他的技艺顶峰的老朽的艺术家想躲避到一个马戏团的安静闲适的岗位上去。相反，饥饿艺术家信誓旦旦地保证，他的饥饿本领并不减当年，这是绝对可信的。他甚至断言，只要准许他独行其是（人们马上答应了他的这一要求），他要真正做到让世界为之震惊，其程度非往日所能比拟。饥饿艺术家一激动，竟忘掉了时代气氛，他的这番言辞显然不合时宜，在行的人听了只好一笑置之。

但是饥饿艺术家到底还没有失去观察现实的能力，并认为这是当然之事，即人们并没有把他及其笼子作为精彩节目安置在马戏场的中心地位，而是安插在场外一个离兽场很近的交通要道口，笼子周围是一圈琳琅满目的广告，彩色的美术体大字令人一看便知那里可以看到什么。要是观众在演出的休息时间涌向兽场去观看野兽的话，几乎都免不了要从饥饿艺术家面前经过，并在那里稍停片刻，他们庶几本来是要在那里多待一会儿，从从容容地观看一番的，只是由于通道狭窄，后面涌来的人不明究竟，奇怪前面的人为什么不赶紧去观看野兽，而要在这条通道上停留，使得大家不能从容观看他。这也就是为什么饥饿艺术家看到大家即将来参观（他以此为其生活目的，自然由衷欢迎）时，就又颤抖起来的原因。起初他急不可待地盼着演出的休息时间；后来当他看到潮水般的人群迎面滚滚而来，他欣喜若狂，但他很快就看出，那一次又一次涌来的观众，就其本意而言，大多数无例外地是专门来看兽畜的。即使是那种顽固不化、近乎自觉的自欺欺人的人也无法闭眼不看这一事实。可是看到那些从远处蜂拥而来的观众，对他来说总还是最高兴的事。因为，每当他们来到他的面前时，便立即在他周围吵嚷得震天价响，并且不断形成新的派别互相谩骂，其中一派想要悠闲自在地把他观赏一番，他们并不是出于对他有什么理解，而是出于心血来潮和对后面催他们快走的观众的赌气，这些人不久就变得使饥饿艺术家更加痛苦；而另一派呢，他们赶来的目的不过是想看看兽畜而已。等到大批人群过去，又有一些人姗姗来迟，他们只要有兴趣在饥饿艺术家跟前停留，是不会再有人妨碍他们的了，但这些人为了能及时看到兽畜，迈着大步，匆匆而过，几乎连瞥也不瞥他一眼。偶尔也有这种幸运的情形：一个家长领着他的孩子指着饥饿艺术家向孩子们详细讲解这是怎么一回事。他讲到较早的年代，那时他看过类似的，但盛况无与伦比的演出。孩子呢，由于他们缺乏足够的学历和生活阅历，总是理解不了——他们懂得什么叫饥饿吗？然而在他们炯炯发光的探寻着的双眸里，流露出那属于未来的、更为仁慈的新时代的东西。饥饿艺术家后来有时暗自思忖：假如他所在的地点不是离兽笼这么近，说不定一切都会稍好一些。像现在这样，人们很容易就选择去看兽畜，更不用说兽场散发出的气味，畜生们夜间的闹腾，给猛兽肩挑生肉时来往脚步的响动，喂食料时牲畜的叫唤，这一切把他搅扰得多么不堪，使他老是郁郁不乐。可是他又不敢向马戏团当局去陈述意见；他得感谢这些兽类招来了那么多的观众，其中时不时也有个把是为光顾他而来的，而如果要提醒人们注意还有他这么一个人存在，从而使人们想到，他——精确地说——不过是通往厩舍路上的一个障碍，那么谁知道人家会把他塞到哪里去呢？

自然是一个小小的障碍，一个变得越来越小的障碍。在现今的时代居然有人愿意为一个饥饿艺术家耗费注意力，对于这种怪事人们已经习以为常，而这种见怪不怪的态度也就是对饥饿艺术家的命运的宣判。让他去就其所能进行饥饿表演吧，他也已经那样做了，但是他无从得救了，人们从他身旁扬长而过，不屑一顾。试一试向谁讲讲饥饿艺术吧！一个人对饥饿没有亲身感受，别人就无法向他讲清楚饥饿艺术。笼子上漂亮的美术字变脏了，看不清楚了，它们被撕了下来，没有人想到要换上新的；记载饥饿表演日程的布告牌，起初是每天都要仔细地更换数字的，如今早已没有人更换了，每天总是那个数字，因为过了头几周以后，记的人自己对这项简单的工作也感到腻烦了；而饥饿艺术家却仍像他先前一度所梦想过的那样继续饿下去，而且像他当年预言过的那样，他长期进行饥饿表演毫不费劲。但是，没有人记天数，没有人，连饥饿艺术家自己都一点不知道他的成绩已经有多大，于是他的心变得沉重起来。假如有一天，来了一个游手好闲的家伙，他把布告牌上那个旧数字奚落一番，说这是骗人的玩意，那么，他这番话在这种意义上就是人们的冷漠和天生的恶意所能虚构的最愚蠢不过的谎言，因为饥饿艺术家诚恳地劳动，不是他诳骗别人，倒是世人骗取了他的工钱。

又过了许多天，表演也总算告终。一天，一个管事发现笼子，感到诧异，他问仆人们，这个里面铺着腐草的笼子好端端的还挺有用，为什么让它闲着。没有人回答得出来，直到一个人看见了记数字的牌儿，才想起了饥饿艺术家来。他们用一根竿儿挑起腐草，发现饥饿艺术家在里面。“你还一直不吃东西？”管事问，“你到底什么时候才停止呢？”“请诸位原谅。”饥饿艺术家细声细气地说。管事耳朵贴着栅栏，因此只有他才能听懂对方的话。“当然，当然。”管事一边回答，一边用手指摸了摸自己的额头，以此向仆人们暗示饥饿艺术家的状况不妙，“我们原谅你。”“我一直在希望你们能赞赏我的饥饿表演。”饥饿艺术家说。“我们也是赞赏的。”管事迁就地回答说。“但你们不应当赞赏。”饥饿艺术家说。“好，那我们就不赞赏，”管事说，“不过究竟为什么我们不应该赞赏呢？”“因为我只能挨饿，我没有别的办法。”饥饿艺术家说。“瞧，多怪啊！”管事说，“你到底为什么没有别的办法呢？”“因为我，”饥饿艺术家一边说，一边把小脑袋稍稍抬起一点，噘起嘴唇，直伸向管事的耳朵，像要去吻它似的，唯恐对方漏听了他一个字，“因为我找不到适合自己口味的食物。假如我找到这样的食物，请相信，我不会这样惊动视听，并像你和大家一样，吃得饱饱的。”这是他最后的几句话，但在他那瞳孔已经扩散的眼睛里，流露着虽然不再是骄傲，却仍然是坚定的信念：他要继续饿下去。

“好，归置归置吧！”管事说，于是人们把饥饿艺术家连同烂草一起给埋了。而笼子里换上了一只小豹，即使感觉最迟钝的人看到在弃置了如此长时间的笼子里，这只凶猛的野兽不停地蹦来跳去，他也会感到赏心悦目，心旷神怡。小豹什么也不缺。看守们用不着思考良久，就把它爱吃的食料送来，它似乎都没有因失去自由而惆怅；它那高贵的身躯，应有尽有，不仅具备着利爪，好像连自由也随身带着。它的自由好像就藏在牙齿中某个地方。它生命的欢乐是随着它喉咙发出如此强烈的吼声而产生，以致观众感到对它的欢乐很受不了。但他们克制住自己，挤在笼子周围，舍不得离去。

作家自白

【奥地利】里尔克

冯至 译

这是可能的①

诗人睁开了心眼，世界重新开始。一个胸怀博大的人，总有世界从我开始的创世纪冲动。每个人的一生中总会做一次"诗人"的。某天，一个年轻人趴在高楼的窗口俯瞰人间，感觉在自己之前的人世不合己意，前人即使不是白活了，也是活得不对劲，恍然醒悟道：历史是可以从自己开始的，过往的一切都不算数，必须推倒重来。一颗雄心插上狂想的翅膀：世界，你停一停；现在，轮到我来说话了；我说，要有光，就有了光……一个诗人诞生了。

里尔克（1875~1926），奥地利诗人，现代德语文学中最具魅力的诗人，诗坛上的沉思者，受到中国几代青年诗人的推崇。24岁写抒情散文诗《旗手克利斯朵夫·里尔克的爱与死之歌》获得声誉，此后在孤寂中漫游欧洲、遍访名人、拜见托尔斯泰，为罗丹做秘书，一路写下大量精美深邃的独创性诗歌。主要作品有《祈祷书》《杜伊诺哀歌》《献给俄耳甫斯的十四行诗》以及长篇小说《布里格随笔》。

我认为，现在因为我学习观看，我必须起始做一些工作。我28岁了，等于什么也没有做过。我们数一数：我写过一篇卡尔巴西奥②研究，可是很坏；一部叫做《夫妇》的戏剧，用模棱两可的方法证明一些虚伪的事；还写过诗。啊，说到诗：是不会有什么成绩的，如果写得太早了。我们应该一生之久，尽可能那样久地去等待，采集真意与精华，最后或许能写出十行好诗。因为诗并不像一般人所说的是情感（情感人们早就很够了）——诗是经验。为了一首诗我们必须观看许多城市，观看人和物，我们必须认识动物，我们必须去感觉鸟怎样飞翔，知道小小的花朵在早晨开放时的姿态。我们必须能够回想：异乡的路途，不期的相遇，逐渐临

---

① 选自袁可嘉主编《外国现代派作品选》，上海文艺出版社，1980年版。原题《布里格随笔》，标题为编者所拟。

② 卡尔巴西奥（Carpaccio，1455~1526），意大利著名画家。

近的别离——回想那还不清楚的童年的岁月；想到父母，如果他们给我们一种欢乐，我们并不理解他们，不得不使他们苦恼（那是一种对于另外一个人的快乐）；想到儿童的疾病，病状离奇地发作，这么多深沉的变化；想到寂静、沉闷的小屋内的白昼和海滨的早晨，想到海的一般，想到许多的海，想到旅途之夜，在这些夜里万籁齐鸣，群星飞舞——可是这还不够，如果这一切都能想得到。我们必须回忆许多爱情的夜，一夜与一夜不同，要记住分娩者痛苦的呼喊和轻轻睡眠着的白衣产妇。但是我们还要陪伴过临死的人，坐在死者的身边，在窗子开着的小屋里有些突如其来的声息。我们有回忆，也还不够。如果回忆很多，我们必须能够忘记，我们要有大的忍耐力等着它们再来。因为只是回忆还不算数。等到它们成为我们身内的血、我们的目光和姿态，无名地和我们自己再也不能区分，那才能得以实现，在一个很稀有的时刻有一行诗的第一个字在它们的中心形成，脱颖而出。

但是我的诗都不是这样写成的，所以它们都不是诗——而且我写我的戏剧时，我是多么错误。我是一个模拟者和愚人吗？为了述说彼此制造不幸的两个人的命运，我就需要一个第三者。我是多么容易陷入这样的陷阱中。我早就应当知道，这个走遍一切生活和文艺的第三者，这个从来不曾存在过的第三者的幽灵，毫无意义，我们必须拒绝他。他属于这种天性的托词，这天性总在设法不让人们注意它最深处的秘密。他是一扇屏风，屏风后串演着一出戏剧。他是一片喧嚣，在那走入一种真实冲突的无声寂静的门口。人们愿意这样想，只去说剧中主要的两个人，对于大家一向是太难了；这个第三者，正因为他不真实，所以是问题中容易的部分，人人能应付他。在他们戏剧的开端我们就觉察到对于第三者的焦急情绪，他们几乎不能多等一等。他一来到，一切就好了。他若是迟到，那有多么无聊呢，没有他简直什么事也不能发生，一切都停滞着，等待着。那可怎么办呢，如果只停留在这种偃止和延宕的情况下？那可怎么办呢，戏剧家先生，还有你认识生活的观众，那可怎么办呢，如果他不见了，这个讨人喜欢的生活享受者，或是这傲慢的年轻人，他适应在一切夫妇的锁中有如一把假配的钥匙？怎么办呢，假如魔鬼把他带走了？我们这样假设。我们忽然觉察到剧院里许多人为的空虚，它们像是危险的窟窿被堵塞起来，只有虫蛾从包厢的栏边穿过不稳定的空隙。戏剧家们再也不享受他们的别墅区。一切公家的侦探都为他们在僻远的世界去寻找那个不能缺少的人，他是戏剧内容的本身。

可是生活在人间的，不是这些"第三者"，而是两个人，关于这两个人本来有意想不到的那么多的事可以述说，但是一点还不曾说过，虽然他们在苦恼，在动作，而不能自救。

这是可笑的。我在这儿坐在我的小屋里，我，布里格，已经是28岁了，没有人知道我这个人。我坐在这里，我是虚无。然而这个虚无开始想了，在五层楼上，一个灰色的巴黎的下午，它得出这样的思想：

这是可能的吗，它想，人们还不曾看见过、认识过、说出过真实的与重要的事物？这是可能的吗，人们已经有了几千年的时间去观看、沉思、记载，而他们让这几千年过去了像是学校里休息的时间，在这时间内吃了一块黄油面包和一个苹果？

是的，这是可能的。

这是可能的吗，人们虽然有许多发明和进步，虽然有文化、宗教和智慧，但还是停滞在生活的表面上？这是可能的吗，人们甚至把这无论如何还算是有些意义的表面也给蒙上一层意想不到地讨厌的布料，使它竟像是夏日假期中沙笼里的家具？

是的，这是可能的。

这是可能的吗，全部世界历史都被误解了？这是可能的吗，过去是虚假的，因为人们总谈论它的大众，正好像述说许多人的一种合流，而不去说他们所围绕着的个人，因为他是生疏的并且死了？

是的，这是可能的。

这是可能的吗，人们相信，必须补上在他降生前已经发生过的事？这是可能的吗，必须使每个人想起：他是从一切的前人那里生成的，所以他知道这些，不应该让另有所知的人们说服？

这是可能的吗，所有这些人对于不曾有过的过去认识很清楚？这是可能的吗，一切的真实对他们等于乌有；他们的生活滑过去，毫无关联，有如一座钟在一间空房里——

是的，这是可能的。

这是可能的吗，大家关于少女一无所知，可是她们生活着？这是可能的吗，人们说"妇女""儿童""男孩"，而不感到（就是受了教育也不感到）这些字早已没有多数，却只是无数的单数？

是的，这是可能的。

这是可能的吗，有些人他们说到"神"，以为那是一些共同的东西？——你看一看两个小学生吧：一个小学生给自己买一把小刀，他的同伴在那天买了同样的一把。一星期后，他们互相拿出这两把刀来看，这两把刀就显得很不相似了——在不同的手中它们这样不同地发展了。（是的，一个小学生的母亲就说：你们总是立刻把一切都用坏。）啊，那么：这是可能的吗，相信大家能够有一个神，并不使用他？

是的，这是可能的。

如果这一切都是可能的，纵使只有一种可能的假象——那么，为了世界中的一切，真该当有一些事情发生了。任何有这些使人感到不安的思想的人必须起始做一些被耽误了的事，纵使只是任何一个完全不适宜的人：这里正好没有旁人。这个年轻的、不关重要的外国人，布里格，将置身于五层楼上，日日夜夜地写：是的，他必须写，这将是一个归宿。

　　我坐着读一个诗人。在（巴黎国家图书馆）大厅里有许多人，可是都感觉不到。他们沉在书里。他们有时在翻书页时动一动，像是睡眠的人在两场梦之间翻一翻身。啊，这有多么好啊，呆在读书的人们中间。为什么他们不永远是这样呢？你可以向一个人走去，轻轻地触动他：他毫无感觉。如果你站起来时碰了一下你的邻人，请他原谅，他就向他听见你的声音的那方面点点头，把脸向你一转，却没有看见你，而他的头发好像是睡眠者的头发。这多么舒适。我就坐在这里，我有一个诗人。是怎样的一个命运。现在大厅里大约有300人在读书；但这是不可能的，他们每个人都有一个诗人。（上帝晓得，他们读的是什么。）不会有300个诗人。但是看呀，怎样的一个命运，我，也许是这些读者中最可怜的一个，一个外国人：我有一个诗人。虽然我贫穷。虽然我天天穿着的衣服已开始露出几处破绽；虽然我的鞋有几处能使人指责。可是我的领子是洁净的，我的衬衫也洁净，我能够像我这样走过任何一个糖果店，尽可能是在繁华的街道上，还能够用我的手大胆地伸向一个点心碟，去拿一些点心。人们对此也许不会觉得突然，不会骂我，把我赶出去，因为无论如何那是一只上层社会的手，一只天天要洗四五遍的手。是的，指甲里没有泥垢，握笔的手指上没有墨痕，尤其是手腕也无瑕疵。穷人们只洗到手腕为止，这是众所周知的事实。人们能够从它的清洁推断出一定的结论。人们也是这样推断的。商店里就是如此。可是有那么几个生存者，例如在圣米色大街（Boulevard Saint-Michel）和拉辛路（Rue Racine），他们不受迷惑，看不起这手腕问题。他们望着我，知道底细。他们知道，我本来是他们中的一个，我不过是串演一些喜剧。这正是化装禁食节。他们不愿戳穿我这个把戏；他们只龇一龇牙，眨一眨眼。也没有人看见。此外他们看待我像是一个老爷。只要有人在附近，他们甚至做出卑躬屈节的样子。奵像我穿着一件皮衣，我的车跟在我的后边。有时我给他们两个小钱，我战栗着怕他们拒绝接受，但是他们接受了。并且一切都会平安无事，如果他们不再龇一龇牙、眨一眨眼了。这些人都是谁呢？他们要向我要什么呢？他们在等候我吗？他们怎么认识我？那是真的，我的胡子显得有些长了，这完全有一些使人想到他们那生病的、衰老而黯淡的、永远给我留下印象的胡须。但是我就没有权利，对于胡子有点忽略吗？许多忙人都不常刮脸，却也没有人想起，因此就把他们列入被遗弃者的队伍。我明白了，他们是被遗弃者，不只是乞丐；不对，他们本来就不是乞丐，人们必须分清楚。他们是些渣滓，命运吐出来的人的皮壳。他们被命运的唾液濡湿，粘在墙边、路灯下、广告柱旁，或是身后拖着一个阴暗而污秽的痕迹慢慢地从小胡同里溜出来。茫茫宇宙，这个老太婆向我要什么呢？她从某一个窟窿里爬出，手里捧着一个床头儿的抽屉，里边乱滚着一些纽扣和针。为什么她总挨着我走，注意我呢？仿佛她要用她流泪的眼来认识我，那双眼好像是一个病人把黄痰唾在这血红的眼皮上。还有那时候那苍白瘦小的女人是怎么回事呢，在一面橱窗前站在我的身旁有一刻钟之久，同时她给我看一支长的旧铅笔，那笔是非常缓慢地从她紧紧握在一起的枯瘦的双手里推动出来的。我做出观看橱窗里陈列的商品、毫无觉察的样子。但是她知道我看见了她，她知道我站着并且思索，她到底干什么。因为我了解，这不是关于铅笔的事：我觉得，这是一个记号，一个对于内行人的记号，一个被遗弃者们所晓得的记号；我预感到，她向我示意，我必须到某个地方去，或者做些什么。最奇怪的是，我总不能摆脱这种感觉：实际上会成为某一种约会；这一幕根本会成为轮到我身上的一些事。

这是在两星期以前。如今几乎没有一天没有这样的遇合。不只在黄昏时候，就是在中午人烟稠密的街上，也会忽然有一个矮小的男人或是老妇，点点头，给我看一些东西，随后又走开了，好像一切重要的事都做完了。这是可能的，他们有一天会想起，走到我的小屋里来，他们一定知道我住在哪里，并且他们早已安排好，门房不会阻止他们。但是在这里，我的亲爱的人们，你们是闯不过来的。人们必须有一个特殊的阅览证，才能进这个大厅。这张阅览证我已先你们而有了。人们能想象到，我走过大街有些胆怯，但终于站在一个玻璃门前，推开它，好像在家里一样，在第二道门拿出阅览证给人看（完全像你们给我看东西似的，只是有这个区别，人们了解而且懂得我的心意——），于是我置身于这些书的中间，脱离了你们，像是死了，我坐着读一个诗人的作品。

你们不知道，这是什么，一个诗人？——魏尔伦①……没有啦？想不起来啦？想不起。在你们晓得的诗人中间你们没有把他区分出来？我知道，你们不懂得区分。但是，我读的是另一个诗人②，他不住在巴黎，完全是另一个。一个诗人，他在山里有一所寂静的房子。他发出的声音像是净洁的晴空里的一口钟。一个幸福的诗人，他述说他的窗子和他书橱上的玻璃门，它们沉思地照映着可爱的、寂寞的旷远。正是这个诗人，应该是我所要向往的；因为他关于少女知道得这么多，我也知道这样才好。他知道生活在百年前的少女；她们都死去了，这不关紧要，因为他知道一切。这是首要的事。他说出她们的名字，那些饰着旧式花纹用瘦长的字母写出的轻盈秀丽的名字，还有她们年长的女友们成年的名字，这里已经有一些

---

① 魏尔伦（Paul Verlaine，1844~1896），法国著名象征派诗人。

② 指耶麦（Francis Jammes，1868~1938），法国诗人和小说家。

命运在共鸣,一些失望和死亡。也许在他的桃花心木书桌的一个格子里存有她们褪色的信笺和日记的散页,里边记载着诞辰、夏游、诞辰。或者可能在他寝室后方腹形的抽屉桌有一个抽屉,其中保存着她们早春的衣裳;复活节初次穿过的白色的衣裳;用印染着斑点的轻纱制成、本来是属于那焦急等待着的夏日的衣裳。啊,是怎样一个幸福的命运,在一所祖传房子的寂静的小屋里,置身于固定安静的物件中间,外边听见嫩绿的园中有最早的山雀的试唱,远方有村钟鸣响。坐在那里,注视一道温暖的午后的阳光,知道往日少女的许多往事,做一个诗人。我想,我也会成为这样一个诗人,若是我能在某一个地方住下,在世界上某一个地方,在许多无人过问的、关闭的别墅中的一所。我也许只用一间屋(在房顶下明亮的那间)。我在那里生活,带着我的旧物、家人的肖像和书籍。我还有一把靠椅、花、狗,以及一根走石路用的坚实的手杖。此外不要别的。一册浅黄象牙色皮装、镶有花形图案的书是不可少的:我该在那书里写,我会写出许多,因为我有许多思想和许多回忆。

但是并没有这样,上帝知道是什么缘故。我的旧家具放在仓库里都腐烂了,而我自己,啊,我的上帝,我的头上没有屋顶,雨落在我的眼里。

【奥地利】里尔克

冯至 译

给青年诗人的第一封信①

寂寞就像生命的深潭，任何一个青年都要在其中浸泡过后，才成长出自己的人格。而要成为一名诗人，必然要沉入深于常人的寂寞。里尔克在年近30岁的时候，对更年轻的诗人谈诗论艺，并不厌其烦地倾谈自己的人生体验：你要爱你的寂寞。《给一个青年诗人的十封信》的中译者冯至，在初读这本书的时候也是一名青年诗人，他的观感是："觉得字字都好似从自己心里流出来，又流回到自己的心里。"

尊敬的先生：

你的信前几天才转到我这里。我要感谢你信里博大而亲爱的依赖。此外我能做的事很少。我不能评论你的诗艺；因为每个批评的意图都离我太远。再没有比批评的文字那样同一件艺术品隔膜的了；同时总是演出来较多或较少的凑巧的误解。一切事物都不是像人们要我们相信的那样可理解而又说得出的；大多数的事件是不可言传的，它们完全在一个语言从未达到过的空间；可是比一切更不可言传的是艺术品，它们是神秘的生存，它们的生命在我们无常的生命之外赓续着。

我既然预先写出这样的意见，可是我还得向你说，你的诗没有自己的特点，自然暗中也静静地潜伏着向着个性发展的趋势。我感到这种情形最明显的是在最后一首《我的灵魂》里，这首诗字里行间显示出一些自己的东西。还有那首优美的诗《给雷渥琶地》（An Leopardi②）也洋溢着一种同这位伟大而寂寞的诗人精神上的契合。虽然如此，你的诗本身还不能算什么，还不是独立的，就是那最后的一首和《给雷渥琶地》也不是。我读你的诗感到有些不能明确说出的缺陷，可是你随诗寄来的亲切的信，却把这些缺陷无形中给我说明了。

你在信里问你的诗好不好。你问我。你从前也问过别人。你把它们寄给杂

---

① 选自里尔克《给一个青年诗人的十封信》，三联书店，1994年版。

② 雷渥琶地，意大利著名诗人。

志。你把你的诗跟别人的比较；若是某些编辑部退回了你的诗作，你就不安。那么（因为你允许我向你劝告），我请你，把这一切放弃吧！你向外看，是你现在最不应该做的事。没有人能给你出主意，没有人能够帮助你。只有一个唯一的方法。请你走向内心。探索那叫你写的缘由，考察它的根是不是盘在你心的深处；你要坦白承认，万一你写不出来，是不是必得因此而死去。这是最重要的：在你夜深最寂静的时刻问问自己：我必须写吗？你要在自身内挖掘一个深的答复。若是这个答复表示同意，而你也能够以一种坚强、单纯的"我必须"来对答那个严肃的问题，那么，你就根据这个需要去建造你的生活吧；你的生活直到它最寻常最细琐的时刻，都必须是这个创造冲动的标志和证明。然后你接近自然。你要像一猿人似的练习去说你所见、所体验、所爱，以及所遗失的事物。不要写爱情诗；先要回避那些太流行、太普通的格式：它们是最难的；因为那里聚有大量好的或是一部分精美的流传下来的作品，从中再表现出自己的特点则需要一种巨大而熟练的力量。所以你躲开那些普遍的题材，而归依于你自己日常生活呈现给你的事物；你描写你的悲哀与愿望，流逝的思想与对于某一种美的信念——用深幽、寂静、谦虚的真诚描写这一切，用你周围的事物、梦中的图影、回忆中的对象表现自己。如果你觉得你的日常生活很贫乏，你不要抱怨它；还是怨你自己吧，怨你还不够做一个诗人来呼唤生活的宝藏；因为对于创造者没有贫乏，也没有贫瘠不关痛痒的地方。即使你自己是在一座监狱里，狱墙使人世间的喧嚣和你的感官隔离——你不还永远据有你的童年，这贵重的、富丽的宝藏？你往那方面多多用心吧！试行拾捡起过去久已消沉了的动人的往事；你的个性将渐渐固定，你的寂寞将渐渐扩大，成为一所朦胧的住室，别人的喧扰只远远地从旁走过。——如果从这收视反听，从这向自己世界的深处产生出"诗"来，你一定不会再想问别人，这是不是好诗。你也不会再尝试让杂志去注意这些作品：因为你将在作品里看到你亲爱的天然产物，你生活的断片与声音。一件艺术品是好的，只要它是从"必要"里产生的。在它这样的根源里就含有对它的评判：别无他途。所以，尊敬的先生，除此以外我也没有别的劝告：走向内心，探索你生活发源的深处，在它的发源处你将会得到问题的答案，是不是"必须"的创造。它怎么说，你怎么接受，不必加以说明。它也许告诉你，你的职责是艺术家。那么你就接受这个命运，承担起它的重负和伟大，不要关心从外边来的报酬。因为创造者必须自己是一个完整的世界，在自身和自身所连接的自然界里得到一切。

但也许经过一番向自己、向寂寞的探索之后，你就断念做一个诗人了；（那也够了，感到自己不写也能够生活时，就可以使我们决然不再去尝试）就是这样，我向你所请求的反思也不是徒然的。无论如何，你的生活将从此寻得自己的道路，并且那该是良好、丰富、广阔的道路，我所愿望于你的比我所能说出的多得多。

　　我还应该向你说什么呢？我觉得一切都本其自然；归结我也只是这样劝你，静静地、严肃地从你的发展中成长起来；如果你不向外看、不从外面等待回答，你便不会伤害你的发展，你要知道，你的问题也许只是你最深的情感在你最微妙的时刻所能回答的。

　　我很高兴，在你的信里见到了荷拉捷克教授的名字；我对于这位亲切的学者怀有很大的敬意和多年不变的感激。请你替我向他致意；他至今还记得我，我实在引为荣幸。

　　你盛意寄给我的诗，现奉还。我再一次感谢你对我信赖的博大与忠诚；我本来是个陌生人，不能有所帮助，但我要通过这封本着良知写的忠实的回信报答你的信赖于万一。

　　以一切的忠诚与关怀！

赖内·马利亚·里尔克

1903年2月18日巴黎

【智利】聂鲁达
林光 译

诗的威力①

聂鲁达少年富诗才，20岁出版《二十首情诗和一首绝望的歌》，声名鹊起，赢得了许多青年读者。至于诗歌可以打败强人，就近乎传奇了。

另一件事发生在我的少年时代。那时我是那种身披黑斗篷的学生诗人，同当时所有的诗人一样消瘦和缺乏营养。我刚刚出版了诗集《晚霞》，体重比一根黑羽毛还轻。

我同我的朋友们一起走进一家简陋的下等酒馆。那是探戈舞风靡和流氓横行的时代。跳舞突然停止，探戈舞曲就像酒杯砸在墙上似的突然中断。

两个臭名昭著的流氓在舞池当中龇牙咧嘴地互相辱骂。当一个上前打对方时，对方就退却，桌子后边的一群音乐迷也随着向后躲闪。那场面就像两个未开化的野人在原始森林的空地上跳舞。

我没有多加考虑就走上前去，不顾自己又瘦又弱，责骂他们："不要脸的坏蛋，狼心狗肺的家伙，下贱的渣滓，别吵大家了，大家是来跳舞的，可不是来看你们演闹剧的！"

他们吃惊地对看一眼，好像不能相信他们听到的话。身材较矮的那个以前曾是拳击手，他朝我走来，想揍死我。若不是打得极准的一拳猛地把这个猩猩般的汉子打倒在地，他准能达到目的。是他的对手终于决定给他一拳。

当这个战败的斗士被人像搬麻袋似的抬出去时，当坐在桌旁的人向我们递来酒瓶时，当舞女们向我们投来热情的笑声时，那个打出致命一拳的大汉理所当然地想分享这次胜利的欢乐。但是，我严词责骂道：

"滚出去！你跟他是一路货！"

我的得意时刻不久就结束了。我们穿过狭窄的过道之后，看见一个虎背熊腰的家伙堵住出口。这是另一个成了恶棍的拳击手——那个被我申斥的胜利者，他

---

① 选自林光主编《拉丁美洲散文选》，云南人民出版社，1996年版，原题《写诗是一门手艺》，这是其中的一节。

堵住我们的去路，等着进行报复。

"老子正等着你哪。"他对我说。

他轻轻一推，把我推往一扇门，这时我的朋友们都慌里慌张地跑了。我面对凶恶的刽子手，无依无靠。我急忙扫一眼，看看能抓到什么东西进行自卫。没有，什么东西都没有。沉重的大理石桌面，铁椅，我都举不起来。没有花瓶，连一根别人忘记带走的不值钱的手杖都没有。

"咱们谈谈。"那人说。

我明白，任何反抗都是徒劳的；我还想到，他大概像面对一只小鹿的美洲豹，在吞下我之前要打量我一番。我知道，我所能进行的全部自卫，只不过是不让他知道我的恐惧感。我回手也推他一下，但是动不了他一丝一毫。他简直是一堵石墙。

他忽然向后扬起头，他那双凶恶的眼睛换了一种神色。

"您是诗人巴勃罗·聂鲁达吗？"他问。

"是的。"

他低下头，继续说道：

"我太不幸了！我现在就在自己衷心钦佩的诗人面前，而当面骂我坏蛋的竟是他！"

他两手抱头，继续悲痛地说：

"我是个坏蛋，跟我打架的那个人是可卡因贩子。我们是世上最卑贱的人。可是，在我的生活中有一件纯洁的东西。那就是我的未婚妻，我的未婚妻所给予的爱。巴勃罗，您看看她。您看看她的相片。我一定要告诉她，您亲手拿过这张相片。这事儿准会使她高兴。"

他把那张笑吟吟的少女的相片递给我。

"她是由于您，巴勃罗，是由于我们背诵过您的诗才爱我的。"

他没头没脑地朗诵起来：

"一个像我一样悲伤的孩子，跪着从你眼睛深处看着我们……"

这时门给撞开了。那是我的朋友们带着武装的援军回来了。我看见一张张惊讶的脸挤在门口。

我缓缓地走出门去。那人独自留下，连姿态都没变，继续朗诵道："为了将要在她血管里燃烧的生命，我这双手不得不杀人。"他被诗打败了。

【美国】惠特曼

为《草叶集》辩护①

惠特曼（1819~1892）即便不是第一个为自己的诗集做广告的诗人，也是其中最有名的一个。当来自底层的36岁的惠特曼把一本《草叶集》抛向诗坛，就像一个纵火犯一样被人诟骂。诗歌不守章法的土词俚语、粗朴率真的淋漓元气让清教徒们大惊失色。于是，惠特曼毫不客气地为自己做开了系列广告（用的化名）。这头闯进诗歌神殿的野牛，把那些精巧的诗神撞得七倒八歪，在一片混乱之后，居然抢占了美国诗歌的第一把交椅。

要给予真正的诗歌一个评价就必须说说诗人自己。有些人觉得写这些新诗《草叶集》的诗人简直像个恶魔。有些人又觉得他非常圣洁；这些诗歌的作者，是一个纯朴、男性、多情、多思、好色、专横的人，他试图在文学作品中不仅注入他自己的坚毅和傲慢，也注入他自己的肉体和形体，不加掩饰，不计模式，不顾廉耻或法规，不懂得，甚至初看起来似乎在悄悄鄙视一切，只顾他自己的存在和经验，心里只有他那火热地钟爱着的他自己、他父母和在他之前好几代父母的父母的出生地。这人不讲礼貌也不懂规矩。是个从人民中出来的粗孩子！——不是复制品——不是外国人——而是在美国长大的，是一句土语。他不懂得不知足——是个满不在乎的懒汉，享受着眼前的今天。不是浅薄的民主派——是老百姓中的一名伙计，和当前生活合着伙——喜爱大街——喜爱船坞——喜欢男人们的自由自在、粗声粗气说话——喜欢人们直呼其名，用不着叫他"先生"——能够和大笑者大笑——喜欢劳动者那种不斯文的举止——对爱尔兰人丝毫没有成见——随时和他们谈天——随时和黑人谈天——不坚持做上等人，也不坚持讲求什么学问或仪态——吃便宜的东西，喜欢市场中咖啡摊上卖的味道浓烈的咖啡，在太阳初升的时候——喜欢吃刚从生蚝船上买来的生蚝当晚饭——喜欢参加到挤满水手和工人的饭桌旁——随时都愿意离开一个文雅人举办的高级晚会而去和乱

---

① 选自王蒙等著《真爱·世纪名家品荐经典大系·散文卷》，长春出版社，1995年版。标题为编者所拟，原题《草叶集》，一本新出版的诗集。

哄哄的粗人在一起，接受他们的抚爱和欢迎，倾听他们的吵闹声，赌咒，肮脏话，滔滔不绝欢笑，巧妙的对答——而能和这些人以及类似的人融洽地待下去。他的诗歌产生的作用不是艺术家和艺术的作用，而是一种有独创性的眼睛或胳臂或当时实际气氛的作用，或一棵树、一只鸟的作用。你也许会感受到一个高明的粗人的不自觉的教导，却永远也不会感受到一个高明的作家或演说家的矫揉造作的教导。

其他诗人歌颂伟大的事件、人物、风流韵事、战争、爱情、激情、他们国家的胜利与威力，或某一桩真实或想象的事件——精心给作品加工，取得结论，使读者感到满足。这位诗人歌颂他自己的天然倾向，这是他歌颂一切的方式。他没有结论，不能使读者感到满足。他的确只给了那人那条蛇给那个女人和男人的东西，使他尝到了伊甸园里那分辨善恶的智慧之树的滋味，而且从此就再也抹拭不掉了。

有关自我中心主义的争论有什么好处呢？关于沃尔特·惠特曼的自我中心主义不可能有二说。那就是他为什么从人群中站出来，又转身面对他们的原因。请注意，评论家们！不然你就用不成那把对准其他锁的钥匙来打开这个紧紧封闭着的人了。他的全部工作、生活、风格、朋友、作品都有一个许多主要目的中的最明显的目的，那就是刻画一个新型人物，即他自己，并且使它永远抹拭不掉地固定下来，公开发表，不是当做模式，而是当做举例，并为当代和未来的美国文坛与青年服务，为南方，也为北方，为太平洋和密西西比河流域、威斯康星、得克萨斯、堪萨斯、加拿大、哈瓦那和尼加拉瓜，也为纽约与波士顿。凡是为达到此目的需做的一切他都插手，让一切诋毁从容不迫地死去吧。

首先要照你自己的样子出现在你诗中——这似乎就是这个人要示范的，也意味着他对各诗派的指责。他从不引经据典或提到作家们的名字；他对于他们的精神世界似乎无动于衷；他对他们没有一个字的褒贬，对他们的理论和作风也同样。他从没有提供别的，他不断提供的是我们布鲁克林人熟悉的那个人。他是纯粹美国种，个头大、精力充沛——行年三十六（1855）——从未服过药——从未穿过黑色衣服，总是穿着宽舒的、干干净净的结实衣服——露着脖子，衬衫领子又平又阔，脸色红里透着黑亮，胡须已有不少白的，头发像收割后倒在地上来回翻身的干草——他的生理结构很符合一种粗壮的颅相学——是个非常受人爱戴的人，特别是青年和不识字的人——在这些人中间他有坚贞的朋友和交往——是个不和文学界人士来往的人——从来没有人让他在公共宴会上发表演说——从来不在台上和大批牧师、教授、市参议员、国会议员坐在一起——而是在海湾里和领航艇里的领航员在一起——或和小渔船上的捕鱼人出一次海——或在百老汇公共马车上和车夫坐在一起——或和一对闲逛者在乡村的空地上漫步——喜爱纽约和布鲁克林——喜爱大渡船上的生活——遇到这个人时你不必指望遇到个不寻常的人——这个人的古怪其实并不古怪——和他接触不会令人眼花缭乱，或心醉神迷，不需要毕恭毕敬，可以从容被他的平易近人所吸引——就像是一个你在等候着的熟人——这就是沃尔特·惠特曼，他为文学增添了一个新的后代。他从容不迫地等待着当代给他以评价的机会，在一切错误的理解和不信任中等待着未来评价的机会——总是宁可由自己来替自己说话而不是请别人代言。

作家自白

【法国】罗曼·罗兰

孙梁 傅雷 译

我创造了一个人①

026

　　24岁的罗曼·罗兰在参观贝多芬的故居时，呼吸到英雄的气息，眼前出现震撼人心的幻象：他活生生"看见"了英雄的面容，看见了"克利斯朵夫"的诞生。这是与敬仰的灵魂劈面相撞的激情邂逅，是作家内心创造力的火山被引爆的一刻。从此，罗曼·罗兰的人生一分为二，此前的岁月是"时代的奴隶"，现在，一个新的罗曼·罗兰诞生了，伴随着一部英雄史诗。以贝多芬的生平为基本素材，罗曼·罗兰创造了10卷本长篇小说《约翰·克利斯朵夫》，把自我奋斗的意念变成一部由凡人历练为圣者的人生史诗，是许多青年最喜爱的一部青春小说。约翰·克利斯朵夫的诞生，使作者敢于响亮地说一声："我生存过了。""我创造了一个人。"

　　1925年1月，应敬隐渔（中国第一个翻译《约翰·克利斯朵夫》的人）的请求，罗曼·罗兰特地为此著作的中文译本写下《约翰·克利斯朵夫向中国的弟兄们宣言》："我不认识欧洲和亚洲。我只知世界有两民族——一个上升，一个下降。一方面是忍耐、热烈、恒久、勇敢地趋向光明的人们——一切光明：学问、美、人类的爱、公共的进化。另一方面是压迫的势力：黑暗、愚蒙、懒惰、迷信和野蛮。我是顺附第一派的。无论他们生长在什么地方，都是我的朋友、同盟、弟兄。我的家乡是自由的人类。伟大的民族是他的部属。众人的宝库乃是'太阳之都'。"

约翰·克利斯朵夫的诞生

　　那考验人的十年，那一段跟疾病、经济困难和"节场"上窒息的气氛斗争的时期，却也是在一颗爱我的心支持下，实现奔放不羁的创造力的时期——我开辟了《克利斯朵夫》的长河与那些伟大的支流；《贝多芬传》和《米开朗琪罗传》。在出版以前，我的每一部作品最初的读者总是母亲和妹妹。……她在倾听《约

---

　　① 选自雨林编《诺贝尔文学奖文库·创作谈卷》，浙江文艺出版社，1998年版。标题为编者所拟。

翰·克利斯朵夫》时,也在发掘自己儿子的心灵。

真正的分离是在我到罗马去时开始的。母亲和她的小伙伴已经是习以为常了,这对她真是残忍的拆分。那小伙伴也觉难受,可是性质完全不同。渴望变动的心思超过了他的悲哀。就像克利斯朵夫在离开德国的前夕那样,我也不愿意使母亲痛苦。(我在小说中把那一晚以前几天的情况记述得非常准确……)

……夕阳在下山。深红色的城市在我足下形成半圆形,燃烧着。亚尔彭群山[①]的笑意正在天际消逝。索拉克特山上的拱门似乎在荒原上飘浮……此刻我又生活在那一瞬间了;我又确切地看到了使我精神得到新生的地点。从此它一直深深地渗透于我的思想中,即使在二十多年后,当我最亲密的朋友——那名又戴上桂冠的年轻兄弟[②]跟我一起在罗马,每次经过姜尼克仑山时,他就止步说:

"我看见了约翰·克利斯朵夫……"

他的心灵的触觉感到了那遥远的往日的震动,那时涌现了克利斯朵夫自己,那是人,而不是作品。

顿时涌出。起先那前额从地下冒起,接着是那双眼睛,克利斯朵夫的眼睛。其余的身体在以后的年月中逐渐而从容地涌现。可是我对他产生幻象是从那一天开始的。我在法纳斯古宫所记的笔记中曾写下这件事。这是那序曲开始的几声和弦,以后所作的交响乐则跟我的生命一起成长,中间也有个别音符的变化、和声的变幻、节奏的更动和意想不到的变调——但都是根据那姜尼克仑的主题。

仿佛一架飞机,在地面上回旋,接着起飞了;仿佛我滑翔到高空中,脱离这世纪了。从远处,我看到我的时代、我的祖国、我的种种偏见和我本身。破天荒第一次我自由了。而一秒钟以前——在这以前的二十四年生命中——我是时代的奴隶,受着它节奏的束缚,被它的洪流载向前去,在它的思想中呼吸。即使当我斥责它时,我也呼吸着它;我就靠着它生活。而我因此要闷死了——我死了吗?……我又复活了!我把坟墓——"世纪末"——前的石头推开。我从时代中逃遁了……

……我知道任何人都没有权力把自己看得与众不同,超出他时代中的人群,具有教养的特权(什么权力?),没有人比我更彻底地在一生中讽刺那些"有教养"的人——个人或民族,所有那些自负为"天之骄子"的人。那种无形的力量在每个人身上都有,只要倾听它们就行。但是在我们动乱的生活中却办不到。必须有安静。我时时刻刻都防卫着我的安静。我曾为它抵御我的敌人;还特别为了它抵御我的友人。姜尼克仑山上深沉的宁静,以及自由而特定的空间中的光明……那是一个幻觉吗?只是我的生命而已,不多也不少,因为那一瞬间使我以后的生

---

① 亚尔彭群山在罗马郊外。

② 指近代法国诗人亚尔方斯·德·夏多布里昂。

命具有形态。我并不声称我生存着是对的。不是我生存过了——我在记述我的生活。我把它扔到海角的飘风中，谁愿意，就捡起吧。

很少有人了解托尔斯泰对我的影响。这影响在美学上很深，在精神上很大，然而在智力上是毫不足道的。我从未发现过一个法国人对《战争与和平》的卓越的艺术能够充分鉴赏，因为这部作品把一个民族的精神神秘化了——那具有鹰隼般眼力的天才在宇宙之上平顺地翱翔，从那性灵高尚的人民中间涌出了千百条溪涧，被永恒之力的不可抗拒的力量曳引着，向汪洋大海流去——这种艺术跟我最亲切的创作欲起了共鸣，并且给我提供了第一个无可匹敌的新史诗的典范。我从未模仿过它（我们的创作方式和力量太不同了），但是它很可能感应了《英雄传》①、《约翰·克利斯朵夫》和以后的作品——它们都在小说、戏剧和传记的伪装下具有史诗的性质，但我似乎感到没有一个批评家发现过这一点。

另一方面，托尔斯泰一生崇高的范例对我并不是没有影响的。从那时起②，我一直没有忘记过艺术对人类所负的责任和它的任务……③

《贝多芬传》（1903）的产生是和儿童克利斯朵夫同时的。《米开朗琪罗传》（1906）和《韩德尔传》是和他的成年做伴的。《托尔斯泰传》（1911）是和他的归宿同时写成的④。

贝多芬的巨掌给我的新生的婴儿约翰·克利斯朵夫举行了洗礼⑤。

（孙梁　译）

我们把共同的灵魂灌输给他了
（《约翰·克利斯朵夫》卷七初版序）

多年以来，我在精神上跟不在眼前的识与不识的朋友们交谈，已经成了习惯，所以我今天觉得需要对他们高声倾吐一下。我决不能忘恩负义，不感谢他们对我的厚意。从我开始写《约翰·克利斯朵夫》这个冗长的故事起，我就是为他们写的，和他们一同写的。他们鼓励我，捺着性子陪着我，向我表示同情，使我感到温暖。即使我能给他们多少好处，他们给我的可是更多。我的作品是我们的思想

---

① 即《贝多芬传》《米开朗琪罗传》和《托尔斯泰传》之总称。

② 罗兰自1887年开始同托尔斯泰通信。

③ 以上选自《内心的历程》。

④ 选自《罗曼·罗兰致威尔逊》。

⑤ 这是罗兰1902年底到贝多芬的故乡旅行后回巴黎所写。选自《贝多芬传》。

结合起来的果实。

我开始执笔的时候，根本不敢希望同情我们的人会超过一小群朋友：我的野心只限于苏格拉底之家①。然而年复一年，我觉得好恶相同、痛苦相同的弟兄们不知有多多少少，在巴黎犹如在内地，在法国以内犹如在法国以外。这一点，在克利斯朵夫吐露了他的和我的衷曲，表示他瞧不起《节场》的那一卷出版以后，我就明白了。我的著作所引起的回响，从来没有像这一卷那样迅速的。因为那不但是我的心声，同时是我朋友们的心声。他们很知道，《约翰·克利斯朵夫》不单是属于我的，而且也是属于他们的。我们把共同的灵魂大部分都灌输给它了。

既然《约翰·克利斯朵夫》是属于读者的，我就应当向他们对这一卷有所解释。如在《节场》中一样，读者在此找不到小说式的情节，而本书主人翁的生涯似乎也中途停顿了。

因此我得说明这部作品是在什么情形之下着手的。

我那时是孤独的。像多少的法国人一样，我在一个精神上跟我敌对的世界里感到窒息；我要呼吸，我要反抗一种不健全的文明，反抗被一般俗称的优秀阶级毒害的思想，我想对那个优秀阶级说："你撒谎，你并不代表法兰西。"

要达到这个目的，我必须有一个眼目清明、心灵纯洁的主人翁——他又必须有相当高尚的灵魂才能有说话的权利，有相当雄壮的声音才能教人听到他的话。我很有耐性地达成了这样的一个主角。在我还没决定开始动笔以前，这件作品在我心头酝酿了十年；直到我把克利斯朵夫全部的行程认清楚了，克利斯朵夫才开始上路。《节场》中的某些篇章，《约翰·克利斯朵夫》全书最后的几卷，都是在《黎明》以前或同时写的。在克利斯朵夫与奥里维身上反映出来的法国景象，自始就在本书中占着重要地位。所以，主人翁在人生的中途遇到一个高岗，一方面回顾一下才走过的山谷，一方面瞻望一番将要趱奔的前途的时候，希望读者不要认为作品越出了范围，而认为是一种预定的休止。

显而易见，这最后几卷（《节场》与《户内》）跟全书其他的部分同样不是小说。我从来没有意思写一部小说。那么这作品究竟是什么呢？是一首诗吗？——你们何必要有一个名字呢？你们看到一个人，会问他是一部小说或一首诗吗？我就是创造了一个人。一个人的生命决不能受一种文学形式的限制。它有它本身的规则，每个生命的方式是自然界一种力的方式。有些人的生命像沉静的湖，有些像白云飘荡的一望无际的天空，有些像丰腴富饶的平原，有些像断断续续的山峰。我觉得约翰·克利斯朵夫的生命像一条河——我在本书的最初几页就说过的——而那条河在某些地段上似乎睡着了，只映出周围的田野跟天色。但它照旧

① 苏格拉底建造屋舍，人们认为太小，苏格拉底答言："只要它能容纳真正的朋友就行了。"

在那里流动，变化；有时这种表面上的静止藏着一道湍急的水流，猛烈的气势要以后遇到阻碍的时候才会显出来。这便是《约翰·克利斯朵夫》全书中这一卷的形象。等到这条河积聚了长时期的力量，把两岸的思想吸收了以后，它将继续它的行程——向汪洋大海进发，向我们大家归宿的地方进发。

1909年1月

（傅雷　译）

克利斯朵夫，咱们一齐死了预备再生吧

（《约翰·克利斯朵夫》卷十初版序）

我写下了快要消灭的一代的悲剧。我毫无隐蔽地暴露了它的缺陷与德性，它的沉重的悲哀，它的混混沌沌的骄傲，它的英勇的努力和为了重新缔造一个世界、一种道德、一种美学、一种信仰、一个新的人类而感到的沮丧。这便是我们过去的历史。

你们这些生在今日的人，你们这些青年，现在要轮到你们了！踏在我们的身体上面向前吧。但愿你们比我们更伟大、更幸福。

我自己也和我过去的灵魂告别了，我把它当做空壳似的扔掉了。生命是连续不断的死亡与复活。克利斯朵夫，咱们一齐死了预备再生吧！

1912年10月

（傅雷　译）

【俄国】陀思妥耶夫斯基

刘孟泽 李晓晨 译

旧日的回忆①

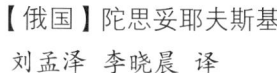

23岁的陀思妥耶夫斯基写出了他的第一部长篇小说《穷人》，手稿交给了《祖国纪事》杂志的编辑、诗人涅克拉索夫。这天凌晨四点，一向性情孤僻的诗人却激动不已地跑来敲门，叫醒了小说家，"这可比睡觉重要"，诗人拥抱着小说家，为他的小说喜悦得几乎哭出声来。几天后，著名评论家别林斯基读完手稿，约见作者，这位以严厉著称的批评家抑制不住激动，不断大声叫着："你了解自己吗？……你就会成为一个伟大的作家！"编辑和评论家可以为一个初出茅庐的新手如此激动、如此坦荡无私地赞赏，这是在命运中发现同类的惊喜，是对天才的呵护、对祖国的热爱，是对文学的庄严礼赞，这是一群高贵的人。

陀思妥耶夫斯基（1821～1881），俄国作家。人称"残酷的天才"，高尔基认为他的作品体现了"关于人的一切痛苦的记忆"。代表作是《卡拉马佐夫兄弟》，一部让人战栗、使人清洁的杰作。

在这个月中，我专心读了通俗小说。那优雅的文字风格，引起我极大的兴趣。不久前，我看到一篇外国人写的关于俄国讽刺小品对俄国现代讽刺小品的评论，是针对俄国现代讽刺小品而写的。评论是在法国发表的。在那篇文章中有一个值得注意的结论，我忘记了原话，它的大概意思是：俄罗斯的讽刺小品仿佛害怕俄国社会中的模范行为。一旦碰见这种行为，讽刺小品就会陷入不知所措的境地，并对这种行为的根据极不平静。因为直到现在为止，还没有在哪里找到下流的家伙呢。这时，讽刺小品常常感到高兴并大喊大叫：这里完全没有模范行为，完全没有什么可高兴的。请你自己看吧，下流的家伙正被关着呢！

这种评论难道是真实的吗？我不相信它是真实的。我只知道，我们的讽刺作品在很大的范围内有出色的代表作。人们非常喜欢讽刺小品，我坚信，大家喜爱这种作品比热爱值得赞扬的美景还要强烈得多，他们渴望更多地看到这种作品。

① 选自《冬日里的夏日印象——陀思妥耶夫斯基随笔集》，刘孟泽、李晓晨译，上海三联书店，1996年版。

我们的讽刺小品，无论如何，都是很出色的。实际上，它的不足在于某些方面不十分鲜明，仅此而已。当然不能在整体和普遍的意义上提出：我们的讽刺小品究竟想说明什么？如此以为，在讽刺小品那里没有任何依据，能不能这样说呢？讽刺小品本身相信，为了某种目的去暴露，那就好似陷入毫无所知的黑暗之中。决不去知道，它就以为是好事。

这便是对讽刺小品奇异的思索。

在我30岁时，经常不断地产生一个十分有趣的念头，我们的所有僵化了的现代评论，总是用一句话，我记得的永远使用的那句话："在我们的时代，文学是这样的衰落"，"漂泊在俄罗斯文学的沙漠中"，等等，始终是一种风格，始终是一种思考。实际上，在这40年中，普希金的一系列作品问世了，果戈理崛起并结束了，奥斯特洛夫斯基、屠格涅夫等出现了，至少有10个人是小说家，这仅仅说的是小说家。可以完全肯定，几乎任何一个时代，任何一种文学流派中，在这短短的时间里，都没有像我们这个时代，这样接连不断地、毫无间隔地涌现出如此众多的有才华的作家。同时，我现在，几乎没有哪一个月不看到有关俄罗斯文学不景气，或者"俄罗斯文学的沙漠"的文字。这种说法，纯粹是现代的虚无缥缈的一种现象，不存在任何意义，对此，只能付之冷笑。

我读过了刊登在《祖国纪事》1月号上的涅克拉索夫的《最后的歌声》，满腔热忱的歌声和未尽之言，永远属于涅克拉索夫。但是，这种使人痛苦的呻吟极不正常（他患有直肠癌，很难治疗）。我们的诗人患了病，他曾对我说过，清醒地意识到自己的状况，当时，我简直不敢相信。这是一个坚强的敏感的躯体。他非常不幸地极度痛苦。我真不敢相信，在春天到来之前，他是否经受得住疾病的折磨。如果在国外，在春天的雨露中，换一种气候，他会很快得到康复。

人们之间常常有莫名其妙的事，在我们的生活中，我们不常见面，在我们之间还曾经有过疑惑。但是，在我们生活中却发生了这样一件事，使我难以忘记——那是我们有生以来的第一次会见。不久以前，我去看涅克拉索夫，他被病魔折磨得极为痛苦，一开口，就回忆起过去那些日子。那时间（30年前），曾经产生过一种年轻的、充满朝气的、美好的感情——经历过这种感情的人，永远会将它珍藏在心中。我那时只有20多岁①，我住在彼得堡，也不知为了什么，辞去了工程师的职务，已经有一年光景，那是1845年5月的事。在初冬，我开始动笔写《穷人》——我的第一部中篇小说，直到动笔之前，我还没有写过任何长篇宏论。写完《穷人》后，我不知道，该怎么办？把它交给谁？除了A.B.格利戈罗维奇以外，在文学界，我不认识一个知名人士。就连格利戈罗维奇他自己也没有写过什么呢！除了在一本小册中的短文《彼得堡的流浪乐师》以外。我记得，当时，他正准备回自己

---

① 陀思妥耶夫斯基生于1821年10月31日，涅克拉索夫生于1821年11月22日，这么说，当他们第一次见面时，都不满24岁。——俄文版编者注

的村子避暑，暂时住在涅克拉索夫家里。他找到我以后，便说："把稿子带来吧。"（他自己还没有读过）"涅克拉索夫想在明年出版一个集子，我把你的稿子给他看看。"我带着稿子，在涅克拉索夫那里只待了一分钟，互相握手，我一想到自己带着稿子来，就感到难为情，几乎没有和涅克拉索夫说一句话，就赶快告辞出来。我几乎没有想到成功，正如当时大家说的，《祖国纪事》这些人，我是害怕的。别林斯基的文章，我已经津津有味地读了好几年，我感觉出他是一个严厉而可怕的人。"他肯定会嘲笑我的《穷人》的！"——我真担心。可是又一转念，我是满怀热情地、几乎带着泪水写成的——"难道这一切，当我握着笔面对这部小说，经历痛苦时，都是虚伪的感情吗？都是不真实的感情吗？"尽管，我的想法，只是一瞬间的事情。然而，疑虑又重新出现了。那天晚上，我交出手稿的那天，曾跑到很远很远的一个老朋友家里去，一整夜都在谈论《死魂灵》，我也记不清第几遍读它了。当时，在年轻人中间总是这样，两个人或三个人聚在一起，便是读果戈理，一读就是整整一夜。在许多青年人中间，好像浸透了某种精神，仿佛在期待什么？

那天，我回到家时，已经是凌晨4点钟了，在亮如白昼的夜空中，气候暖和舒适，我回到屋里，久久不能入眠。于是打开窗户，坐在窗边。突然，传来令我十分惊异的敲门声，只见格利戈罗维奇和涅克拉索夫扑过来拥抱我。他们异常喜悦，两人几乎哭出声来。他们昨晚很早就回家了，拿起我的稿子，就开始读："从10多页的稿子中就能感觉出来。"但是，他们决定再读10页，就这样，坐到晨光微露。一个人读累了，便互相替换着读。当他读到大学生死的那一段时，后来，格里戈罗维奇单独告诉我：突然，我看见，当读到父亲跟在棺材后面跑的时候，涅克拉索夫的声音停顿了，一次又一次地用手敲着书稿，"啊！他真是！"这讲的是你，我们一整夜都在谈这件事。当他们谈完之后（7个印张），便异口同声地决定立刻来找我。"这时，他已经睡了，我们可以叫醒他！这可比睡觉重要。"后来，我熟悉了涅克拉索夫的性格，我常常对这种时刻感到奇怪；他的性格是孤僻的，几乎是敏感的、谨慎的，很少交际。至少，我总感到他是这样的，所以，我们会见的那个时刻，的确是最深刻的感情的表露。他俩在我家里大约待了半个多小时。在半个多小时里，上帝才知道我们谈了多少话。其实，片言只语就互相了解了。我们谈到了诗歌，谈到了真理，谈到了"当时的形势"，自然，也谈到了果戈理，引证了《钦差大臣》和《死魂灵》。但是，主要谈到了别林斯基。"今天我就把你的小说拿给他看，你就会看到，他是怎样一个人！你认识了他，就会感觉出他具有一个什么样的灵魂。"涅克拉索夫热情地说，用双手晃动着我。"噢，现在你去睡觉吧！睡吧！我们走了，明天，你到我们那儿去。"他们走了，我还能睡着吗？多大的欢乐，多大的成功啊！而主要是——感情是十分宝贵的，我清楚地记得："有人成功了，大家都来夸奖他，欢迎他，庆贺他。要知道，这些人带着欢乐的泪水，在凌晨4点钟，跑来叫醒我，因为这种事比睡觉更重要……啊！太好了。"哪里还睡什么觉呢！

就在那一天，涅克拉索夫把书稿交给别林斯基了。我敬仰别林斯基，在自己的一生中，最敬仰他了。当时，涅克拉索夫还没有什么大的作品，一年以后，他便写出来了。我知道，涅克拉索夫流落到彼得堡，只有16岁，孤零零一个人，他几乎从16岁就开始写作了。关于他和别林斯基结识的情况，我了解得很少，别林斯基从一开始就看中了他，也许，还影响到他的诗歌创作的情绪。尽管那时的涅克拉索夫还年轻，他们的年龄有差距，然而，他们之间的关系已经到了无法分开的程度。

"新的果戈理出现了！"涅克拉索夫喊道，"你认为果戈理会长得像蘑菇一样快呀！"别林斯基严厉地对他说。但是，却收下了《穷人》的书稿。当天晚上，涅克拉索夫又去找他，别林斯基见到他时，"简直激动得不得了"，迫不及待地说，"叫他来，快叫他来"。

于是，（这可已经在第三天了）涅克拉索夫把我带到别林斯基家中。我记得，在最初的一瞥中，他的神态、他的鼻子、他的额头使我大吃一惊。我不明白，怎么会把他——"这位可怕的、严厉的批评家"想像成另一种样子。他极为庄重而谨慎地招待我。"这种态度是可以理解的。"我想。但是，好像没有过一分钟，一切都变了。他很快流露出一种极为迫切的感情，那炯炯有神的目光看着我："你了解自己吗？"他重复了几次，像平时一样，他大声地叫着："你写的这是什么？"当他感情激动时，总是大喊大叫。"你只能用直觉，写出这些东西，像艺术家那样。但是，你自己能够理解你向我们指出的这一切可怕的事实吗？不能，你20多岁，不能理解这些。要知道，你笔下这个不幸的官吏，他把工作做到这种地步，把自己弄到这种田地，甚至，不敢承认自己是不幸的人，几乎把任何一点埋怨都作为具有自由思想的性质，更不敢正视自己在不幸方面的权利。当善良的人，他的将军给他100卢布时，他神魂颠倒，受宠若惊，不明白'大人为什么去怜悯像他这样的人。啊！这个纽扣失落了，而在那一刹那赶快去吻将军的手'。这里，已经不是对不幸的人的怜悯，而是可怕的悲剧。是悲剧，是在他这种感情中的可怕的悲剧，这是十分不幸的事。你抓住了事情的本质，指出了最主要的东西。而我们的政论家和批评家，仅仅说说而已，力图用言辞去解释他。而你，一个艺术家，只用简单的线条就把形象中的本质表现出来，甚至能够用手触摸。使最不善于理解的读者也能立刻明白这一切。这就是艺术的奥秘，这就是艺术中的真理。这就是艺术家对真实性的忠实。真理在你面前展示，宣告你是一个艺术家，掌握你的才干，珍惜你的才干，忠实于真理，你就会成为一个伟大的作家！"①

---

① 证明在于：陀思妥耶夫斯基并没有把别林斯基由于读了他的《穷人》而引起的喜悦估计得过高。新的"好吹毛求疵"的批评家在《祖国纪事》上刊出了评论（1846年第2期），别林斯基回答了这个评论提出的问题："在我们文学中新的东西是什么呢？"他写道："最新的作品在新的、异乎寻常的天才手中。我们说，主要是陀思妥耶夫斯基，他自我推荐的《穷人》和《两重人格》等作品。这些作品对于许多人来说，难道不是光荣的，甚至是辉煌的吗？"（别林斯基，卷一，493页）——俄文版编者注

这一切都是他当时对我讲的。后来，他所讲的关于我的一切，对其他人也讲过，这些人现在还活着，能够作证。我陶醉了，在喜悦中，从他家走出来。我伫立在街道的拐角处，凝视着灰白的天空，看到川流不息的人群，我的整个心灵都感觉到，庄严的时刻来到我的生活之中，决定性的转变开始了，然而，这种开端，是我在梦中都不敢想象的。"难道我真的这样了不起吗？"我暗自喜悦，却又羞愧。请不要笑话我，后来，我从来没有想过，自己是伟人！但是，在当时，有谁能够忍受得住这种巨大的喜悦呢？"我一定要无愧于这种赞扬，多么好的人呀！多么好的人呀！这是些了不起的人，我要勤奋，努力成为像他们那样高尚而有才华的人，应当保持'忠诚'。我太狂妄了吧！幸亏别林斯基不知道我身上还有那些恶劣的、令人厌恶的东西！有些人认为，这些文学家骄傲、自负。然而，这样的人，在俄国却寥寥无几。他们掌握着真实性，而真实性、善良一定会战胜恶习和邪恶，我们是会胜利的。跟他们走，和他们在一起吧！"

我十分清晰地记着这一时刻，以后，无论在什么时候，我也不会忘记它。这是我一生中最美好的时刻。在服苦役期间，我一旦想起这个时刻，就有了精神支柱。现在每次回忆起来，还是异常兴奋的。30年以后的今天，在前不久，我坐在涅克拉索夫病床前，我又记起了那一时刻的全部经过，仿佛又重新经历了一番。我没能和他详细谈，只是提到，我们有过那一段交情。我感到，他自己也想起来了。我知道，他会记起来的。当我从苦役地归来时，他把自己作品中的一首诗指给我看："这是我当时为你写的①。"他对我说。在此以后，我们就分道扬镳了。现在，在痛苦的病床上，他想起了旧时的朋友：

> 他们的预言的歌还未唱完，
>
> 就作了敌意和背叛的牺牲，
>
> 正当壮年，墙上便挂起他们的肖像，
>
> 在墙上责备地望着我。②

"责备"这两个字在这里异常沉重。我们保持了"忠诚"吗？让所有的人问问自己的良心。然而，还是请你们读一读这首痛苦的诗吧，让我们享受热情诗人的复活吧！把我们的热情倾注到苦难的诗人中去吧……

---

① A.T.陀思妥耶夫卡娅回忆了在1877年，陀思妥耶夫斯基对涅克拉索夫的拜访。她在回忆录中写道：有一次，丈夫正碰见还未睡觉的涅克拉索夫，他正在给丈夫读自己诗的结尾部分，指着其中的一段说："（不幸的人们）这是我在写你的事。"这句话，使丈夫特别感动。——俄文版编者注

② 引自涅克拉索夫的诗《很快找到宿营地》，这首诗被列入《最后的歌声》系列。陀思妥耶夫斯基说，涅克拉索夫"在自己的床上受苦受难，现在，他该回忆起共度一生的朋友们了"。大概，朋友们，还没有唱完他的"歌声"，别林斯基和杜勃罗留波夫就过早地死了。车尔尼雪夫斯基也被流放到西伯利亚了。——俄文版编者注

【英国】济慈

茅于美 译

诗意地度过一生①

036

　　如何诗意地度过一生？英国"夜莺诗人"济慈提供了一个迷人的思路："让他在某一天读一页充满诗意的诗，或是精练的散文，让他带着它去散步，去沉思，去反复思考，去领会，去据以预言未来，进入梦想……"这种"勤勉的闲散"的生活方式，像牧歌一样迷人，只是，在快节奏的信息时代，很少有人能享受如此精致的生活了。如果你是个不愿被信息垃圾淹没的人，如果你想有一些古典的心情，请你默记济慈的宣言："我宁可要充满感受的生活，而不要充满思索的生活！——这是表现为青春的梦想，是未来的真实的投影。"据载，有朋友见过济慈在舌头上撒满辣椒粉，为的是能享受一番在这之后再喝一口葡萄酒的鲜美感觉。

　　济慈（1795~1821），只活了26岁，写了五年的诗歌，代表作有《夜莺颂》《赫披里昂》等。他是诗坛的"精灵"，"浪漫主义复兴的旗手"，被雪莱比作希腊神话中美少年"阿多尼"，是"上帝所造就的最高的英华之一"。

　　我有一种想法：一个人可以用这种方式愉快地度过一生——让他在某一天读一页充满诗意的诗，或是精练的散文，让他带着它去散步，去沉思，去反复思考，去领会，去据以预言未来，进入梦想，直到它变得陈旧乏味为止。可是到什么时候，它才能使人感到陈旧乏味呢？这是永远不会的。人在智力上达到某种成熟阶段的时候，任何一个崇高绝俗的片段都会变成他超凡入圣的起点。这种"构思的旅程"是多么幸福啊，勤勉的闲散又是多么美好！在沙发上睡一小觉妨碍不了它，在草地上打个盹儿引来仙界的指点——小儿的牙牙学语给它长上了翅膀，中年人的谈心使它获得振翅起飞的力量；一个曲调引导它到"岛屿的隐僻的一角"去；树叶飒飒作响，它就能"环绕地球一周"。这里略略接触到几本尊贵的书，并

① 选自伍蠡甫主编《西方文论选·下卷》，上海译文出版社，1979年版。原文是济慈写给友人雷诺的书信，标题为编者所拟。

不意味着对它们著者的不敬——因为比较起大作品的仅仅由于它们的默然存在而对于善良品德所产生的益处来说，人所能给予人的荣誉原是微不足道的。记忆不该叫做知识。许多有独创见解的人不这样想——这些人只是为习俗所误而已。据我现在看来，几乎人人都可以像蜘蛛那样，从体内吐出丝来结成自己的空中城堡——它开始工作时只利用了树叶和树枝的几个尖端，竟使空中布满了美丽的迂回线路。人也应该满足于同样稀少的几个尖端去粘住他灵魂的精细的蛛丝，而纺织出一幅空中的挂毡来——这幅挂毡从他灵魂的眼睛看来充满了象征，充满了他的心灵触觉所能感到的温柔，充满了供它漫游的空间，充满了供他享受的万物。但是人们的心灵是如此互不相同，而且走着如此各别的道路，以致在这种情形下，起初看来两三个人之间都不可能有共同的趣味和同伴，然而事实却适得其反：许多心灵各自向相反的方向出发，途中来来往往，在无数点上互相交臂而过，最后竟又重聚在旅途的终点。

1818年2月19日

038

【英国】王尔德

杨烈 译 伍蠡甫 校

生活正模仿艺术①

　　"艺术是生活的反映"，这是现实主义文艺理论；"生活正模仿艺术"，这是浪漫主义的唯美诗人王尔德的观点。生活与艺术，客观与主观，何为主奴？这是理论家们争论不休的话题。对于听惯了"反映论"的中国读者，试着想想王尔德的观点不无益处。艺术家不一定要做个现实生活的"淘金者"，老实本分地追逐时代的舞步；他也可以高视阔步、引领时代，如果他是个真正的创造者，他就可以走在生活前面，为现实制造出艺术典范，以供平庸的生活模仿。

　　王尔德（1854～1900），英国唯美主义作家。从服装、言行到文字都是惊世骇俗的好手，一个美的殉道者。戏剧《莎乐美》、小说《道连·格雷的画像》、童话《快乐王子》都是别开生面之作。

万维恩（念他的一段文章）："艺术开始于抽象的装饰，随着就产生具有纯想象的和令人愉快的作品，这种作品处理非现实的和不存在的东西。这是第一阶段。后来，生活随这种新的奇迹而日益迷人，它要求被允许进入这牢不可破的圈圈里。艺术把生活当做她的一部分素材，重新创造它，在新的形式中改造它，艺术绝对不关心事实；她发明，她想象，她做梦，她在自己和现实之间保持着不可侵入的栅栏，那就是优美的风格，装饰性的或理想的手法。第三阶段是生活占了上风而把艺术赶到荒野的时候。这就是真正的颓废，而且正由于此，我们今天才感到痛苦。"

　　"……在莎士比亚的剧本里，有些段落——而且为数还不少——语言粗鲁、庸俗、夸大、怪诞，甚至淫猥，都是由于生活要为它自己的声音寻求回响，拒绝优美风格的干预，然而生活只有通过这种风格，才被允许去寻求表现。莎士比亚绝不是一位完美无缺的艺术家。他过于喜欢直接走向生活，并借用生活的质朴

---

　　① 选自伍蠡甫主编《西方文论选·下卷》，上海译文出版社，1979年版。原题《谎言的衰朽》，标题为编者所拟。

语言。他忘了，如果艺术放弃了她的富于想象力的媒介，那么艺术也就放弃了一切。……"

　　万维恩：……然而这也是真的：生活对艺术的模仿远远多过艺术对生活的模仿。……一个伟大的艺术家创造一个典型，而生活就试着去模仿它，在通俗的形式中复制它，就如一位大胆敢为的出版家那样。贺尔拜因①和凡·戴克②都没有在英国发现他们所给予我们的东西。他们自己带来了他们的典型，而生活自身则以其敏锐的模仿能力为艺术大师提供了模型。希腊人具有敏捷的艺术的本能，他们懂得这个道理，他俩在新妇的房间里放上赫尔墨斯③或阿波罗的雕像，使她可能生出如同这件艺术品那样可爱的孩子，因为她在狂欢或痛苦时都望见这件艺术品。希腊人知道：生活不仅从艺术中得到精神性、思想的和感情的深度、灵魂的骚动或灵魂的平静，而且能在艺术的线条和色彩上组成生活本身，并能再现菲狄亚斯的崇高以及伯拉克西特列斯④的优美。因而他们反对现实主义。他们纯粹由于社会的原因而不喜欢它。他们觉得，它必然使人们丑恶，而他们是完全正确的。我们试用良好的空气、自由的阳光、清洁的饮水，去改良人类的生活条件，又用乏味可厌的建筑物来改善下层阶级的居住情况。但是，这些东西只能产生健康；它们不能产生美。因此，就需要艺术，而且伟大艺术家的真正门徒，不是他的那些工作室里的模仿者，而是那些像他的艺术品的人，不论这些艺术品是希腊时代的造型艺术，或是近代的绘画艺术；总而言之，生活是艺术的最好的学生、艺术的唯一的学生。

　　万维恩：……伟大的艺术家从不曾看见事物的真面目。如果他看见了，他就不成其为艺术家。以我们今天的事物为例吧。我知道，你很喜欢日本的事物。那么，你真的以为有像艺术中向我们所表现的那样的日本人民吗？如果你以为有的话，那么你还没有完全懂得日本艺术。日本人民是某些个别的艺术家蓄意地、自觉地创造出来的。如果你把北斋⑤或北溪⑥，或任何伟大的日本画家的画，放在一位实际的日本绅士或太太的旁边，你就会看出他们之间毫无相像之处。住在日本的、实际的人民比起英国人民的普通平凡，没有什么两样；那就是说，他们非常平凡，没有什么稀奇或异常之处。事实上，整个日本就是一个纯粹的虚构。没有这

---

① 贺尔拜因（Hans Holbein，1497~1543），德国画家，晚年到英国，任宫廷画家。

② 凡·戴克（Anthonis Van Dyck，1599~1641），佛兰德斯画家，晚年到英国，任宫廷画家。

③ 赫尔墨斯（Hermēs），希腊神话中众神的使者，掌管商业、畜牧、道路、交通等。

④ 伯拉克西特列斯（Praxiteles，公元前4世纪），希腊雕刻家。

⑤ 北斋（Katsushika Hokusai，1760~1849），日本画家。

⑥ 北溪，全名为鱼屋北溪（Totoya Hokkei，1780~1850），日本画家。

样的国家，没有这样的人民。我们的一位最美妙的画家，最近曾到"菊花之国①"去，抱着呆想，要看看日本人民。他看到的一切，他有机会画出的一切，不过是几只灯笼和几把扇子。他简直不能发现居民，因为在道得斯威尔先生们②的画廊所举行的他的怡人的展览，未免表现得太好了。他不曾知道，日本人民就像我方才说的那样，只是一个风格的样式，一个艺术的美妙的空想。因此，如果你想要看到一排日本现象，你用不着当一位旅行家到东京去。相反地，你可以呆在家里，把自己沉浸在某些日本艺术家的作品中，于是，当你吸收了他们的风格的精神，抓住了他们所作幻象中的想象方式，你就可以在某天下午去坐在公园里或者在皮卡狄里③闲逛，如果在那儿你看不到一个绝对的日本现象，那么在旁的任何地方你也看不到。或者，再回到过去，再举一个古希腊人的例子吧，你以为希腊艺术曾把希腊人的真相告诉我们了吗？你相信雅典的妇人就像雅典娜神殿饰壁上的那些堂皇庄严的人物吗？或者就像坐在这神殿的三角顶上的那些了不起的女神吗？如果你从艺术方面来判断，她们确实是如此。但是，请你读一读像阿里斯托芬那样的一位权威作家吧。你就会发现：雅典的太太们紧束粗带、穿高跟鞋、把发染黄、涂脂抹粉，简直和我们今天愚蠢时髦的或堕落的女人一样。事实是这样：我们完全通过艺术媒介去回顾以往，而艺术却从不曾有过一次向我们讲真理——这倒是十分侥幸的……

席里尔：……为了避免造成任何错误，我要你简单地把新美学的原理告诉我。

万维恩：简单说来，就是这些。艺术除了表现它自己之外，不表现任何别的东西。艺术有独立的生命，正和思想有独立的生命一样，而且完全按照艺术自己的种种路线向前发展。在一个现实主义的时代，艺术不一定是现实的；在一个信仰的时代，它不一定是精神的。它远非时代的产物，甚至经常和时代相对峙，而它为我们保留下来的唯一历史就是它自己的发展史。有时候，它回头走，踏着自己的足迹，把古代的形式复活起来，如晚期希腊艺术的拟古运动，以及当今的拉斐尔前派④的运动。有时候，它却完全走在它的时代之前，在某一世纪所产生的作品，却要在另一世纪里才能了解、鉴赏和享受，但它并不再现它的时代。从时代的艺术转入时代本身，这是所有历史学家犯下的大错。

第二个原理是这样：一切坏的艺术的根源，都在于要回到生活和自然，并提

---

① "菊花之国"，原文为 Land of the Chrysanthemum，指日本。

② 道得斯威尔先生们，原文为 Messre.Dowdeswell。

③ 皮卡狄里（Piccadilly），伦敦街道名。

④ 拉斐尔前派，1848年英国部分诗人、画家所倡导的艺术运动，主张回到意大利文艺复兴时期画家拉斐尔以前的简朴的画风。

高它们成为理想。生活和自然有时可用作艺术的一部分素材,但是,在它们对艺术能有真正用处之前,它必须先被转换为艺术的习惯。艺术放弃了它的想象力的媒介时,就放弃了一切。作为方法来说,现实主义是一个完全的失败;每一个艺术家所应避免的两件事,是形式的现代性和主题的现代性。对我们生活在十九世纪的人说来,除了我们的世纪之外,任何一个世纪都是一个适当的艺术题材。唯一美的事物,就是与我们无关的事物。我很高兴引用自己的话来说,正因为赫丘巴①今天与我们无关,所以她的忧愁今天便如此适宜于作悲剧的动机。还有,只有现代的东西,才会变成陈旧过时。左拉先生坐下来给我们画了一幅第二帝国的图画②。现在谁还关心第二帝国? 它已经过时了。生活比现实主义跑得快,但浪漫主义却永远在生活之前。

第三个原理是:生活对艺术的模仿远远多过艺术对生活的模仿。其所以如此,不仅由于生活的模仿本能,而且由于这一事实:生活的有意识的目的在于寻求表现,而艺术就为生活提供了一些美的形式,通过这些形式,生活就可以实现它的那种活动力。这是一个从来未被提出的理论,但它却十分有益,在艺术史上投了一道崭新之光。

由此推论出,外部的自然也模仿艺术。自然能显示给我们的唯一现象,就是我们通过诗歌或在图画中所已看到的现象。这是自然所以优美的秘密,也是关于自然的弱点的解释。

最后的启示是:"谎言",即关于美而不真的事物的讲述,乃是艺术的本来的目的。但关于这点,我觉得我已说得够多了。

---

① 赫丘巴(Hecuba),传说中特洛亚王后,希腊军队攻陷特洛亚城,她被俘虏。

② 指左拉的小说《卢贡·马卡尔家族》,副标题为《第二帝国时代的一个家族的自然史和社会史》。

作家自白

【美国】布罗茨基

王希苏 译

大众应该用文学的语言说话①

　　谁说文学要向大众学习语言，相反，"大众应该用文学的语言说话"。布罗茨基义正词严地发表一个诗人的哲学思考，以理想主义的自信和浪漫主义的热诚。他的看法是：国家的哲学、伦理学、美学永远是"昨天"，而语言、文学永远是"今天"，并构造着"明天"。文学憎恶重复，赋予我们生存的个性，是"抗拒奴役的保证"。一个有文学趣味的人，不容易受政治煽动的低劣诱惑，"倘若我们以读书经验而不是以政治纲领为标准来选择领袖人物，地球上就不会有今天这么多的痛苦"。"由于不可能有保护我们不受我们自己侵犯的法律，所以每一部刑法典都没有对反文学罪的惩罚条例。在这些罪行中，最深重的不是对作者的迫害，不是书刊检查组织等等，不是书籍的葬身火海。有着更为深重的罪过——这就是鄙视书，不读书。由于这一罪过，一个人将终身受到惩罚；如果这一罪过是由整个民族犯下的话——这一民族就要因此受到自己历史的惩罚。"

　　在他诸多惊人之论中，最为惊人的判断是这一个："如果说，我们区别于动物界其他成员的标志是语言，那么，文学——尤其是作为最高语言形式的诗歌——便是我们这一物种的目标。"哈，当世界上所有的人都变成诗人，那会是一个什么样的世界呢？布罗茨基在另一处说的话要平和得多："艺术与其说是更好的、不如说是一种可供选择的存在，艺术不是一种逃避现实的尝试，相反，它是一种赋予现实以生气的尝试。"

　　布罗茨基（1940~1996），俄国诗人，后加入美国籍。1987年因"他的作品超越时空限制，无论在文学上或是敏感问题方面都充分显示出他广阔的思想及浓郁的诗意"而获诺贝尔文学奖，本文即获奖演说。

一

　　一个离群索居的人，一个珍重独来独往的自由而看轻抛头露面的机会的人，

---

① 选自雨林编《诺贝尔文学奖文库·创作谈卷》，浙江文艺出版社，1998年版。标题为编者所拟。

一个恪守这一原则而不肯有丝毫含糊——乃至于远远地离开祖国的人，因为，与其在暴政下做牺牲品或做达官显贵，毋宁在民主制下一无所成——这样的一个人如今突然登上这个讲坛，他难免感到局促不安，并且难堪。

这种感受之所以强烈，并不仅仅因为我看到站立在我面前的听众，更因为我想起那些越过这一荣誉的人们，他们没有能够得到机会，从这个讲坛上。用他们自己的话说，向"这个城市和这个世界"演讲；他们累积的沉默似乎徒然地寻求通过本人的口得以排解、宣泄。

在这种形势下，唯一能使人聊以自慰的是，我们知道——首先是出于风格上的原因——任何作家不能代替另一个作家说话，诗人尤其不能代替另一个诗人发言。即便奥西普·曼德尔施塔姆，或者玛丽娜·茨维塔耶娃，或者罗伯特·弗罗斯特，或者安娜·阿赫玛托娃，或者威斯坦·奥登站在这个位置，他们仍然不能不仅仅代表自己说话，而且他们同样会感到窘迫、难堪。

他们的身影常常令我不安，今天，他们依然在困扰我。总之，他们并不能使我的口齿更加伶俐。在我平静的时候，我把自己视作他们全体的代表，尽管同他们中的任何人相比，我自愧弗如。在文墨上超过他们不可能，在实际生活的人格上强似他们更是非分之想。恰恰是他们的生活，任是怎样的凄惨和悲苦，常常使我感动。如果存在另一种生活——我绝不怀疑他们会不朽，正如我永远不能忘记这世上的他们一样——倘若另一个世界确实存在，我希望他们能够原谅我，原谅我即将讲演的内容质量：我们职业里的高低毕竟不由这礼堂里的举止来衡量。

我仅提及众多人物中的五位——其业绩和命运对我关系极大的五位——倘不是因为有他们，我无论作为一个人或是一个作家，必将远比现在逊色：无论如何，今天我便不可能站在这块地方。还有更多的人士，他们的身影，更贴切地可以说是光源——明灯？星辰？——数目当然超过五。他们每个人均能使我张口结舌，哑然无言。在每个自觉的作家的生活中，这一类人形成一个庞大的数目。在我的生活里，这是一个双倍的数字，因为命运决定了我从属于两种文化。想到这两种文化里当代的作家同事，想到那些诗人和小说家，我心里愈发不安。我认为他们的才华非我所能及。倘若是他们站在这个讲坛上，他们早已谈起正题，因为他们比我有更多的话告诉世人。

因此，我将允许我在此谈一些想法——这些想法可能缺乏连贯性，是跳跃式的，甚至可能因为其零乱而使人费解。我希望，我所从事的职业，以及所给予我理清思路的有限的时间，将会或者可能会部分地袒护我，使我免受"条理不清"的指责。从事我这一职业的人极少以具有系统的思维模式而自诩。如果有人自称有个系统，那当然是极其糟糕的事，然而，即使这样一个系统也无非是自幼年起沿袭了某种环境、社会秩序、哲学流派的结果。一个艺术家达到目的——无论这是怎样永恒的目的——的最佳手段是随意性，艺术家的构思过程和创作过程已为此作出清楚不过的佐证。诗歌确实——用阿赫玛托娃的话说——产生自无聊的废话；散文的发源地并不比它更高尚。

二

如果艺术（首先是对艺术家）有所教益，这便是人类的单独状态。艺术是最古老同时亦是最名副其实的个体的事业，无论人自觉与否，它在人的身上培养出独特性、个体、分离性的意识——于是使人从一个社会动物转化为可感的"我"。无数的东西可以共同占有：一张床、一片面包，信仰、情妇，然而诗，比如说雷纳·玛利亚·里尔克的诗，却不能如此。一件艺术品，尤其是文学作品，特别是诗歌，是与人面对面的对话，与他结成直接——没有任何中介——的关系。正是出于这个原因，一般的艺术，尤其是文学，特别是诗歌，不能受到共同利益的维护者、群众的主人、历史必然的预言家的赏识。因为他们在艺术的终点，在一首诗被读的地方，找不到预期的异口同声，千篇一律，取代它们的是淡漠和复调的音籁；他们看不到行动的决心，取代它的是漫不经意和挑剔。换一种说法吧，共同利益的维护者和群众的统治者习惯于操纵一个个圆圈，艺术则在这些圆圈里填进"句号、句号、逗号和一个减号"，这便将每一个圆圈化成一张小小的，虽说并不全是漂亮的人脸。

了不起的巴拉丁斯基[①]在刻画他的缪斯时，说她具有一张"与众不同的面容"。形成"与众不同的面容"正是人生的意义所在，既然遗传的规律在事实上决定了我们各自的独特性。无论是作家或是读者，他的首要任务是掌握那属于他自己的生活，而不是接受一个从外部强加于他或为他规划的生活，不管这生活的外形如何高尚。因为我们每个人只有一次生命，而且我们全都知道它将怎样结束。如果将此唯一的机会耗费在他人的模式、他人的经验里，使生活成为一种单调的同义重复，这是一件多么令人遗憾的事！——你在历史必然的预言家的怂恿下，可能接受这种同义重复式的生活，而他却不同你一起走进坟墓，甚至连一句"谢谢你"也不说，你不更加觉得遗憾吗？

比起任何形式的社会组织来，语言，应该说还有文学，更加古老，更加必不可少，生命力也更顽强。文学所常常表现的反感、讽刺和淡漠，从根本上说，是永恒，更准确地说是无限对暂时、对有限的反动。只要国家允许自己干预文学，那么，我们起码可以说文学也有权干预国家事务。政治制度，社会组织形式，有如广义上的一切系统，天生是力图将自身强加于现时（而且常常强加于未来）的过去

---

① 巴拉丁斯基（1800~1844），俄国诗人。

时。一个以语言为职业的人万万不可忘记这一点。对作家来说，真正的危险不在于可能（而且往往是必然）受到来自国家方面的迫害，却在于他可能发现自己被国家的面目所迷惑；无论这面目狰狞可怕或是越变越俏，它始终是暂时的。

国家的哲学、伦理学——更无须去说它的美学——永远是"昨天"；语言、文学永远是"今天"，而且往往——尤其是在一个正统的政治制度里——能够构造"明天"。文学的功绩之一正在于，它有助于使我们生存的时间更加个性化，使它有别于我们的芸芸前辈，也有别于衮衮的同代人，避免同义重复，即所谓"历史的牺牲品"这一个可怕的词语标志的命运。艺术，尤其是文学，之所以非凡，之所以有别于生活，正在于它憎恶重复。在日常生活中，你可以将同样的笑话讲述三次，你每每能引发出笑声，并因此成为朋座欢迎的活跃人物。在艺术中，这种行为却被称为"俗套"。艺术是无后坐力的武器。它的发展不取决于艺术家的个性，而是取决于题材自身的活力和逻辑，取决于要求（或可能）在美学上切实得到解释的种种以往手段的命运。艺术自有其衍生变化的谱系、活力、逻辑和未来，因此不是历史的同义词，它至多是历史的平行线。它存在的形式频频不断地再创美学现实。出于这个缘故，人们常常发现它"走在发展的前面"，走在历史的前面，而历史的主要手段恰恰是"俗套"。

现今存在着一种相当流行的观点，即认为作家，尤其是诗人，在作品中应该使用市井语言，大众的语言。尽管这在外表上颇具民主的意味，亦能给作家带来明显的便利，这其实是个荒唐的主张，它代表一种将艺术，在此具体地说是文学，附属于历史的努力。倘若我们认定人类的智慧现在应该停滞，不再发展，只有在这种情况下，文学才应该使用大众的语言。否则情况理应相反：大众应该用文学的语言说话。从总体上看，每一次新的美学现实均赋予伦理现实更加明确的形态。因为美学是伦理学之母。所谓"好"与"坏"的分类，首先是美学上的分类，即便从词源学的角度看，它也出现于伦理学上"善"与"恶"的分类之先。如果伦理学不能"容忍一切"，正是由于美学不能"容忍一切"，因为光谱上颜色的数目是有限的。娇儿啼哭着拒绝一个陌生人，或者正相反，伸出手接受他的拥抱，这是他从本能上作出的美学的而非道德的选择。

美学的选择具有高度的个人性质；美学经验始终是私人经验。每一个新的美学现实使这种经验更具私人的特点。这一特点不时以文学（或其他）趣味的面貌出现，能够成为抗拒奴役的防御形式，或者竟可以说是抗拒奴役的保证。因为一个有趣味，特别是有文学趣味的人，能较少地受到一切政治煽动所固有的反复的宣传和有节奏的咒骂的感染。与其说这问题的意义在于德行未必是提供产生伟大作品的保证，不如说邪恶，特别是政治邪恶，始终是低劣的文体家。一个人美学经验越充实，他的趣味越成熟，他的道德焦点更集中，他的精神——未必更愉快——更自由。

我们当然应该在这实用的而非抽象的意义上去理解陀思妥耶夫斯基的论断：美将拯救世界；或者马修·阿诺德的信念：我们被诗歌拯救。拯救世界或许已为时过晚，拯救个人却始终存在着机会。人的美学本能发展极其迅速。即使他尚未完全认识自己，意识到自己的实际需要，他本能地知道他喜欢什么以及什么不合适。请允许我重申，从人类学的角度说，一个人首先是个美学生物，其次才是伦理生物。由此可以引出结论，艺术，特别是文学，不是我们这一物种发展中生成的副产品，事实恰恰相反。如果说，我们区别于动物界其他成员的标志是语言，那么，文学——尤其是作为最高语言形式的诗歌——便是，我冒昧地说，我们这一物种的目标。

我丝毫不是暗示说人人应该接受诗歌创作的强制训练。不过，我认为将世界区别出知识阶层和非知识阶层是不能接受的现象。从道德意义上看，它与世界区别出贫富阶级的现实相类似，然而，社会的不平等或许尚且可以找到体力或物质方面的理由，知识上的不平等则无理由可言。知识与其他事物不同，自然为我们提供了平等的保证。我说的不是教育，而是语言的培养。语言方面最细微的不准确也可能在生活中导致错误的选择。文学的存在预示对文学的关注的存在——不仅就道德意义而且就词语意义而言。如果说一部音乐作品仍然允许人们在被动地聆听和主动地演奏这两者之间作选择的话，而一部文学作品——让我们援引蒙塔莱的说法，绝对的语义学艺术——只允许人们扮演演奏者的角色。

在我看来，人们应该更经常地扮演这个角色。而且我认为，由于人口爆炸以及随之而来的日益加剧的社会分裂（即日益加剧的个性的独立），这一角色益发成为不可避免。我不比我的同龄人具备更丰富的阅历，但是我感觉出作为对话者，远比朋友和恋人可靠。一本小说或者一首诗，不是独白，它是作者与读者之间的交谈。我再重复一遍，这是交谈，私下的、排他的，甚至可以说双方均愤世嫉俗的交谈。在交谈的时候，作者同读者是平等的，读者同作者也是平等的，哪怕这是一位伟大的作家。这个平等是觉悟上的平等。这种平等将以朦胧的或清晰的记忆形式永远留存于读者的生活之中，而且它终将，无论得当与否，影响他的行为。这便是我在讨论演奏者角色时的实际想法。当我们考虑到一本小说或一首诗是——作者和读者——双方孤独的产物，担任这一角色便更加自然了。

在人类历史上，在我们知识发展的过程中，书，从根本上说有如轮子的发明，是一种人类学的发展。书的出现不是为了讲述我们的起源，而是为了告诉我们知识的功能，它为我们提供了一种在经验的空间以翻动书页的速度行驶的运载工具。如同其他一切运动，它成为以普通标准为起点，努力提高这一标准线——低于胯下的标准线——的飞行，方向是我们的大脑，我们的意识和我们的想象。这个方向即是"与众不同的面容",是个性,是独立。我们不必管当初我们被创造时所依据的形象,我们的人数现在已达50亿,我们个人只有一个前途,即艺术为我们勾画的前途。否则,我们的前方只有过去——一个拥有强大警察力量的政治的过去。

在任何情况下,如果艺术,特别是文学,只是少数人享有的特权,那么,这种社会状态便是不健康并且是危险的。我并非呼吁用图书馆取代国家机器——虽然这个想法不时出现在我的脑子里——但我毫不怀疑,倘若我们以读书的经验而不是以政治纲领为标准来选择领袖人物,地球上就不会有今天这样多的痛苦。我认为,对未来可能掌握我们命运的主人,我们所提的问题首先不是他的外交政策,而是他对司汤达、狄更斯、陀思妥耶夫斯基的态度。如果说文学的全体确定是人类的反常和乖戾,即便如此,对于想以一揽子的整体方法解决人类生存问题的——人们熟悉的或有待发明的——企图,它也是一剂有效的解毒药。文学作为一种道德保险,它比信仰或哲学教条更为可靠。

既然没有法律阻止我们侵害自己,没有刑事法典能够阻止对文学的真正犯罪:虽然我们可以谴责对文学的压迫——对作家的迫害、检查制度、焚书行为——那么对于文学最恶劣的犯罪,即不读书,我们便无能为力了。对这一罪行,个人付出的代价是他的整个生活;如果罪犯是国家,它付出的代价是它的历史。生活在我现在生活的国家里,我会毫不犹豫地相信物质富裕和文学无知之间存在着必然的依存关系。我之所以不能形成这个信念,是因为我所出生并成长的那个国家的历史。俄国的悲剧,如果将它缩小到最低的因果关系的范围,缩小成一个粗略的公式来看,是一个社会悲剧。在这个社会里,文学沦为少数人,即上流俄国知识分子的特权。

我不想在这个问题上做大文章,也不想用数以万计的人们互相倾轧的回忆使今天的夜晚更加黑暗,因为20世纪上半叶俄国土地上的事情发生在小型自动武器的发明之前——以取得某个政治理论的胜利作为名义,而这个理论之不完善已经在实际上得到了证明:它的实现需要人类付出生命的代价。我只想说,我认为——当然不是在经验上,只不过在理论上——一个读过许多狄更斯的书却以某种理论为名义枪杀同类的人比没有读过狄更斯的人更成问题。我说的是狄更斯、斯泰恩[1]、司汤达、陀思妥耶夫斯基、福楼拜、巴尔扎克、麦尔维尔、普鲁斯特、慕西尔等等,这就是说,文学,而非识字,或教育。一个识字的、受过教育的人在读过这样那样的政治论文或小册子之后,完全可能去杀他的同类,并且感受到实施信仰的快感。希特勒以及其他那些认识字,甚至能做诗的领袖有一个共同点:他们打击对象的人名单子长于他们要读的书单子。

---

[1] 劳伦斯·斯泰恩(1713~1768),英国讽刺小说家。

在我往下讨论诗歌之前，我愿意补充说一点：将俄国的经验作为警钟是有意义的。且不说其他的原因，西方世界迄今为止的社会结构从整体上说与1917年前的俄国是相同的。（顺便提一句，19世纪俄国心理小说为什么在西方受到欢迎，而当代俄国散文作品为什么不很成功，在此得到了说明。20世纪俄国新产生的社会关系同人物的名称一样对读者来说是那样的生疏、纠缠不清。）比如就政党的数目而言，1917年10月前的俄国并不下于今天的美国或英国。换句话说，一个冷静的观察家也许能注意到：19世纪正在西方继续着，它在俄国却已走到了尽头；如果我说它以悲剧告终，首先指的是社会——或年代——沿革的路线，因为在真正的悲剧中，毁灭的不是英雄，而是歌队。

三

对一个母语是俄语的人来说，虽然谈论政治罪恶有如消化一般自然，我仍然希望改换话题。讨论显而易见的事情之所以有害，因为它太容易，它过快地使我们得到道德上的满足，给我们以自我正确的愉快，这样便会败坏我们的良知。这些特点所形成的诱惑力，从本质上说，同导致这种罪恶的社会改革家的诱惑力大同小异。正因为认识，掌握乃至抵制这种诱惑，这才在一定程度上使我的许多同时代人遭受了他们那种命运，使他们的笔下产生出他们那样的文学。这种文学并不像从外部观察的那样，是飞离历史或压抑记忆。阿道诺提出了一个问题："继奥斯维辛①之后谁还能再写音乐？"一个熟悉俄国历史的人只需稍稍改变集中营名称便能提出相同的问题——而且他们更有权提出这个问题。美国诗人马克·斯特兰德曾经反问道："又有谁能吃得下午餐？"不管怎么说，我所从属的一代人证明了他们能够写出音乐。

我因从属于这一代而感到的骄傲丝毫不下于我站在这里所感到的自豪。我站在这讲坛上这一事实即是对我们这一代人对文化所提供的服务的承认。我想起曼杰利什坦姆的一个概念，愿意补充说，是对世界文化提供的服务。在回首过去的时候，我能够说我们起步于一块空白的——真正可怕的荒凉的——地方，我们凭着直觉而不是有意识地致力于再造文化连续的效果，重建它的形式和内容，用我们自己的新的，在我们看来是当代的内容来充填它幸存的为数不多的而且常常是遭到毁坏的形式。

当时或许还存在着另一条道路：进一步改变我们文化面貌的道路，废墟和碎石、抽象派、窒息呼吸的诗学。我们抵制了这一条道路，并不因为我们认为它是

---

① 奥斯维辛集中营是法西斯德国屠杀无辜平民和战俘的最大集中营之一，于1939年德国占领波兰后，在其南部克拉科夫附近的奥斯维辛建立，内设专供杀人用的毒气室、火葬场和化验室。1940~1945年有400多万人惨遭杀害。1945年1月奥斯维辛解放，纳粹匪徒临逃走时还掳去受难者58000多人。

自我炫耀的道路，也不因为我们受着某种观点的激励，要保持我们所熟知的、等同于人类尊严的文化形式的传统的高尚。我们抵制它，因为这其实不是我们自己的选择，而仿佛是文化作出的选择——同样，这个选择不是道德的而是美学的选择。一个人把自己看做是文化的创造者和保管人而不是它的工作者，这当然是极自然的。倘若我今天提出相反的看法，这倒不是因为在20世纪行将结束的今天引用普洛提诺斯①、沙夫茨伯里勋爵②、谢林③或诺瓦利斯的言论是一种时髦，而是因为诗人与众不同，他始终意识到，人们通常所谓的缪斯的声音，其实是语言的指令；不是语言凑巧成为他的手段，相反，他是语言赖以继续生存的工具。然而，即使有人把语言想象成某种活的生物（这是极公平的说法），它也无法进行伦理选择。

人们写诗有多种不同的动机：为赢得恋人的爱情；为表达他对周围环境——风景或状态——的感受，为捕捉某一特定时刻的心境；为在地球上留下——他当时的想法——一些痕迹。他诉诸诗歌形式极可能是下意识地出于模仿的动机：黑色的站立的字母凝结在白色的纸上也许使他联想起他在世上的处境，联想起空间和他身体之间的平衡。无论他出于何种原因握起诗笔，无论流泻于他笔端的文字对读者产生怎样的效果，这项事业的直接结果是一种与语言直接接触的感受，或者说得更确切一些，是一种立即依赖语言，依赖用语言表述、写作、完成的一切的感受。

这依赖是绝对的，强制的，但同时也解除作者的束缚。因为语言比任何作者年迈，它暂时的潜力赋予它巨大的离心力。它有挖掘不完的潜力。这个潜力不只取决于运用该语言的国家的体积（虽然这是其中一个因素），它更取决于运用该语言创作的诗歌质量。我们只要回顾一下但丁便可说清这个问题。再举个例子，今天用英语或俄语创作的作品保证了这两种语言在今后一千年中的生存。诗人，我再重复一遍，是语言赖以生存的工具——或者，让我引用我所敬重的奥登的话说，他便是语言借以生存的一个人。写这一篇文字的我以及读这一篇文字的人们将会逝去，但是我赖以写作和他们借以阅读的语言将存在下去，这不仅因为语言较之我们有更悠久的寿命，还因为它具有更强大的适应和变化能力。

一个写诗的人希望留名身后，希望他的诗活得比他长久。但是，他之所以写诗是因为语言的诱发，或者说简直是命令他接着写下一行。一个诗人一旦写了开

---

① 普洛提诺斯（205~约270），埃及出生的罗马哲学家。

② 沙夫茨伯里（1621~1683），英国政治家。

③ 谢林（1775~1854），德国哲学家。

首，他通常不知道这首诗将怎样结束，因此他往往为这首诗的发展感到意外，因为它往往超出他的预料，并且深于他最初的构思。这就是语言的未来侵入现在的时刻。我们知道认识有三种方式：分析的、直觉的，以及《圣经》里的先知们所熟悉的启示式的。诗歌与其他文学形式的区别在于它同时运用这三种认识形式（主要侧重于第二和第三种），因为语言能满足这三种形式。写诗的人有时通过某一个词，某一个韵，便能达到前人未曾达到的，甚至连他自己也不曾奢望的境地。写诗的人之所以写诗，首先因为写诗是良知、思维、认识宇宙的非凡的加速器。一旦领教过这种加速度，你便不可能克制再次体验它的愿望；你会依赖这个过程，正如有人离不开毒品或烈酒。一个如此依赖语言的人，我猜想，就是人们所谓的诗人。

【美国】福克纳

毛信德等 译

我拒绝接受人类末日的说法①

051

福克纳(1897~1962),美国作家。他的"南方小说"系列描写了美国南方一个年老垂死的世界,将南方的家族史表现为人类腐败与堕落的现代史诗,代表作有《喧哗与骚动》《我弥留之际》等。1949年"因为他对当代美国小说做出了强有力的和艺术上无与伦比的贡献"而获诺贝尔文学奖。在这篇获奖演说中,福克纳特别语重心长地对从事文学创作的青年提出了忠告——从事文学不是为末日写作,而是参与到人类的伟大永恒的精神世界中去,并借此"鼓舞人的勇气、荣誉、希望、尊严、同情、怜悯和牺牲精神"。拿福克纳的说法与玻恩的说法对照看,发现文学家似乎比科学家乐观得多,或者说,对人类处境的分析,心灵之学比现实之学更具弹性。

我认为,今天人类的悲剧,在环宇四处的空间已布满了肉体的恐惧,而这种恐惧持续已久,以致使我们麻木不仁,习以为常。今天,我们所谓的心灵上的问题已不复存在。剩下只有一个疑问:我们何时会被战争毁灭?因此,当今从事文学的男女青年已把人类内心的问题遗忘了。然而,唯有这颗自我挣扎和内心冲突的心,才能产生解除的作品,因为只有这种冲突才值得我们去写,才值得为之痛苦和触动。

一个有志于文学创作的青年,应当从头学习去认识和描写人类心灵的挣扎与劳苦。他应当这样告诫自己:永远忘却恐惧。充实他致力于创作的心灵的只应是人类亘古至今一直存在的真实感情、真理、自豪、爱情和牺牲精神。没有这古老而永恒的东西,任何作品都将是昙花一现,瞬息即逝。一个文学青年,在懂得这些之前的所有创作,都将是徒劳的。他所描写的不是爱情而是肉欲,他所记述的失败里不会有人失去任何有价值的东西,他所描绘的胜利中也没有希望,更没有同情和怜悯。他的悲哀,缺乏普遍的基础,留不下丝毫伤痕。他所描述的不是人类

---

① 选自《诺贝尔文学奖颁奖演说集》,毛信德、蒋跃、韦胜杭译,百花洲文艺出版社,1992年版。

的心灵，而是人类的内分泌物。

上述种种，除非他铭记于心，否则，一个文学青年就仿佛置身于末日之中，为等候末日来临而写作。我拒绝接受人类末日的说法，因为人是不朽的，他的延续是永远不断的——即使当那末日的丧钟敲响，并从那最后的夕阳将坠的岩石上逐渐消失之时，世界上还会留下一种声音，即人类那微弱的却永不衰竭的声音，在绵绵不绝。我不同意这种说法，我深信人类不但会苟且地生存下去，他们还能蓬勃发展。人的不朽，不只是因为他在万物中是唯一具有永不衰竭的声音，而是因为他有灵魂——有使人类能够同情、能够牺牲、能够忍耐的灵魂。诗人和作家的责任，就在于写出这能同情、牺牲、忍耐的灵魂。诗人和作家的荣耀，就在于振奋人心，鼓舞人的勇气、荣誉、希望、尊严、同情、怜悯和牺牲精神，这正是人类往昔的荣耀，也是使人类永垂不朽的根源。诗人的声音不应仅仅是人为的记录，应该成为帮助人类永垂不朽的支柱和栋梁。

【日本】有岛武郎

鲁迅 译

以生命写成的文章①

文字到底有什么功用？世界三圣都不留文字，却是人间的精神宗师。如今世界上那么多以文字维生的人，岂不都有做戏的嫌疑？问得痛快。但是有两个疑点：三圣的弟子如果不留文字，世上就等于没有过三圣；后世的文字，大多是文字的自我繁殖，很少与精神相关。

想一想称为世界三圣的释迦、基督、苏格拉底的一生，在那里发现奇特的一致。这三个人，是没有一个有自己执笔所写的东西遗给后世的。而这些人遗留后世的所谓说教，和我们现今之所为说教者也不同。他们似乎不过对自己邻近所发生的事件呀，或者对人的质问之类说些随时随地的意见罢了，并不有组织地将那大哲学发表出来。日常茶饭的谈话，那是他们留给我们的大说教。

倘说是暗合吧，那现象却太特殊。这十分使人反省：我们的生活是怎样像做戏，尤其是我似的以文笔为生活的大部分的人们。

---

① 选自杨奔编《外国小品精选》，广东人民出版社，1984年版。

【阿根廷】博尔赫斯

陈众议 译

柯尔律治之花①

　　文学的历史就是人类的心灵史，无论风格如何独特的作家，他表达的也是人的感觉——"一种属于全人类而非个人的普遍感觉"。在这个意义上，爱默生说，世界上所有的书都是一个人写的。教科书通常会误导读者，把文学史误读成一个个作家空手独创的历史。博尔赫斯说出了一个重要的事实。

　　博尔赫斯（1899~1986），一个好学的图书管理员很方便成为坐拥书城的饱学之士，尤其在中年眼睛逐渐失明之后，博尔赫斯却当上了国家图书馆的馆长。有书、有时间、有兴趣，他不免染上了猎奇的嗜好，对于生僻史料的细腻玩味和狡黠分析，造就了这样一个博尔赫斯：在知识迷宫里独辟蹊径的玄想哲思，欲言又止的寓言体风格，诗歌散文小说互通共融的文体。总之，其作品是一个饱学至玄境的文儒的智力水晶，令一般作家高山仰止。

　　1938年左右，保罗·瓦莱里写道："文学的历史不应当只是作家的历史，不应当写成作家或作品的历史，而应当是精神的历史，既包括生活者，也包括消费者。这一历史完全可以不提一个作家而写得尽善尽美。"然而，这不是第一次提到精神问题。早在1844年，在一个叫康科德的村庄里，另一个书写者就已经明确指出："我认为世界上所有的书都是一个人写的；这些作品的本质内容如此统一，以至我不得不相信它们都出自一名万能的骑士之手。"（爱默生：《散文》第二卷第8页）而在这之前20年，雪莱也曾断言，所有过去的、现在的和未来的诗歌都是一首无限诗的分支或片段。这首无限诗是由全世界的诗人共同创作的。（《诗的辩护》，1821年）

　　这些观点（毋庸置疑地都已见之于泛神论的潜在思想）或许会导致没完没了

---

　　① 选自《博尔赫斯文集》，王永年等译，海南国际新闻出版中心，1966年版。柯尔律治（1772~1834），英国浪漫主义诗人，文艺批评家。

的争论。而我现在只想借此达到一个谦卑的目的：通过三个不同作者的作品，阐述一种思想的发展过程。第一个作品是柯尔律治的一个注释，我不知道他写于18世纪末还是19世纪初。他这样写道：

> 如果一个人在梦里穿越了天堂，并且收到一枝鲜花作为他曾经到过那里的物证；如果他梦醒时鲜花还在手中……那么，又会怎样？

我不知道读者对这种想象有什么看法。反正我认为它完美无缺。要想在此基础上进行别的想象，好像是没有可能。它具有完整统一的"目标[①]"。这是一目了然的。一如别的规范，在文学中，没有行为可以摆脱因果关系：一系列原因与源泉得到一系列结果与目标。在柯尔律治的背后，是一代代情人渴望得到鲜花的那种普遍而又古老的幻想。

我说的第二个作品是威尔斯于1887年草写，7年后即1894年夏重写的小说。最初他将小说定名为《亚尔古英雄史》（在后来被取缔的这个书名里，"史"含有时间意义），但最终又把它改成了《时间机器》。在这部小说中，威尔斯继承和革新了一种古老的文学传统：对未来事物的预见。以赛亚[②]"看到"了巴比伦的毁灭和以色列的重建；埃涅阿斯[③]"看到"了他的后人罗马人的军事命运；《埃达·赛门迪》中的预言家"看到"了世界经过周期性：战争后的消亡和神祠的复归并重新发现以前下过的棋子[④]……威尔斯的主人公不同于这些预言家，他亲自到未来去周游了一番。回来时，他已然精疲力竭、伤痕累累、脏不忍睹。遥远的未来人间被分化成相互仇恨的不同种类（不劳而获的"哀尔"和终日劳作、供养"哀尔"的"莫洛克"）。他两鬓斑白，从未来带回一枝枯萎的花朵。这就是柯尔律治的第二形象。这未来的花朵比天堂的鲜花或梦中的鲜花更令人难以置信。矛盾的花朵原子占据了不同的地方，至今未能结合。

我评述的第三个作品要比威尔斯的想象复杂得多，尽管它没有通常所说的经典作品的德行。我指的是《黛西·密勒》的作者，忧伤的、迷宫般的亨利·詹姆斯的未竟之作——幻想性小说《过去的感觉》。这是对《时间机器》的一种变奏与重构。威尔斯的主人公通过一台难以实现的机器在时间中自由地前进、后退，一如行驶在空间中的车辆；詹姆斯的主人公则出于对过去的怀念，倒退了过去——18世纪。（两种过程都是不可能的，但詹姆斯的似乎更为任意。）在《过

---

① 《圣经》中人物，希伯来大预言家。

② 原文为拉丁文。

③ 希腊、罗马神话中的英雄。

④ 我没有读过《过去的感觉》，据我熟悉的斯蒂芬·斯彭德在其作品《毁灭性因素》（第105~110页）的分析，詹姆斯是威尔斯的朋友。有关两者的关系，请参阅斯彭德卷帙浩繁的《自传探索》。

去的感觉》中，真实与幻想的纽带（也即现在与过去的关系）并不是前人用过的那一朵花，而是18世纪的一幅画像：画中人就是主人公。主人公出于对画布的迷恋，设法进入了它的那个年代。在他所见到的人当中，自然少不了那个画家。画家怀着恐惧和厌恶的心情替他作画，因为他感觉到了主人公的不同寻常的未来特征……就这样，詹姆斯创造了一种无与伦比的"回归永恒"，因为他的英雄拉尔夫·鼓德雷尔回到了18世纪。原因被移到了结果之后，旅行的原因成了旅行的结果之一。

可以相信，威尔斯并不知道柯尔律治的作品，但亨利·詹姆斯不但了解而且很赞赏威尔斯的作品。显而易见，要是所有的作者都是同一个作者的说法成立①，他们三者的关系便无足轻重。事实上，我们不用走得那么远。当泛神论者认为作者不存在复数时，他已经不期然而然地在古典主义者身上找到了支持。在古典主义者看来，复数无关紧要。对古典思维而言，最根本的不是一个个的作家，而是文学。乔治·穆尔和詹姆斯·乔伊斯在他们的作品和别人的评判中获得结合。奥斯卡·王尔德经常把题材送给别人，让别人去编织。他们的行为表面上不一样，但最终体现的是同一种艺术感觉。这是一种属于全人类而非个人的普遍感觉……另一个肯定动词同一性和否定名词界限的明证，是杰出的本·琼森②。他致力于文学工作，包括收集同时代人的相同和相反的观点，但最终只组装了塞尼卡③、金蒂利亚诺④、胡斯托·利普休斯⑤、维韦斯⑥、埃拉斯莫⑦、马基亚维罗⑧、培根⑨和两个埃斯卜利赫罗⑩的一些片段。

最后还要补充一点：有人之所以小心翼翼地模仿一个作家，是因为他们不由自主地把这个作家当成了文学，是因为他们认为脱离他一分一毫便是脱离理性、脱离正统。许多年间，我也一直认为几近无限的文学集中在一个人身上。这个人曾经是卡莱尔、约翰尼斯·贝希尔、拉法埃尔·坎西诺斯—阿森斯和狄更斯⑪。

---

① 17世纪中叶，泛神论讽刺作家安杰鲁斯·希勒修斯说过，所有的好人都是一个，所有的基督徒也都应当是基督（《周游世界的天使》第五卷第7~9页）。

② 本·琼森（1573~1637），英国作家。

③ 塞尼卡，16世纪西班牙文人。

④ 金蒂利亚诺，16世纪西班牙作家。

⑤ 利普休斯（又称为利普斯，1547~1606），比利时作家，哲学家。

⑥ 维韦斯（1492~1540），西班牙教育家。

⑦ 埃拉斯莫（1466~1536），荷兰人文主义学者。

⑧ 马基亚维罗（1467~1527），意大利作家。

⑨ 培根（1561~1626），英国哲学家。

⑩ 指法国语言学家儒勒·埃斯卡利赫罗（1540~1609）和同姓的恺撒·埃斯卡利赫罗（1484~1558）。

⑪ 英国散文家卡莱尔、德国诗人贝希尔、西班牙诗人坎西诺斯—阿森斯和英国小说家狄更斯都曾是青年博尔赫斯在不同时期的崇拜对象。

【阿根廷】博尔赫斯

陈凯先 译

书①

博尔赫斯提出一个刺激智力的有趣话题：如果每个国家都由一本书或一个作者来代表，会出现怎样的情况呢？汉语读者不妨自问，我们会推选谁——孔子？《全唐诗》？《红楼梦》？鲁迅？博尔赫斯发现一个有趣的现象：每个国家推选出来的作家或作品往往是最不具备本民族普遍特点的。

在人类浩繁的工具中，最令人叹为观止的无疑是书，其余的皆为人体的延伸，诸如显微镜、望远镜是视力的延伸；电话则是语言的延续；犁耙和刀剑则是手臂的延长。而书则完全不同，它是记忆和想象的延伸。

在《恺撒大帝和克雷奥帕特拉》一剧中，萧伯纳曾说亚历山大图书馆是人类记忆的中心。书便是记忆，此外，还是想象力。什么是对往事的追忆？还不是一系列梦幻的总和么？追忆梦幻和回忆往事之间究竟有些什么差异呢？这便是书的职能。

我曾试图撰写一部书的历史，但不是就书论书，因为我对书（特别是对收藏家的那些冗长不堪的书）的本身并无兴趣。我是想写人们对书进行的各种不同的评价。施本格勒②比我先走了一步，他在《西方的衰落》一书中有许多关于书的精彩论述。除了同意施本格勒的看法外，我也谈谈自己的一孔之见。

古人并不像我们这样推崇书——这令我十分吃惊。他们只把书看成是口头语言的替代物。"说出的话会飞掉，写下的东西留下来。"③这句人们经常引用的话，并不是说口头语言会转瞬即逝，而是说书面语言是持久的，然而是僵死的东西，口头语言则像是长了翅膀一样，十分轻盈，正如柏拉图所说，口头语言是"轻快的、神圣的"。令人感到奇怪的是，人类的许多伟大的导师的学说均是口授的。

---

① 选自《博尔赫斯文集》，王永年等译，海南国际新闻出版中心，1996年版。

② 施本格勒（1880~1936），德国哲学家、史学家。

③ 原文为拉丁文。

我们先来看看毕达哥拉斯①的情况。我们知道，毕达哥拉斯故意不留下书面的东西，那是因为他不愿被任何书写的词语束缚住。毫无疑问，他肯定已经感受到"文字能致人死命，精神使人新生"②这句在《圣经》中出现的话的含义。他感受到了这一点，不愿受制于书面语言。因此，亚里士多德从未提到过毕达哥拉斯，而只是谈到毕达哥拉斯学派的弟子们。譬如，他对我们说过，毕达哥拉斯学派的传人们重视信仰、法规，主张永恒的复归。这些思想过了很久以后被尼采又发掘了出来。这就是受圣阿古斯丁③在《上帝之城》一书批驳过的时间是循环的看法影响。圣阿古斯丁运用了一个绝妙的比喻，说基督的十字架把我们从禁欲主义者的圆形迷宫中解救出来。时间是周而复始的看法，休谟④、布朗基⑤，以及别的许多哲学家都谈到过。

毕达哥拉斯有意不写下任何东西，他是想在他逝世后，他的思想还能继续留在他的弟子们的脑海中。这就是"Magister dinit"（我不懂希腊文，只能用拉丁文来表示，其意为"吾师曰"）的来源，但这并不意味着他的弟子们会被导师说过的话束缚住手脚。恰恰相反，这正好强调了他们可以完全、自由地发挥导师指出的思想。

我们并不清楚是不是他开创了时间是周而复始的理论，但我们知道，他的弟子们却很推崇这个理论。毕达哥拉斯虽已作古，但他的弟子们却通过某种轮回的方式（这正是毕达哥拉斯所喜欢的）继承了他的思想，当有人指责他们，说他们提出了某种新的说法时，他们就会这样说：我们的导师曾经这样说过。

此外，我们还有另外一些例子，最引人注目的要算柏拉图⑥了。他说书就像是肖像（可能他这时想到了雕塑或绘画），人们会把它们看做是有生命的，但向它们提问时，它们却不会作答。为了改变书不会说话的缺陷，他搞了个柏拉图式的对话。这样，柏拉图便以许多人的身份出现了。有苏格拉底⑦、高尔吉亚⑧和别的人物。对此我们还可以作这样的理解，即柏拉图想象着苏格拉底仍然活在世上，以此来告慰自己。每当他遇到什么问题时，他总扪心自问：要是苏格拉底还活着，对此会说些什么呢？以此表明苏格拉底虽死犹存。他死后也没有留下任何书面的东西，是一位靠口授的宗师。

---

① 传说中的公元前6世纪的希腊哲学家、数学家。

② 原文为拉丁文。

③ 圣阿古斯丁（354~430），拉丁教会最著名的主教，他的纪念日为8月28日。

④ 休谟（1711~1776），英国哲学家、历史学家和经济学家。

⑤ 布朗基（1805~1881），法国政治家，积极参加法国1830年的七月革命和1848年的二月革命。

⑥ 柏拉图（公元前427~前347），古希腊哲学家，苏格拉底的学生，亚里士多德的老师。

⑦ 苏格拉底（公元前469~前399），古希腊哲学家，好谈论而无著述。

⑧ 高尔吉亚（约公元前483~约前375），古希腊智派哲学家。

对于耶稣基督，我们知道他只写过几句话，却早已被泥沙给抹去了。之后，他没有再写过我们知道的东西。菩萨①也是一位口授的大师，他的说教至今仍萦回于人们的耳际。下面我们看一下安瑟伦②的名言：把一本书置于一个无知者的手中，就像把一柄剑放在一个顽童的手中那样危险。古代的人们就是这样看待书的。在整个东方还有这样的观念：书不应该用来揭示事物，它仅仅是用来帮助我们去发现事物。尽管我对希伯来文③一无所知，我多少还学了点"神秘哲学"，看了《启明书》和《关系论》的英文和德文版。我知道这些书写出来不是为了让人们去理解他们，而是为了让人们去解释它们，它们激励读者去继续思索。在古代，人们没有像我们这样崇敬书，尽管我们知道马其顿国王亚历山大在枕头下总放着两件武器：《伊利亚特》和剑。那时候人们非常尊敬荷马，但是，并不像我们现在这样把他看做是一位圣贤。那时候人们并不认为《伊利亚特》和《奥德赛》是神圣的书，那只是两部受到尊敬的书，人们可以对它们进行批评。

柏拉图将诗人们从他的共和国里驱逐出去，却又未被人们指责为排斥异己。我们还可以举一个古代人反对书的例子，那就是塞涅卡，在他致卢西里奥的令人赞叹的书信中有一封信是指责一位虚荣心很强的人，说他的图书室里收藏了一百册书，塞涅卡因此问道，谁有时间看完这一百册书呢？现在的情况完全不同了，为数众多的图书馆已受到人们的珍视。

对于古代的一些事我们是很难理解的，那时的人不像我们这样崇敬书，他们总把书看成是口头语言的替代物。后来，从东方传来了一个新的观念——关于天书的观念。我们来举两个例子，先从后来的例子说起，即谈谈穆斯林教徒对书的看法。他们认为《古兰经》产生于世界诞生之前，也产生于阿拉伯语形成之前。他们认为它是真主固有的一个属性，却不是上帝的作品，就像是怜悯、公道一样。《古兰经》里曾极神秘地谈到过该书的原型，它乃是一部在天上写成的《古兰经》，它便是《古兰经》的柏拉图式的原型。《古兰经》里说，正因为这本书在天上写成，因而它是真主的一个属性，它产生于天地形成之前。穆斯林的学者或阿訇都是这么认为的。

我们还有一个近在咫尺的例子：《圣经》，或说得更具体一点，《犹太教曲》和《摩西五书》。据认为，这些书都是圣灵口授的，把不同的作者在不同的时代写成的书都说成是出自同一圣灵之手，这的确是件颇为有趣的事情，《圣经》说，神是无处不在的。希伯来人想把不同时代的各种文学作品综合起来，合成一本书，其书名就是"Torá"（意即希腊文的《圣经》），所有这些书都被归于一个共同的

---

① 指佛教的创始人释迦牟尼。

② 安瑟伦（1033~1109），欧洲中世纪基督教思想家。

③ 犹太人的语文之一。

作者：神灵。

一次，人们问萧伯纳是否相信《圣经》系圣灵之作，他回答说，所有值得反复阅读的书都是神灵的作品，也就是说，一本书的含义必定会超越作者的意图。作者的意图往往是浅薄的，有时甚至是错误的，然而，书里总包含有更多的含义。拿《堂吉诃德》为例，它就不仅仅是一部嘲讽骑士小说的书，它是一部纯净的书，书中绝没有任何信手拈来之物。

我们来设想一下这样一首诗的含意。譬如我说：

> 潺潺流水晶莹透亮
> 岸边绿树映在水中
> 绿色草原密布浓荫

显而易见，这三行诗每行都是11个音节，它为作者所喜爱，是他意志的体现，是人为的。但是，同神灵写出来的作品相比，这又是怎么回事呢？同写出书的神的观念相比又是怎么回事呢？在神灵写出的这本书中没有信手拈来的东西，一切都是合情合理的，每个字母都是事先想好的。譬如，《圣经》是以Bereshit baraelohim①开头的，其第一个字母为"B"，因为这一字母与Bendecir（赐福）一词相应。这是一部没有任何信手拈来之物的书。这一情况使我们想到《神秘哲学》，它会促使我们去研究文字，去研究由神灵书写的书，这与古人的想法相反，他们对灵感的看法比较模糊。

歌唱吧，诗神，阿喀琉斯暴怒了。荷马在《伊利亚特》这一史诗开篇时是这样说的。他说的诗神即为灵感。倘若人们想到神灵，那一定会想到某个更具体更有力量的东西，这个东西便是下凡到文学上来的上帝。上帝已写了一本书，在这本书中，绝无任何信口开河之词，连这本书的字数，每句诗的音节多寡都有一定之规。正因为这样，我们能用字母来做文字游戏，也能衡量每个字母的价值，原因便是这一切都是经过事先斟酌的。

这便是对书的第二种看法，即书是神灵之作。或许这种看法比古人的想法更接近于我们现在的看法。古人认为书是口头语言的代替物，以后又认为书是神圣的，之后，又被其他一些看法所取代。譬如，有人认为一本书代表一个国家。我们还记得穆斯林们把以色列人称为书之人，也还记得海涅的那句话，他说那个民族的祖国就是一本书。那个民族指的是犹太人，那本书是《圣经》。如此来说，我们对书又有了新的看法，即每个国家都由一本书来代表，或由著有许多书的作者来代表。

令人诧异的是（我并不认为这点迄今已被人们所发现），各国推选的代表其

---

① 希伯来文，是《圣经·旧约》创世记第1章第1节全文："起初神创造（天地）。"

形象并不十分像这些国家。譬如，有人会想，英国应推约翰逊①博士为代表。然而，事实并非如此，英国选了莎士比亚，而莎士比亚（我们权且这么说）正是最不富有英国特色的英国作家。英国作家的特点是寓意含蓄，也就是意在不言中。而莎士比亚恰恰相反，他善于在比喻中运用夸张手法。倘若有人说莎士比亚是意大利人或犹太人，丝毫也不会令我们吃惊。

德国的情况也是如此。这是一个值得尊敬，但极易狂热的国家，它恰恰选了一个宽宏大度、并不狂热、国家观念极其淡薄的人为其代表，他就是歌德。德国是由歌德来代表的。

法国尚未选出能代表自己的作者，人们倾向于雨果。毫无疑义，我十分敬佩雨果，但雨果并不是典型的法国人，他可以说是个在法国的外国人，雨果那层出不穷的比喻和华丽的词藻表明他并不是典型的法国人。

更令人惊奇的例子要算西班牙了。西班牙本应由维加②、卡尔德隆或克维多③来代表，但并非如此。它却由塞万提斯来代表。塞万提斯是宗教迫害时期的人，然而他的态度是温和的、宽容的。可以说，他既无西班牙人的美德，也无西班牙人的恶习。

仿佛每个国家都想由一个与众不同的人来代表，以补救自己的不足，弥补自己的缺陷。我们本应选择萨米恩托的《法昆多》当做国书，但我们没有这样做。由于我们有战争的历史，刀光剑影的历史，我们便把叙述一个一个逃兵的史诗《马丁·菲耶罗》作为代表。尽管这本书被选中是有理由的，但怎么能设想我们的历史会让这么一个征服荒原的逃兵来代表？然而，事实就是这样，似乎每个国家都感到有这个必要。

关于书的问题，许多作家都有光辉的论述，我只想谈谈其中的几位作家。首先我要说的是蒙田，他在一篇谈书的论文中有这么一句至理名言：我若无兴便不命笔。蒙田认为强制性的阅读是虚假的观念，他说过，倘若他看书时看到一段费解的章节，便把书放下，因为他把看书当做一种享受。

我还记得许多年以前有人曾作过一次关于什么是绘画的民意测验。当人们问到我的姐姐诺拉的时候，她说：绘画是以形式和色彩给人以愉悦的艺术。我可以说，文学也是一种给人以愉悦的形式。如果我们看的书很费解，那么，书的作者就是失败的了。因此，我认为像乔伊斯这样的作家从根本上说是失败的，因为读他的书异常费力。

看一本书不应花费很大的气力，费力便令人感到不舒服。我想蒙田说得颇有

---

① 塞缪尔·约翰逊（1709~1784），英国作家、文学评论家和诗人。

② 洛佩·德·维加（1562~1635），西班牙喜剧家、诗人，是西班牙"黄金世纪"的重要代表作家之一。

③ 克维多（1580~1645），西班牙诗人。

道理：他还列举了几位他喜欢的作者，他谈到维吉尔，说对于《农事诗集》和《伊尼特》他更喜欢前者，而我却喜欢后者，但这是无关紧要的。蒙田谈起书来总是充满了激情，他说尽管看书是一种享受，却带有忧郁之情。

爱默生①的看法与蒙田大相径庭。他对书也作了重要的论述。在一次讲座上，他称图书馆是一座神奇的陈列大厅，在大厅里人类的精灵都像着了魔一样沉睡着，等待我们用咒语把它从沉睡中解脱出来。我们必须打开书，那时它们便会醒来。他还说，看了书我们便能与人类的优秀分子在一起，但我们不能光听他们的话，最好是同时看看书评。

我曾在布宜诺斯艾利斯大学文学哲学系当了20余年的英国文学教授。我总是告诫我的学生们要少看参考书，不要光看评论，要多看原著。看原著可能他们并不全懂，但他们听到了某个作家的声音，并感到欣慰。我以为，一个作者最重要的东西是他的音调，一本书最重要的东西是作者的声音，这个声音通过书本到达我们的耳中。

我一生中有一部分时间是在阅读中度过的。我以为读书是一种享受，另一种较小的享受乃是写诗，我们或将它称为创作，这是对我们读过的东西的一种回忆和遗忘相结合的过程。

爱默生和蒙田都主张我们应该只看能使我们欢愉的东西，他们都认为看书是一种幸福。我们对书都寄予厚望。我一贯主张要反复阅读，我以为反复阅读比只看一遍更重要，当然，反复阅读必须以初读为前提。我对书就是这样迷恋，这样说未免有点动情，当然我们不想太激动，我只是对你们说说自己的心里话，我不是对所有的人说话，因为"所有的人"是个抽象的概念，而每一个人才是具体的。

我仍然没有把自己当成盲人②。我继续买书，继续让书堆满我的家。前些日子有人送我一套布罗克出版社1966年出版的百科全书，我感觉到这本书在我家里，觉得这是一种幸福。这一套字体潇洒、共有20余卷的百科全书在我家里，只是我不能阅读，里面有许多我看不见的地图和插画。尽管如此，这套书总在我家里，我感觉到书对我具有亲切的吸引力，我想这是我们人类能够得到幸福的一种手段之一。

有人在谈论书的消失，我以为这是不可能的，可以谈谈书和报纸或唱片的不同。它们的区别就在于，一张报读后便会弃之脑后，一张唱片听后也会被人遗忘，因为那是比较机械的东西，没有严肃的内容，而读一本书能使人永志不忘。

关于书是神圣的概念——如关于《古兰经》《圣经》《吠陀经》里面叙述了吠陀如何创造了世界的看法——可能已经过时了，然而书仍然具有我们试图不让

① 爱默生（1803~1882），美国散文作家、诗人。

② 博尔赫斯因患眼疾，20世纪50年代便已经基本失明了。

它失去的某种神圣的东西。让词语躺卧在书中,让那些具有象征意义的符号僵卧着又有什么意义呢?毫无意义。倘若我们不打开它,书又有什么用呢?它仅仅是一卷纸或是一卷皮而已。但是,如果我们去读它,就会出现新奇的东西,我以为每读一次都会有新的内容。

赫拉克利特曾经说过(我已引用过多次),任何人也不能两次走进同一条河流,这是因为河水是在不断地变换着,而我们并不比河水的变化更小。我们每读一次书,书也在变化,词语的含义在变化。此外,每本书都满载着已逝去的时光的含义。

我刚才说过我不同意看书评,现在我想跟自己唱一唱反调(说几句自相矛盾的话也无妨吗)。哈姆莱特已经不完全是莎士比亚在17世纪初塑造的哈姆莱特了,哈姆莱特已成了柯尔律治、歌德和布拉德莱①笔下的哈姆莱特了,这个人物已被重新进行了塑造。堂吉诃德的情况是如此,卢戈内斯和马丁内斯·埃斯特拉达②的命运也是这样,《马丁·菲耶罗》也已经不是以前的《马丁·菲耶罗》了,因为读者在不断地丰富着书的内容。

当我们看一本古书的时候,仿佛看到了从成书之日起经过的全部岁月,也看到了我们自己。因而,有必要对书表示崇敬,尽管有的书有许多错误,我们也可能对作者的观点不能表示苟同,但是它总含有某种神圣的令人尊敬的东西。对书我们虽不能迷信,但我们确实愿意从中找到幸福,获得智慧。

---

① 布拉德莱(1846~1924),英国哲学家。

② 马丁内斯·埃斯特拉达(1895~1964),阿根廷诗人。

【美国】福克纳

李文俊 译

阿尔贝·加缪①

文学之梦

064

加缪曾说："与世界不分离。把生命置于阳光之中，一生中就不会一事无成。不管处在何种境地，遇到何种不幸与失望，我的所有努力便是重新去寻找接触。"47岁的加缪遇车祸丧生，遗物中有正在写的自传体小说手稿《第一人》。像那一小部分向巅峰冲刺的人杰一样，在他离开人世的时候，有勇气说一声：我曾在世界上生活过。

加缪说过，诞生到一个荒谬的世界上来的人唯一真正的职责是活下去，是意识到自己的生命、自己的反抗、自己的自由。他说过，如果人类困境的唯一出路在于死亡，那我们就是走在错误的道路上了。正确的路迹是通向生命、通向阳光的那一条。一个人不能永无止境地忍受寒冷。

因此他反抗了。他就是不能忍受永无止境的寒冷。他就是不愿沿着一条仅仅通向死亡的路走下去。他所走的是唯一的一条可能不光是通向死亡的道路。他们遵循的道路通向阳光，那是一条完全靠我们微弱的力量用我们荒谬的材料造成的道路，在生活中它本来并不存在，是我们把它造出来之后才有的。

他说过："我不愿相信死亡能通向另一个生命。"对我来说，那是一扇关闭的门。那就是说，他努力要做到相信这一点。可是他失败了。像一切艺术家那样，他不由自主地把生命抛掷在寻求自己和让自己回答只有上帝能解答的问题上；当他成为他那一年的诺贝尔奖得主时，我打电报给他说："向永恒地自我追求、自我寻找答案的灵魂致敬。"如果他不想相信上帝，那他当时为什么不终止追求呢？

就在他撞到树上去的那一刻，他仍然在自我追求与自我寻找答案；我不相信在那光明一瞬间他找到了答案。我不相信答案能被找到。我相信它们只能被寻求，被永恒地寻求，而且总是由人类荒谬的某个脆弱的成员。这样的成员从来也不会很多，但总是至少有一个存在于某处，而这样的人有一个也就够了。

人们会说，他太年轻了；他没有时间来完成自己的事业。可是这不是"多久"

---

① 选自王家新、汪剑钊主编《灵魂的边界——外国思想者随笔经典》，云南人民出版社，1996年版。

的问题，也不是"多少"的问题，而仅仅是"什么"的问题。当那扇门在他身后关上时，他已经在门的这边写出了与他一起生活过、对死亡有着共同的预感与憎恨的每一个艺术家所希望做的事：我曾在世界上生活过。当时，他正在做这件事，也许在光明灿烂的那一瞬间他甚至都明白他已经成功了。他还能有何求呢？

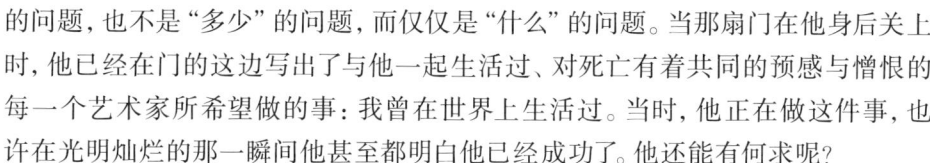

【德国】本雅明

石涛 译

请勿在此张贴①

文学之梦

本雅明（1892~1940），德国学者。他以"诗意思维"评论文学和文化的方式受到知识界的高度赞赏。1940年，为躲避纳粹的迫害，在逃亡途中自杀，年仅48岁。德国戏剧家布莱希特痛言："这是希特勒给德国文学界造成的第一个真正损失。"本文选自本雅明文集《单向街》，精雅的文字，饱含明晰的见解，是对作家和批评家的有益忠告。

作家守则十三条

1. 任何一个作家在着手写作一部主要著作时，应对自己保持宽容的态度，每次完成一个工作量之后，他不应留下任何会阻碍他继续写下去的东西。

2. 当然应该谈论已经完成的作品；但是切记不要把正在写作之中的章节读给别人听。这样做所得到的每一个满足，都会影响你的写作进度。如果你能遵守这个原则，那种不断增长的想同别人交谈的欲望，最终会成为你尽快写完这篇东西的动力。

3. 注意你的工作状态，尽量避免平庸的日常性。在一种枯燥乏味的声音背景下进入半放松状态，是不可取的。相反，如果由一种不和谐音乐相伴，犹如听到夜沉默的声音，对你的写作则是很有助益的。假如夜的沉默能使你的内在听觉变得敏锐，不和谐音对你的遣词造句，则像一个检验标准一样足够用来埋葬最令你讨厌的其他声音。

4. 避免使用随手拈来的写作用具。只用你自己习惯的笔和纸才有助于你的写作。不求奢侈，但必须要有足够的这类用具。

5. 决不要把你的想法告诉隐匿自己姓名的人。要像官方保存外国人的档案一样，严格地保存好你的笔记本。

6. 要让你的笔尽量远离你的灵魂，那样做它才能具有磁石般的力量。你越小

---

① 选自孙冰编《本雅明：作品与画像》，文汇出版社，1999年版。

心地不去急于写下涌现在你头脑里的想法，当它们自动降临时便会越成熟。话语往往压倒了你的想法，而写作则会使它们臻于完美。

7. 决不要因为头脑里没的可写而停笔。文学的尊严要求作家仅只因为某些既定的原因暂时停笔，比如吃饭或者会客，否则就应在写完之后才停下来。

8. 当灵魂出现间隙时，用工整地誊抄已写好的文稿来填补，这样做对直觉会自动醒来。

9. Nulla dies sine linea（每天都写至少一行）；但也可能许多个星期才写一行。

10. 假如你还没有至少一次在书桌前深夜坐到天明，不要认为你已写出完美的作品。

11. 不要在你熟悉的书房里写一本书的结尾。在那里你找不到所需要的勇气。

12. 写作的不同阶段：想法——风格——写作。为了完成一部作品，抄写手稿时应抑制自己不去在意书法。想法消灭灵感，风格约束想法，写作清偿风格。

13. 工作是其概念的死亡面具。

批评家守则十三条

1. 在文学的战场上，批评家是一个战略家。

2. 不能选择立场的人最好保持沉默。

3. 批评家与历史文化的解释者毫无相似之处。

4. 批评必须使用艺术语言，因为cènacle（排外的小圈子）里术语犹如口号，只有口号能够在战场的厮杀中被听到。

5. 如果你为之战斗的原因要求那样做，客观性就必须让位于偏激。

6. 批评是一个由道德判断的行为。如果歌德错误地判断了荷尔德林或克莱斯特，贝多芬或让·保尔，不是他的艺术观察力错了，而是他的道德感出了问题。

7. 对于批评家来说，判断的权威是他的同行们。公众从来不是，甚至作者的后代也从来不是。

8. 作者的后代：或者遗忘或者声明他们的血缘。只有批评家面对作者作出判断。

9. 论战就是用几句话消灭一部著作。这样做时对那部书知道得越少越好。只有能毁灭的人才能批评。

10. 真正的文学论战在触及一部书时，其亲昵程度不亚于一只吃人的猛兽与一个婴孩玩耍嬉戏。

11. 批评家不需要艺术激情。在他手中，艺术作品只是思辨战场上一把闪亮的利剑。

12. 简单讲，批评家的艺术就是去创造口号而又不背叛观点。不恰当的艺术批评口号则会把观点贩卖为时尚。

13. 公众必须永远被证明是错误的，只有批评家能够代表你的立场。

【英国】麦克斯·比尔博姆

王佐良 译

一件事①

　　斯威夫特曾说："有时我读书，喜其文章而憎其作者。"这是作家对作家的妒意。本文作者因为急着阅读新出版的亨利·詹姆斯的小说而不愿和自己崇拜的作家本人攀谈，他的解释是："爱大师的作品超过大师本身。"读者和作家的关系，与歌迷和歌星的关系的确不同，前者只要享受灵魂的结晶，后者却要拥抱一个活人。

　　比尔博姆（1872~1956），英国散文家。亨利·詹姆斯（1843~1916），美国小说家，作品有《螺丝在拧紧》《淑女画像》等。

　　我想是1906年初春一个下午吧，我同亨利·詹姆斯之间发生了一件事。后来我觉得这事奇怪但又确实地像他所写的一篇短篇小说的素材。他写过不少小说是关于这个题材的，即一个年长、地位崇高的伟大作家同一个热诚的青年崇拜者和追随者之间的关系。

　　我在赴了索默塞特·毛姆在卡尔登旅馆举行的午宴以后，走路回我所住的塞维尔俱乐部，那时候它在劈卡迪里街的南端。一家刚创办的月刊登了亨利·詹姆斯的一篇小说，叫做《天鹅绒手套》。我径直朝俱乐部走去。当时东北风劲吹，我只穿了一件薄薄的大衣，所以走得很急。不过怎么说也会快走，因为我急于读那篇小说。我还未下完山坡，半路上看见一个似乎熟悉的人在慢慢地向上走。我必须解释一下，以前我只在客厅和餐厅里见过亨利·詹姆斯，给我印象最深的是他那粗浓而又整齐的神气眉毛。而今天他戴了一顶旧的大礼帽，帽檐几乎压在眉上，我也就没有立刻认出他来。他倒看出了我，用他那十分踌躇的方式打了招呼。他说他刚从莱伊的家上伦敦来。他又说他是"一个十足的乡下亲戚"，问我有什么新的画展可看。我总算能告诉他有些很好的画在格拉夫登美术馆展出。他拐弯抹角地问，我是否愿意陪他去看。我感到很荣幸，但使我惊讶的是，我听见自己马上答道："啊，对不起，我去不了。三点半我得到堪辛顿去。""啊，"他说，"你们这些

---

　　① 选自王佐良主编《并非舞文弄墨——英国散文名篇新选》，三联书店，1996年版。

年轻人，老是给一大堆约会缠住了。好，好……"就向坡上走去了。

是什么叫我扯了谎？不仅是因为正吹着东北风，我只穿一件薄大衣，怕要慢慢地再爬那坡路一次；也不仅是因为我有一种预感，感到他会像我那样称赞格拉夫登美术馆展览中那幅最好的画——青年画家奥古特斯·约翰的《微笑的女人》。主要是因为上面说过的我急不可待地要读《天鹅绒手套》。

现在我坐在塞维尔俱乐部，读着这篇小说。当然写得极好，但是我发现我的心常要跑野马。小说似乎写得不够典型，没有强烈的詹姆斯本色，比不上他可以用我们之间刚发生的事作为题材来写的，关于一个门徒忠诚地——还是不忠诚地？——爱大师的作品超过大师本身的故事。

【英国】伍尔夫

刘炳善 译

普通读者①

　　阅读文学书籍的目的不一定是要学习写作或当作家，阅读本身就是人生一大快事。当一名"普通读者"，也可以有让人肃然起敬的观点。虽然，自称"普通读者"的伍尔夫女士（1882~1941）绝非一个普通读者，她出自书香门第，成年后是伦敦文化中心"布卢姆斯伯里集团"——一个具有"最敏锐的审美观"的文艺团体的沙龙女主人；她是意识流小说的代表作家之一，作品有《到灯塔去》等；她的散文高贵脱俗，机敏博识，有大将风度，评家认为"是谁也模仿不了的完完全全的英国式的优美洒脱，学识渊博"。伍尔夫甚至被誉为"英国散文大家中的最后一人"。散文名作有《一间自己的屋子》《普通读者》等。伍尔夫一生受精神病威胁，渴求别人的关爱，她像名诗人勃朗宁夫人一样有个好丈夫，但她并未从疯狂中挣脱，最终投湖自溺。

　　在那些设备寒碜，不配称为图书馆，而收藏书籍倒也不少，可供平民百姓阅览求知的地方，很值得把约翰生博士②《格雷传》里的一句话特别抄写出来，引起注意："能与普通读者的意见不谋而合，在我是高兴的事，因为，在评定诗歌荣誉的权利时，尽管高雅的敏感和学术的教条也起着作用，但最终说来应该根据那未受文学偏见污损的普通读者的常识。"这句话把普通读者的素质加以阐明，赋予他们的读书宗旨以一种神圣意味，并且使得这么一种既要消耗大量时光，又往往看不出实效的活动，由于这位大人物的赞许而受到认可。

　　约翰生博士心目中的普通读者，不同于批评家和学者。他没有那么高的教养，造物主也没有赏给他那么大的才能。他读书，是为了自己高兴，而不是为了向别人传授知识，也不是为了纠正别人的看法。首先，他受一种本能所指使，要根据

---

　　① 选自弗吉尼亚·伍尔夫《书和画像》，刘炳善译，三联书店，1994年版。

　　② 约翰生博士（Samuel Johnson），英国18世纪的著名学者、作家。此处所说的《格雷传》是他写的《英国诗人传》里的一篇。

自己能捞到手的一星半点书本知识，塑造出某种整体——某位人物肖像，某个时代略图，某种写作艺术原理。他不停地为自己匆匆搭起某种建筑物，它东倒西歪、摇摇欲坠，然而看来又像是真实的事物，能引人喜爱、欢笑、争论，因此也就能给他带来片刻的满足。他一会儿抓住一首诗，一会儿抓住一本旧书片断，也不管它从哪儿弄来的，也不管它属于何等品类，只求投合自己的心意，能将自己心造的意象结构圆满就成，又总是这么匆匆忙忙，表述又不准确，而且浮浮浅浅——所以，作为批评家来看，他的缺陷是太明显了，无须指出了。但是，既然约翰生博士认为，在诗歌荣誉的最终分配方面，普通读者有一定的发言权，那么，将自己这些想法、意见记录下来，也还值得一做，因为，它们本身尽管微不足道，却对于那么一件大事还能起到一定的影响。

【苏联】帕乌斯托夫斯基

戴骢 译

洞烛世界的艺术①

文学，是"洞烛世界的艺术"。一个像样的作家，应该具备异于常人的敏锐眼光，而"好的眼光是靠后天培养出来的"，帕乌斯托夫斯基推荐一位画家的"练眼法"："看每一样东西，都必须抱定这样的宗旨，我非得用颜料把它画出来不可。……不管在哪里，都用这样的眼光看人。只消两三天，您就会相信，在此之前，您在人们脸上看到的，连现在的十分之一还不到。"作者试过后，感觉效果很好。有心进入文艺之门的年轻读者，不妨一试。

帕乌斯托夫斯基（1892~1968），苏联作家，文字具有雅致的抒情格调。表现作家和写作奥秘的散文集《金蔷薇》，是一本引导文学青年进入创作之门的极具美感与灵性的好书。

绘画教人怎么去看和怎么才能看见（看与看见是不同的两件事，只有很少的人才能把两者统一起来）。因此绘画保存了儿童所特有的那种生趣盎然的、天真未凿的感情。②

亚历山大·勃洛克

令人驻足赞叹的往往是对人的生活并无任何用处的东西，如触摸不着的倒影，无法播种的峡岩，天空奇妙的色彩。

约翰·罗斯金③

有一些无可争议的真理常常由于我们的懒惰与无知而备受冷遇，未能对人类的活动产生影响。

---

① 选自帕乌斯托夫斯基《金蔷薇》，戴骢译，百花文艺出版社，1987年版。标题挪用自李时翻译的《金蔷薇》，戴译原题《洞察世界的艺术》。

② 引自勃洛克的文章《色彩与语言》。

③ 约翰·罗斯金（1819~1900），英国作家、历史学家、政论家、艺术批评家。

　　这类无可争议的真理中，有一条同作家的技巧，尤其是同散文作家的技巧有关。这条真理是：所有与散文相邻的艺术领域——诗歌、绘画、建筑、雕塑和音乐——的知识，能够大大丰富散文作家的内心世界，并赋予他的散文以特殊的感染力，使之充满绘画的光与色、诗歌语言所特有的新鲜性和容量、建筑的和谐对称、雕塑线条的清晰分明，音乐的旋律和节奏。

　　所有这一切都是散文的附加财产，仿佛是它的补色。

　　我对那些不喜欢诗画的作家是不信任的。这种人很可能是草包，至少治学态度不严谨，有几分懒惰和傲慢。

　　一个作家如果是行家而不是匠人，如果是一个财富的创造者，而不是庸人，只知道像嚼美国口香糖那样一味地从生活中吸吮安乐，那么他就不应当忽视任何可以开阔他视野的东西。

　　我们往往在看完一个短篇小说或者中篇小说，甚至长篇小说后，什么印象都没有留下来，除了一堆混杂在一起的单调乏味的人物之外。你竭力想看清这都是些什么人，可是却看不清楚，因为作者没有赋予他们丝毫生动的特征。

　　这类短篇小说、中篇小说和长篇小说的情节是在某种没有光和色的凝冻的日子中发生的，是在作者只知其名而从未见到过的事物中发生的，因此他无从告诉读者这些事物究竟什么模样。

　　这类小说尽管写的是当代题材，然而却是平庸之作，作者写小说时的那种劲头，往往只不过是虚火而已。除了虚火上升，他在写作时并没有感受到欢乐，特别是劳动的欢乐。

　　所以会出现这种可悲的局面，不只是因为这类小说的作者缺乏激情，缺乏文化修养，而且还因为他们的眼睛如同鱼目一般迟钝。

　　读到这样的中长篇小说，真想一拳把它们砸碎，就像走进满是灰尘的闷热的房间后想一拳砸碎密封的玻璃窗一样。只消碎玻璃哐啷啷地四溅开去，那么外面的风雨声、孩子的嬉闹声、机车的汽笛声、湿漉漉的马路的闪光便会立即涌进屋来——整个生活，连同生活中乍一看来杂乱无章，然而却异常美好、异常丰富的光、色、声，便会纷至沓来。

　　我们有不少书仿佛是由瞎子写的，可这些书却偏偏是写给明眼人看的，这就是出版这些书荒唐之所在。

　　为了能洞烛一切，不仅需要睁开眼去看周围的事物，而且还必须学会怎样才能看见。只有热爱人们，热爱大地的人，才能清楚地看见人们和大地。一篇散文作品如果写得苍白无色，像件破褂子，那是作家冷血所造成的恶果，是他麻木不仁的可怕症状。但有的时候，也可能是因为作者水平差，缺乏文化修养。如果是后者，那就像常言说的，尚可救药。

怎样才能看见，才能认识光和色呢？这事画家能够教会我们。他们比我们看得清楚，而且他们善于记住他们所看见的东西。

我还是个青年作家时，一位我认识的画家对我说：

"您，我的亲爱的，看东西不怎么清晰。有点儿模模糊糊，而且浮光掠影。根据您那些短篇小说可以判断，您只看见了原色和浮面上的强烈色彩。至于色彩的明暗层次以及间色、再间色等等，在你眼里看出去，都混合成某种千篇一律的东西了。"

"这我有什么办法，"我辩解说，"天生这么一双眼睛。"

"胡扯！好的眼睛是靠后天培养出来的。好好地锻炼视力，别偷懒。要像常言说的，一丝不苟。看每一样东西时，都必须抱定这样的宗旨，我非得用颜料把它画出来不可，您不妨试这么一两个月。坐电车也罢，坐公共汽车也罢，不管在哪里，都用这样的眼光看人。这样，只消两三天后，您就会相信，在此之前，您在人们脸上看到的，连现在的十分之一还不到。两个月后，您就可学会怎么看了，而且习惯成自然，无须再勉强自己了。"

我照这个画家的话做了，果然，人也好，东西也好，都比我以前浮光掠影地去看他们时要有趣得多。

于是我为自己糊里糊涂地浪费掉了那么多一去不复返的光阴而感到痛惜。若非如此，在过去的岁月里，我可以看到多少美好的东西呀！多少有趣的东西就这么逝去，再也不可能追回了！

这就是画家给我上的第一课，第二课是比较直观的教学。

有一年秋天，我由莫斯科去列宁格勒。但不走经过卡里宁和博洛戈耶的那条路线，而由萨维洛沃车站上车，经过卡利亚津和赫沃伊纳亚。

许多莫斯科人和列宁格勒人甚至压根儿不知道有这么一条铁路线。这条路线虽说要绕点儿远，但比人们通常走的那条去博洛戈耶的路线要有趣得多。这条路线之所以饶有趣味，因为要经过荒野和森林地带。

与我同坐一个包房的是个矮个儿，穿的衣服又肥又大。一对眼睛又小又窄，但是却炯炯有神。这人带一只装满油画颜料的大箱子和好几卷打好底子的画布。不难猜出这是一位画家。

我们攀谈起来。我的同车人告诉我说，他去季赫文市郊区，他有个朋友在那里当护林员，他将住在护林哨所里，描绘秋天。

"那何苦要跑这么远，到季赫文郊区去？"我问。

"我在那里看中了一个地方，"画家很信任地回答我说，"是个好得无可再好的地方！上哪儿也找不出第二个这样的地方了。清一色的白杨林！只是偶尔才有几棵云杉。一到秋天，白杨树就披上了华丽的盛装，没有一种树能比得上白杨。它的树叶可说是五彩缤纷。有绛红的，淡黄的，淡紫的，甚至还有黑色的，上边洒满金色的斑点。在阳光下像是一堆灿烂的篝火。我在那里画到秋末。冬天，我就上列宁格勒那边的芬兰湾去。您知道吗，那里有全俄国最好看的霜。像这样的霜我在哪儿都没见到过。"

我跟我的同伴说，当然只是开开玩笑，他既然有这样渊博的知识，何不给画家们写一本旅行指南，告诉他们上什么地方去画什么，一定很有价值。

"您怎么这样想呢！"画家一本正经地回答道。

"写本指南并不难，就是没什么意义。现在各人分头去给自己寻找美的地方，可出了本指南，大伙儿就会哄到一个地方去。那就远不如现在了。"

"为什么？"

"因为像现在这样，国家就可以更加千姿百态地展现出来。俄罗斯的土地是那么美，够我们所有的画家画上几千年。可是，您知道吗，"他忧心忡忡地补加说，"不知为什么，人现在开始糟蹋和毁坏土地。要知道，土地的美，是一种神圣的东西，是我们社会生活中的一种伟大的东西。这种美是我们的终极目的之一。我不知道您怎么看，反正我是深信这一点的。一个人如果不理解这一点，还算得上是什么先进的人呢！"

午间，我睡着了，可没多久我的同车人就把我推醒了。

"您可别见怪，"他讪讪地说，"不过我还是劝您起来的好。出现了一幅惊人的图画——九月的雷雨。您看看吧！"

我朝窗外瞥了一眼，只见南边高高地升腾起密密层层的乌云，遮没了半个天空。乌云不时被闪电劈开。

"我的妈呀！"画家惊叹说，"多少色彩呀！像这样的明暗层次，即使你是列维坦本人，也画不出来。"

"什么样的明暗层次？"我茫然地问道。

"天哪！"画家绝望地说道，"您这是往哪儿看呀？瞧那边——那儿的森林暗得发黑了，没一点亮光，这是因为乌云的阴影把它遮住了。你再往远处看，那儿的森林上却星星点点地洒满了淡黄和淡绿的斑点，说明曚昽的阳光穿过云堆投到了那上边。而再远一些，森林还完全照在阳光之下。看见了吗？那一条森林像是用赤金打成的，整个儿玲珑剔透。活像是一堵雕花的金墙。或者像是由我们季赫文的绣花能手用金线绣成的一条长长的围巾，铺展在天的尽头。您现在往近一点儿的地方看，看那排云杉。您看到针叶上青铜色的闪光了吗？这是那堵林中金墙的反光。金墙把它的光投到云杉上，于是出现了反光。这种反光是很难画的，一不小心就会弄巧成拙。您瞧那上边，只有一点儿非常微弱的光，色彩明暗的层次是那么细腻，依我看，非炉火纯青的大手笔是画不出来的。"

画家看看我，笑道：

"秋天的树林的反光的力量有多大呀！整个包房好像照满了落日的余晖。尤其是您的脸。要是能这样给您画张像就好了。但是遗憾得很，这一切都是倏忽即逝的。"

"画家的本领就在于此，"我说，"使倏忽即逝的东西得以保留好几百年。"

"我们在设法尽力做到，"画家回答说，"假如这倏忽即逝的东西，不是像现在这样意想不到地出现，使我们措手不及的话。说实在的，当画家也够烦的，须臾不得离开颜料、画布和画笔。你们作家就好办得多了。你们把这些颜料都存放在记忆里。您瞧，这景色瞬息万变。森林一会儿是光华熠熠的，一会儿又是昏暗无光的，变得多快呀！"

许许多多被扯碎了的白云，赶在酝酿着雷雨的乌云前面朝我们奔驰而来。果然，它们正以迅捷的运动，把大地上的各种色彩糅合在一起。在森林的远方，紫红、赤金、白金、翠绿、绛红和深蓝等色彩，开始混杂在一起了。

077

偶尔有一线阳光，穿过浓密的乌云，落到几棵白桦树上，于是这几棵白桦便一棵接着一棵突然放出光焰，犹如一把把金色的火炬，但随即就熄灭了。雷雨前的狂风一阵接着一阵刮来，更加深了这种色彩的混杂。

"啊，天空呀，天空什么样呀！"画家喊道。"您瞧！它能创造出什么样的奇迹呀！"

酝酿着雷雨的乌云冒着灰蒙蒙的烟气，急遽地降至地面。乌云全是黑页岩的颜色。但是每当爆发一道闪电，乌云中就会现出淡黄色的凶险的龙卷云，出现蓝色的洞穴和被昏暗的、玫瑰色的火焰从里边照亮的曲曲弯弯的裂罅。

雷电刺眼的强光在乌云深处变成熊熊燃烧的铜汁般的光焰。而在贴近地面的地方，在乌云和森林之间，已垂下一道道暴雨的雨带。

"真是蔚为壮观！"画家激动地喊道，"像这样的壮观可不是经常能看得见的！"

我们两个人从包房的窗口转移到走廊的窗口。风把拉拢的窗帘吹得颤抖不已，这就益发加剧了光线的闪烁明灭。

大雨倾盆而下，列车员急忙过来拉上车窗。一股股斜雨顺着窗玻璃哗哗地向下流去。顿时天昏地暗，只有在很远很远的地方，已在地平线上了，透过雨幕，还可看到最后一抹森林在闪耀着金光。

"您记住点什么没有？"画家问道。

"稍微记住了一点。"

"我也只稍微记住了一点，"画家伤心地说，"等到雨过天晴，色彩还要强烈。您明白吗，那时太阳就会把水淋淋的树叶和树干照得发出金光。我建议您不妨在阴天下雨之前，仔细地观察一下光线。您会发现雨前是一个样，下雨时是一个样，等到雨停了又是另一个样，跟雨前截然不同。这是因为潮湿的树叶能使空气中增添一种微弱的光。一种晦暗、柔弱、温暖的光。总的来说，我的亲爱的，研究光和色是一种莫大的享受。即使再好的职业请我去干，我也宁愿当画家，决不愿意改行。"

半夜里，画家在一个小站下车了。我走到站台上同他告别。站台上点着一盏煤油灯。机车在前面沉重地喘着大气。

我羡慕这位画家。在羡慕之余，我不禁有点愤愤然，为什么我要被杂务缠住身子，逼得我必须继续前行，而不能在北方哪怕逗留几天时间。要知道，这里每一枝帚石楠都能唤起你那么多的联想，足够你写好几篇散文诗。

此时此刻，我特别感到难受和委屈，何以在生活中，我一如所有的人，不允许自己随心所欲地去生活，而要终日忙于那些刻不容缓的非办不可的事情。

自然界中的光和色单靠观察是不够的，而应当全力以赴地加以研究，并乐此不倦。对于艺术来说，只有那种在心中占有牢固地位的素材才是有用的。

对于散文作家来说，绘画之所以重要，并不仅仅在于绘画可以帮助前者看到并且爱上光和色。绘画之所以重要，还在于画家往往能看见我们视而不见的东西。我们总是要等到他们画了出来，才会开始看见他们所画的东西，并且大为诧异，自己过去怎么没有看见。

法国画家莫奈①到伦敦后，画了一幅威斯敏斯特教堂②。莫奈是在伦敦通常的雾日内作这幅画的。在莫奈的这幅画中，教堂的哥特式轮廓在雾中若隐若现。是一幅至精之品。

可是展出这幅画时，伦敦人却为之哗然。他们感到惊愕，莫奈怎么把雾画成紫红色的，雾分明是灰色的，这是尽人皆知的事。

莫奈的鲁莽起初引起了人们的愤怒。可是这些愤怒的人走到伦敦的大街上，仔细地观察过雾后，平生第一次发现雾果真是紫红色的。

于是人们开始寻找雾何以发红的原因。他们都同意这样的解释，雾所以会发红，是因为伦敦的烟太多了。加之伦敦的房屋又都是用红砖砌的，因此雾也染上了红色。

不管怎样解释，反正莫奈胜利了。自从他画了这幅画之后，所有的人都开始用这位画家的目光来看伦敦的雾。人们甚至称莫奈为"伦敦之雾的创造者"。

---

① 克洛德·莫奈（1840~1926），法国画家，印象画派的创始人之一。

② 系英国伦敦基督新教教堂。相传始建于弗洛斯特616年，后各世英王均有扩建。为英国国王加冕和重要的皇家与国务活动场所，也是国王及著名人士卜葬之地。牛顿、狄更斯、达尔文等均葬于此。

不妨举一个我自己生活中的例子。我在看了列维坦的画《在永恒的宁静之上》以后，平生第一次发现俄国的阴天拥有丰富的色彩。

在此之前，在我的眼里，阴天只有一种单一的忧郁的色调。我曾经认为，阴天之所以勾起人们的愁思，正是因为它吞没了一切色彩，拿灰暗的阴霾遮蔽了大地的缘故。

但列维坦却在这种阴郁的氛围中，看到了某种庄严乃至壮丽的色调，进而在其中发现了许多纯净的色彩。从此阴天就不再使我感到压抑。相反，我甚至爱上了阴天，爱阴天空气的清新、令人面颊发烧的寒冷、河上泛起的银灰色涟漪和乌云沉滞的移动。最后，我之所以爱阴天，还因为每逢这种天气，我就分外珍惜人间那种最普通的安乐——温暖的农舍、俄罗斯式火炉中的火焰、茶炊的吱吱声、在干草上罩一条粗布床单的地铺、打在屋顶上的令人昏昏欲睡的雨声和甜蜜的睡梦。

几乎每一位画家，不论他属于哪一个时代或哪一个流派，都向我们揭示了现实的某些新的特征。

我曾有幸多次参观德累斯顿绘画陈列馆①。那里除了拉斐尔②的《西斯廷圣母》外，还有古代美术大师们的许多作品。在这些作品前站停下来是危险的。它们将不放你走开。你会一连好几个小时乃至一连好几个昼夜地观看它们，而且观看得越久，心头那种莫名的激动就会越厉害。这种激动会发展到使你热泪盈眶的地步。

何以会热泪盈眶呢？因为在这些油画中，精神的完美和天才的威力敦促我们也力求使自己的思想趋于纯洁、坚定和高尚。

当我们在观赏美的时候，心头会产生一种骚动感，这种骚动感乃是渴求净化自己内心的前奏，仿佛雨、风、繁花似锦的大地、午夜的天空和爱的泪水，把荡涤一切污垢的清新之气渗入了我们知恩图报的心灵，从此永不离去了。

印象派画家似乎把阳光倾满了他们的画布。他们总是直接利用外光描绘对象，有时也许故意加强色调。所以在他们画中，大地始终辉耀着某种欢快的光。

大地变成了欢快的大地。这又有什么罪过呢，就像任何能给人增添即使一丝欢乐的东西一样，是无罪可言的。

印象画派就像过去的时代一切丰富的遗产一样，是属于我们的。否定印象画

----

① 世界著名艺术博物馆之一。在德意志民主共和国德累斯顿市，从16世纪萨克森王族在宫廷设立艺术室，收藏历史、自然珍品及少数美术品开始，后经18、19世纪大量收集和不断补充，成为拥有西欧名画最丰富的宝库之一。其中以意大利文艺复兴时期的作品尤为突出，有提香、拉斐尔、鲁本斯、丢勒、贺尔拜因、委拉斯开兹和伦勃朗等画家的作品。

② 拉斐尔（1483~1520），意大利文艺复兴时期画家和建筑家。《西斯廷圣母》是他的代表作之一。

派，岂不等于有意和自己过不去，硬逼着自己画地为牢吗？要知道，我们谁也不至于去否定《西斯廷圣母》，虽然这幅才气横溢的杰作画的是宗教题材。对我们来说，革新家毕加索①，印象派画家马蒂斯②、凡·高或者高更③有什么危险可言？顺便提一句，高更曾参与反对法国殖民者的斗争，以争取塔希提岛人的独立，这样的人对我们来说有什么危险可言呢？

这些画家的创作中究竟有什么危险的或者不好的东西呢？得要有什么样的嫉贤妒能或者见风使舵的脑袋才会想出必须从人类文化，包括俄罗斯文化中排除掉这样一群璀璨生辉的画家的念头？

我与那位画家告别后到达了列宁格勒。这个城市的广场以及谐和的建筑物的那种庄严的格局重又展现在我面前。

我久久地望着这些建筑物，想洞烛它们在建筑艺术上的奥秘。这奥秘便是：这些建筑物事实上并不高大，为什么会给人以宏伟的印象。即以参谋总部大厦来说吧，它是最出色的建筑物之一，位于冬宫对面，展开成徐缓的弧形，最高处不过四层楼。可它显得比莫斯科的任何一幢高楼大厦都要宏伟得多。

答案是很简单的。建筑物的宏伟取决于它的对称，取决于它的谐和的比例和适可而止的装饰——窗框上的装饰面板、花样装饰和浅浮雕。

仔细观察这些建筑物，你就会懂得高明的审美力首先表现为分寸感。

我始终认为局部与局部之间的对称和朴实无华（正是这种朴实无华才能显示出每一根线条，给人以真正的享受）这两个规律，与散文有某种关系。

一个热爱古典建筑的完美形式的作家，是不会让自己写出叠床架屋、结构繁复的散文作品的。他必然力求使散文的各个局部之间谐和对称，使遣词造句严谨朴实。他必然避免过多地使用装饰物，即所谓的图案装饰风格，因为这种风格只可能使散文作品淡而无味。

散文作品的结构必须精练到不能删去一句，也不能增加一句，否则就会损害作品要叙述的内容以及事件的合乎规律的进程的那种地步。

我像每次在列宁格勒时一样，把大部分时间都花在俄罗斯历史文化馆和艾尔米塔什博物馆④内。

艾尔米塔什博物馆各间大厅内那种闪耀着镀金颜色的微微有点昏暗的光线，在我心目中是神圣的。我步入艾尔米塔什博物馆时，总有如入人类才华的宝

---

① 毕加索（1881~1973），法国画家，原籍西班牙，真姓是路易斯。

② 马蒂斯（1869~1954），法国画家，他的艺术根植于后期印象派。

③ 高更（1848~1903），法国画家，幼年贫苦，曾为远洋航海海员。中年从事绘画，曾受印象派影响，后自创风格。1891年后迁居南太平洋的塔西提岛和多米尼岛。

④ 世界著名艺术博物馆之一。在苏联列宁格勒。18世纪时，在宫廷藏品的基础上建立起来。现藏有珍贵的原始及古代文物、东方各国金银和青铜器皿及西欧文艺复兴时期各代表画家的作品。

库之感。我还是个青年时，在艾尔米塔什博物馆内，第一次觉得做个人是幸福的。并且懂得了人怎样才能成为伟大的人，成为好人。

起初我留恋于辉煌的画家们的行列之间。色彩的丰富和浓重，使我头晕眼花，为了休息一会儿，我走进了雕塑陈列厅。

我在那里坐了很久。我越是长久地望着由无名的希腊雕塑家们雕塑的人像或者由卡诺瓦雕塑的挂着一抹若隐若现的微笑的妇人，就越是清楚地理解所有这些雕塑本身都是对美的召唤，是人类无限纯洁的朝霞的先声。到了那一天，诗歌将主宰人心，而那种社会制度，即我们以长年累月的劳动、操心和毫不懈怠的精神向其走去的那种社会制度，将建立在正义的美之上，建立在良知、心灵、人们的关系和人们的肉体的美之上。

我们走的这条道路是通向黄金世纪的道路。这个世纪是必然会来到的。当然，遗憾的是我们活不到那一天。但是我们应该感到幸福，因为这个世纪的风已在我们周围飒飒地吹响，使我们的心跳动得更加剧烈了。

无怪海涅每次去罗浮宫博物馆，都要一连好几个小时坐在美洛斯的维纳斯雕像①前哭泣。

他哭什么呢？他哭人的完美遭到了玷污。哭通向完美的道路是艰辛的，遥远的，而他，海涅，一个把自己智慧的毒汁和光辉都奉献给了人们的人，当然不可能到达迦南人之地②，可是这个地方却是他不安的心所终生向往的。

这便是雕塑的力量，没有这种力量的内在的火焰，就不可能想象会有进步的艺术，尤其是我们国家的艺术。从而也就不可能想象会有扣人心弦的有分量的散文。

在转而谈诗歌对散文的影响之前，我想先谈几句音乐，何况音乐和诗歌有时是不可分割的。

这段涉及音乐的议论是很简短的，所以只能局限于谈我们所谓的散文的节奏和音乐性。

真正的散文总是有自己的节奏的。

散文的节奏首先要求作者在行文时，每个句子都要写得流畅好懂，使读者一目了然。契诃夫在给高尔基的信中就曾谈到这一点，他说，"小说文学必须在顷刻之间，在一秒钟之内"就使读者了然于胸。

一本书不应当让读者看不下去，弄得他们只好自己来调整文字的运动，调整文字的节奏，使之适应散文中某个段落的性质。

---

① 指1802年在希腊美洛斯废墟发现的著名的维纳斯像。

② 典出《圣经·旧约·出埃及记》第3章。所谓迦南人之地即"美好宽阔流奶与蜜之地"。

总而言之，作家必须使读者经常处于一种全神贯注的状态，亦步亦趋地跟在自己后面。作家不应让作品中有晦涩的或者无节奏感的句段，免得读者一看到这里就不得要领，从而摆脱作者的主宰，逃之夭夭。

牢牢地控制住读者，使他们全神贯注地阅读作品，想作者之所想，感作者之所感，这便是作者的任务，便是散文的功能。

我认为散文的节奏感靠人为的方法是永远难以达到的。散文的节奏取决于天赋、语感和良好的"作家听觉"。这种良好的听觉在某种程度上同音乐听觉是相通的。

但是最能够丰富散文作家语言的还是诗学知识。

诗歌有一种惊人的特性。它能使字恢复青春，使之重新具有最初那种白璧无瑕的处子般的清新。即使那些"陈词滥调"的字眼，对我们来说已完全失去了形象性，徒具空壳了，可一旦进入诗歌，却能放出光彩，响起悦耳的声音，吐出芬芳的气息！

我不知道这该怎么解释。据我看，在两种情况下，字眼可以显得生气蓬勃。

一是在字眼的语音力量（声能）得到恢复的情况下。而要做到这一点，在朗朗上口的诗歌中远比在散文中容易。正因为如此，字眼在诗作和抒情歌曲中，要比平常讲话时更能强烈地感染我们。

另一种情况是，字眼被置于旋律悦耳的诗行之中。在这种情况下，即使已经用滥了的字眼，也仿佛充满了诗歌的总旋律，和谐地同其他所有的字眼一起发出铿锵的声音。

此处还有一点，诗歌广泛使用头韵。这是诗歌的一个可贵的长处。散文也有权运用头韵。

但这并非主要的。

主要的是散文一旦臻于完美，实际上也就是真正的诗歌了。

契诃夫认为莱蒙托夫的《塔曼》①和普希金的《上尉的女儿》证明了散文同丰满的俄罗斯诗歌之间具有血亲关系。

列夫·托尔斯泰写道："我永远也弄不清散文和诗歌的界限在哪里。"他在《青年时代的日记》中，以他少有的激烈口吻问道：

为什么诗歌同散文，幸福与不幸会有这样千丝万缕的密切关系？应该把兴趣放在什么上边呢？是竭力把诗歌与散文融为一体，还是先尽情地享用其中的一个，然后再全神贯注于另一个？

理想中有胜于现实的地方；现实中也有胜于理想的地方。唯有把这两者融为

---

① 系莱蒙托夫的长篇小说《当代英雄》中的五个中篇之一。

一体才能获得完美的幸福。

　　这些话虽说是在仓促中写下的，却包含着一个正确的思想，即文学最高、最富魅力的现象，其真正的幸福，乃是使诗歌与散文有机地融为一体，或者更确切地说，使散文充满诗魂，充满那种赋予万物以生命的诗的浆汁，充满清澈得无一丝杂质的诗的气息，充满能够俘虏人心的诗的威力。

　　在这种场合下，我不怕使用"俘虏人心"的这一说法。因为诗歌的确能够俘虏人，征服人，用潜移默化的方式，以不可抗拒的力量提高人的情操，使人接近于这样一种境界，即真正成为能够使大地生色的万物之灵，或者用我们先人天真而又诚挚的说法，成为"受造物之冠"。

　　弗拉基米尔·奥多耶夫斯基曾说过这样一句话："诗歌是人类进入不再汲汲于获取东西，而开始应用已获取到的东西这种境界的先兆。"[1]他这句话在一定程度上是不无道理的。

083

---

　　① 引自俄国作家和音乐批评家弗拉基米尔·费奥多罗维奇·奥多耶夫斯基（1803~1869）所著《心理学札记》。

【波兰】伊瓦什凯维奇

韩逸 译

草 莓①

　　在田野漫步时偶然发现一颗草莓，由此联想到"那种妙龄十八的馨香"，把青春的怅惘、生命的沉淀，演绎得如诗如画。那个梦想多得让人腾云驾雾的日子，到哪里去了？我们是否还会偶尔想起"那种妙龄十八的馨香"？如何在不经意间，就把青春挥霍掉了？细细品味，年轻人会生出蜜甜的怅惘，成年人难保不心头一酸，眼含泪意。

　　伊瓦什凯维奇（1894~1980），波兰作家。作品有《红色的盾牌》等。

　　时值九月，但夏意正浓。天气反常地暖和，树上也见不到一片黄叶。葱茏茂密的枝柯之间，也许个别地方略见疏落，也许这儿或那儿有一片叶子颜色稍淡；但它并不起眼，不去仔细寻找便难以发现。天空像蓝宝石一样晶莹璀璨，挺拔的榭树生意盎然，充满了对未来的信念。农村到处是欢歌笑语。秋收已顺利结束，挖土豆的季节正碰上艳阳天。地里新翻的玫瑰红土块，有如一堆堆深色的珠子，又如野果一般的娇艳。我们许多人一起去散步，兴味醋然。自从我们五月来到乡下以来，一切基本上都没有变，依然是那样碧绿的树，湛蓝的天，欢快的心田。

　　我们漫步田野。在林间草地上我意外地发现了一种晚熟的硕大草莓。我把它含在嘴里，它是那样的香，那样的甜，真是一种稀世的佳品！它那沁人心脾的气味，在我的嘴角唇边久久地不曾消逝。这香甜把我的思绪引向了六月，那是草莓最盛的时光。

　　此刻我才察觉到早已不是六月。每一月，每一周，甚至每一天都有它自己独特的色调。我以为一切都没有变，其实只不过是一种幻觉！草莓的香味形象地使我想起，几个月前跟眼下是多么不一般。那时，树木是另一种模样，我们的欢笑是另一番滋味，太阳和天空也不同于今天。就连空气也不一样，因为那时送来的是六月的芬芳。而今已是九月，这一点无论如何也不能隐瞒。树木是绿的，但只需吹第一阵寒风，顷刻之间就会枯黄；天空是蔚蓝的，但不久就会变得灰惨惨；鸟儿

────────────────
　　① 选自杨奔编《外国小品精选》，广东人民出版社，1984年版。

尚没有飞走，只不过是由于天气异常的温暖。空气中已弥漫着一股秋的气息，这是翻耕了的土地、马铃薯和向日葵散发出的芳香。还有一会儿，还有一天，也许两天……

我们常以为自己还是妙龄十八的青年，还像那时一样戴着桃色眼镜观察世界，还有着同那时一样的爱好，一样的思想，一样的情感。一切都没有发生任何的突变。简而言之，一切都如花似锦，韶华灿烂。大凡已成为我们的禀赋的东西都经得起各种变化和时间的考验。

但是，只需去重读一下青年时代的书信，我们就会相信，这种想法是何其荒诞。从信的字里行间飘散出的青春时代呼吸的空气，与今天我们呼吸的已大不一般。直到那时我们才察觉我们度过的每一天时光，都赋予了我们不同的色彩和形态。每日朝霞变幻，越来越深刻地改变着我们的心性和容颜；似水流年，彻底再造了我们的思想和情感。有所剥夺，也有所增添。当然，今天我们还很年轻——但只不过是"还很年轻"！还有许多的事情在前面等着我们去办。激动不安，若明若暗的青春岁月之后，到来的是成年期成熟的思虑，是从容不迫的有节奏的生活，是日益丰富的经验，是一座内心的信仰和理性的大厦的落成。

然而，六月的气息已经一去不返了。它虽然曾经使我们惴惴不安，却浸透了一种不可取代的香味，真正的六月草莓的那种妙龄十八的馨香。

【德国】伯尔

雷夏鸣 译

懒惰哲学趣话①

这是一则人生哲学寓言。是像游客一样忙碌一生只为了未知的将来能过一种优哉游哉的生活，还是像渔夫一样得过且过，只求今天悠游自在？这是每个人都会面临的选择，一般而言，人们会希望选择后者，可现实中常常变成了前者。优哉游哉，何其难得。

海因里希·伯尔（1917~1985），德国作家。1972年"为了表扬他的作品，这些作品兼具有对时代广阔的透视和塑造人物的细腻技巧，并有助于德国文学的振兴"而获诺贝尔文学奖。

在欧洲西海岸的一个码头，一个衣着寒碜的人躺在他的渔船里闭目养神。一位穿得很时髦的游客迅速把一卷新的彩色胶卷装进照相机，准备拍下面前这美妙的景色：蔚蓝的天空、碧绿的大海、雪白的浪花、黑色的鱼艇、红色的鱼帽。咔嚓！再来一下，咔嚓！德国人有句俗话："好事成三。"为保险起见，再来个第三下，咔嚓！这清脆但又扰人的声响，把正在闭目养神的渔夫吵醒了。他睡眼惺忪地直起身来，开始找他的烟盒。还没等找到，热情的游客已经把一盒烟递到他跟前，虽说没插到他嘴里，但已放到了他的手上。咔嚓！这第四下"咔嚓"是打火机的响声。于是殷勤的客套话也就开始了。这过分的客套带来了一种尴尬的局面。游客操着一口本地话，想与渔夫攀谈攀谈来缓和一下气氛。

"您今天准会捕到不少鱼。"

渔夫摇摇头。

"不过，听说今天的天气对捕鱼很有利。"

渔夫点点头。

游客激动起来。显然，他很关注这个衣着寒碜的人的境况，对渔夫错失良机很是惋惜。

---

① 选自姚春树主编《外国杂文大观》，百花文艺出版社，1994年版。

"哦，您身体不舒服？"

渔夫终于从只是点头和摇头到开腔说话了。"我的身体挺好。"他说，"我从来没感到这么好！"他站起来，伸展了一下四肢，仿佛要显示一下自己的体魄是多么的强健。"我感到自己好极了！"

游客的表情显得愈加困惑了，他再也按捺不住心中的疑问，这疑问简直要把他的心都炸开了：

"那么，为什么您不出海呢？"

回答是干脆的："早上我已经出过海了。"

"捕的鱼多吗？"

"不少，所以也就用不着再出海了。我的鱼篓里已经装了四只龙虾，还捕到差不多两打鲭鱼……"渔夫总算彻底打消了睡意，气氛也随之变得融洽了些。他安慰似的拍拍游客的肩膀。在他看来，游客的担忧虽说多余，却是深切的。

"这些鱼，就是明天和后天也够我吃了。"为了使游客的心情轻松些，他又说："抽一支我的烟吧？"

"好，谢谢。"

他们把烟放在嘴里，又响起了第五下"咔嚓"。游客摇着头，坐在船帮上。他放下手中的照相机，好腾出两只手来加强他的语气。

"当然，我并不想多管闲事，"他说，"但是，试想一下，要是您今天第二次、第三次，甚至第四次出海，那您就会捕到三打、四打、五打，甚至十打的鲭鱼。您不妨试试看。"

渔夫点点头。

"要是您，"游客接着说，"要是您不光今天，而且明天、后天，对了，每逢好天都两次、三次，甚至四次出海——您知道那会怎么样？"

渔夫摇摇头。

"顶多一年，您就能买到一台发动机，两年内就可以再买一条船，三四年内您或许就能弄到一条小型机动渔船。用这两条船或者这条机动渔船您也就能捕到更多的鱼——有朝一日，您将会有两条船，您将会……"他兴奋得好一会说不出话来。"您将可以建一座小小的冷藏库，或者一座熏鱼厂，过一段时间再建一座海鱼腌制厂。您将驾驶着自己的直升机在空中盘旋，寻找更多的鱼群，并用无线电指挥您的机动渔船，到别人不能去的地方捕鱼。您还可以开一间鱼餐馆，用不着经过中间商就把龙虾出口到巴黎，然后……"兴奋又一次哽住了这位游客的喉咙。他摇着头，满心的惋惜把假期的愉快几乎一扫而光。他望着那徐徐而来的海潮和水中欢跳的小鱼，"然后……"他说，但是，激动再一次使他的话再次噎住了。

　　渔夫拍着游客的背脊，就像拍着一个卡住了嗓子的孩子。"然后又怎样呢？"他轻声问道。

　　"然后，"游客定了一下神，"然后，您就可以优哉游哉地在码头上闭目养神，再不就眺望那浩瀚的大海。"

　　"可是，现在我已经这样做了，"渔夫说，"我本来就优哉游哉地在码头上闭目养神，只是您的'咔嚓'声打扰了我。"

　　显然，这位游客受到了启发，他若有所思地离开了。曾几何时他也认为，他今天工作为的是有朝一日不必再工作。此时，在他的心里，对这个衣着寒碜的渔夫已没有半点的同情，有的只是一点儿嫉妒。

人生百味

【美国】鲁赛尔·培柯

愠怒者自白①

　　每隔几个月，我就要不高兴三天，"经过三天说老实话之后，我便可以再度投入社交说假话……"。这不是一个神经病人的供词，而是一个太正常的现代人的内心自白。通常的解释是：快节奏的生活方式让人精神紧张，现代人不时需要发泄一番。更深层的原因是，现代商业社会的游戏规则迫使人的生活变成了一场假面舞会，现代人越来越失去了本真的自我。这样的世界肯定不符合人性。一个人的言论自由程度往往与他的实力——权位、财富、名气等成正比，但在实际生活中，说真话的多少恰与人的实力成反比，那些具有最充分的言论自由的人士，偏偏最忌讳说真话。只有极少数人杰敢于凭着灵魂的强悍和伟大而直言不讳、我行我素，还有就是那些人格健全而又没有什么可以失去的小老百姓。

　　每隔几个月，我就会一肚子不高兴。我赌气，为期并不会太久，我只要每年能有两三次连续三天的机会让我发发脾气，其他的时候生活就会好忍些。在那三天里，我总是板着脸不肯笑。

　　在那三天里，要是有人跟我打招呼说："你好吗？"我会回答说："不好。"如果有人说："找个时间一起吃午饭好吗？"我会说："何必！"如果电话铃想起，对方说："请等一等好吗？C先生要找你。"我会说："我不要和他说话。"随即把电话挂上。

　　这样，似乎对我的生活是有益的调剂。

　　经过三天说老实话之后。我便可以再度投入社交说假话，假装自己兴高采烈，假装不知道对我说"找个时间一起吃中午饭"那个人是在敷衍我而已，收藏起我对C先生的妒忌。

　　可是，真莫名其妙，有些人偏不肯让别人发脾气。上个月我想发泄积愤时，就不断受到爱管闲事的人纠缠。

---

　　① 选自《隽永小品集》，甘肃人民出版社，1989年版。

"笑一笑吧，"他们异口同声地说，"别愁眉苦脸。难道你不知道光是活着已经很美妙吗？"

在你脾气坏透了的时候，问这样的问题实在是荒谬之至。当然，如果拿反面的情况来比较，那么，光是活在人世就已经很美妙。可是，如果不必笑和展露欢颜来使别人知道你庆幸不死，那岂不是更美妙吗？

可是，办不到，每逢我咆哮说"这星期我发脾气发得很痛快，我厌倦了笑，尤其是厌倦那些掌握原子弹的政客的笑容"时，许多人听了为之愕然。

只要我感到厌倦起来，我就知道我快要愠怒了。我讨厌一月，也讨厌二月总是年复一年地跟随着一月，就像饥荒与瘟疫跟随着战争似的。我讨厌足球，讨厌篮球，讨厌棒球，我尤其讨厌那些不肯让我讨厌的人。他们总是要我笑一笑，露出欢颜。我讨厌一切，却非常喜欢这种厌倦感。

现在我们肯容忍的事情，列出来真令人吃惊，我们容忍猥亵的电影，容忍完全乏味的笑话，以及容忍黄金时间的电视节目。我们既肯容忍这一切而仍能保持欢颜，那么为什么不能容忍一个只希望三天不笑的人？难道我们大家都怕它会传染吗？

不错，如果人人都在三天中同时愠怒，后果的确堪虞。因此，愠怒的人一经被人发现，立刻便会受到快乐巡逻队的骚扰，唯恐他会把营造满足气氛的密谋整个儿拖垮。

我个人的脾气已在数星期前发完了。现在我好吗？很好。找个时间一起吃中午饭吗？好，就这一两天吧。C先生要和我通话吗？好吧。他是个混蛋，但也不能怪他。

【美国】迈克·奎恩

张名 译

雅普雅普岛的金喇叭①

　　　　一个太明白的讽刺故事，一般人们理解的"没有言论自由"是指根本不让你说，现在有条件地让你说了，条件是"有钱人吹自己的喇叭"，没有钱的人只好吹空气了。"言论自由"，常常是有权有势者的玩具，普通人一个无言的梦想。

　　大名鼎鼎的探险家艾麦利·霍恩斯奈格尔博士在他最新出版的《雅普雅普岛上部落的奇风异俗》这本书里，提到了一些关于言论自由的趣闻，这是他在这个默默无闻的岛上土著居民中观察到的。

　　雅普雅普岛的斯洛鲍布②伊吉·布姆有一次在宫里设宴招待霍恩斯奈格尔博士，谈话中间，这位探险家问起：岛上法律准许不准许居民自由和公开地发布自己的意见？

　　"当然准许，"斯洛鲍布说，"我们岛上的居民享有充分的言论自由，政府也严格执行人民的意志。"

　　"这在实际上是怎么实行的呢？"霍恩斯奈格尔问道，"您怎样判断公众对各种事情的意见呢？"

　　"这很简单，"斯洛鲍布解释道，"要决定任何重大问题的时候，我们就把全岛居民召集到我的宫廷前面来。大僧正先根据羊皮纸手稿宣布要讨论的问题，接着我细听金喇叭的声音，这样我就知道人民的意志了。"

　　"金喇叭又是什么玩意儿？"霍恩斯奈格尔问。

　　斯洛鲍布说："金喇叭是表达公众意见的唯一工具。我把右手举过头顶，宣布说：'凡是赞成的，请吹喇叭！'马上，所有赞成那个提案的人就全都吹起金喇叭来。接着我又把左手举过头顶，宣布：'凡是反对的，请吹喇叭！'这时反对的人就吹金喇叭了。吹得比对方响亮的那一边当然是多数，问题就按照他们的意思

---

　　① 选自张光勤、王洪编《中外微型小说鉴赏辞典》，社会科学文献出版社，1990年版。

　　② 斯洛鲍布就是部落的酋长。

来决定。"

"照我看来，"霍恩斯奈格尔博士说，"这是我所听说过的最完善的民主方式了。我很想参加这样表达民意的盛会并且照几张相片。"

第二天下午，霍恩斯奈格尔博士就亲眼看到这一切了。全岛居民都被召集到斯洛鲍布的宫廷前面来解决一个重大问题。这儿一共有将近3000人，要是不把他们身上的臀部算上的话，全都是赤条条的。可是在隆重地宣布开会之前，又有四个大人物到场了。他们衣着华丽，是乘了镶上珠宝的轿子来的。这四个全身珠光宝气、熏香四散的大人物当着全场的人在丝绒椅垫上坐了下来；仆人们用孔雀羽毛扇子替他们扇着。

"这些人是谁？"霍恩斯奈格尔问。

"他们是本岛最最有钱的人。"斯洛鲍布回答。

一等有产阶级到场后，大僧正就开始宣读羊皮纸手稿。随后斯洛鲍布走上前来，把右手举过头顶。

"凡是赞成的——请吹喇叭！"他喊道。

四个财主拿起金喇叭，使劲吹起来。

于是斯洛鲍布又把左手举过头顶。

"凡是反对的——请吹喇叭！"他喊道。

广大人群里鸦雀无声。

"决议通过！"斯洛鲍布宣布。

于是大功告成。

霍恩斯奈格尔跟着问斯洛鲍布，为什么只见四个财主吹了金喇叭。

"因为也只有他们才买得起金喇叭，"斯洛鲍布解释说，"其余那些全不过是些干活的粗人罢了。"

"在我看来，这压根儿说不上什么言论自由，"霍恩斯奈格尔说，"归根到底，只有少数几个阔人吹他们自己的喇叭。在我们美国，人民是有充分的机会来表达自己的意志的。"

"当真？"斯洛鲍布叫起来，"那么，在美国是怎么样的呢？"

霍恩斯奈格尔说："在我们美国不用什么金喇叭，我们用的是各种报纸、杂志和广播电台。"

"这倒有意思，"斯洛鲍布说，"可是是谁占有这些报纸、杂志和广播电台呢？"

"有钱人。"霍恩斯奈格尔回答说。

"这就是说，也是跟我们岛上一个样儿，"斯洛鲍布说，"在你们那里也是有钱人吹自己的喇叭，所有的声音都是他们自己发出的。"

【美国】怀特

冯亦代 译

再到湖上①

小时候，父亲带过我到湖边露营；如今，已做了父亲的我又带着孩子来到湖边，恍恍惚惚之间，总在孩子身上看见儿时的我。人生的轮回，生命的感怀，风物的触动，一齐在这烟雨湖畔迷离朦胧起来，凝成一篇深情款款的散文。揪住错觉做文章，错觉中有特别的诗意。

怀特（1899~1985），美国出色的散文家，文风冷峻清丽，辛辣幽默，作为《纽约客》主要撰稿人一手奠定了影响深远的"《纽约客》文风"。他的童话《夏洛的网》感动了无数儿童。

大概在1904年的夏天，父亲在缅因州的某湖上租了一间露营小屋，带了我们去消磨整个八月。我们从一批小猫那儿染上了金钱癣，不得不在臂腿间日日夜夜涂上旁氏浸膏，父亲则和衣睡在小划子里；但是除了这一些，假期过得很愉快。自此之后，我们中无人不认为世上再没有比缅因州这个湖更好的去处了。一年年夏季我们都回到这里来——总是从八月一日起，逗留一个月时光。我这样一来，竟成了个水手了。夏季里有时候湖里也会兴风作浪，湖水冰凉，阵阵寒风从下午刮到黄昏，使我宁愿在林间能另有一处宁静的小湖。就在几星期前，这种想望越来越强烈，我便去买了一对钓鲈鱼的钩子，一只能旋转的盛鱼饵器，启程回到我们经常去的那个湖上，预备在那儿垂钓一个星期，还再去看看那些梦魂萦绕的老地方。

我把我的孩子带了去，他从来没让水没过鼻梁过，他也只有从列车的车窗里，才看到过莲花池。在去湖边的路上，我不禁想象这次旅行将是怎样的一次。我缅想时光的流逝会如何毁损这个独特的神圣的地方——险阻的海角和潺潺的小溪，在落日掩映中的群山，露营小屋和小屋后面的小路。我缅想那条容易辨认的沥青路，我又缅想那些已显荒凉的其他景色。一旦让你的思绪回到旧时的轨迹时，简直太奇特了，你居然可以记忆起这么多的去处。你记起这件事，瞬间又记起

① 选自李文俊主编《外国散文名篇赏析》，中国青年出版社，1993年版。

了另一件事。我想我对于那些清晨的记忆是最清楚的，彼时湖上清凉，水波不兴，记起木屋的卧室里可以嗅到原木的香味，这些味道发自小屋的木材，和从纱门透进来的树林的潮味混为一气。木屋里的间隔板很薄，也不是一直伸到顶上的，由于我总是第一个起身，便轻轻穿戴以免惊醒了别人。然后偷偷溜出小屋去到清爽的气氛中，驾起一只小筏子，沿着湖岸上一长列松林的阴影里航行。我记得自己十分小心不让划桨在船舷上碰撞，唯恐打搅了湖上大教堂似的宁静。

这处湖水从来不该被称为渺无人迹的。湖岸上处处点缀着零星小屋，这里是一片耕地，而湖岸四周树林密布。有些小屋为邻近的农人所有，你可以住在湖边而到农家去就餐，那就是我们家的办法。虽然湖面很宽广，但湖水平静。没有什么风涛，而且，至少对一个孩子来说，有些去处看来是无穷遥远和原始的。

我谈到沥青路是对的，就离湖岸不到半英里。但是当我和我的孩子回到这里，住进一间离农舍不远的小屋，就进入我所稔熟的夏季了，我还能说它与旧日了无差异——我知道，次晨一早躺在床上，一股卧室的气味，还听到孩子悄悄地溜出小屋，沿着湖岸去找一条小船。我开始幻觉到他就是小时的我，而且，由于换了位置，我也就成了我的父亲。这一感觉久久不散，在我们留居湖边的时候，不断显现出来。这并不是全新的感情，但是在这种场景里越来越强烈。我好似生活在两个并存的世界里。在一些简单的行动中，在我拿起鱼饵盒子或是放下一只餐叉，或者我在谈到另外的事情时，突然发现这不是我自己在说话，而是我的父亲在说话或是摆弄他的手势。这给我一种悚然的感觉。

次晨我们去钓鱼。我感到鱼饵盒子里的蚯蚓同样披着一层苔藓，看到蜻蜓落在我钓竿上，在水面几英寸处飞翔，蜻蜓的到来使我毫无疑问地相信一切事物都如昨日一般，流逝的年月不过是海市蜃楼，一无岁月的间隔。水上的涟漪如旧，在我们停船垂钓时，水波拍击着我们的船舷有如窃窃私语，而这只船也就像是昔日的划子，一如过去那样漆着绿色，折断的船骨还在旧处，舱底更有陈年的水迹和碎屑——死掉的翅虫蛹，几片苔藓，锈了的废鱼钩和昨日捞鱼时的干血迹。我们沉默地注视着钓竿的尖端；那里蜻蜓飞来飞去。我把我的钓竿伸向水中，短暂而又悄悄避过蜻蜓，蜻蜓已飞出二英尺开外，平衡了一下又栖息在钓竿的梢端。今日戏水的蜻蜓与昨日的并无年限的区别——不过两者之一仅是回忆而已。我看看我的孩子，他正默默地注视着蜻蜓，而这就如我的手替他拿着钓竿，我的眼睛在注视一样。我不禁目眩起来，不知道哪一根是我握着的钓竿。

我们钓到了两尾鲈鱼，轻快地提了起来，好像钓的是鲭鱼，把鱼从船边提出水面完全像是理所当然，而不用什么抄网，接着就在鱼头后部打上一拳。午餐前当我们再回到这里来游泳时，湖面正是我们离去时的老地方，连码头的距离都未改分厘，不过这时却已刮起一阵微风。这地方看来完全是使人入迷的海湖。这个湖你可以离开几个钟点,听凭湖里风云多变,而再次回来时,仍能见到它平静如故,这正是湖水的经常可靠之处。在水浅的地方,如水浸透的黑色枝枝丫丫,陈旧又光滑,在清晰起伏的沙底上成丛摇晃,而蛤贝的爬行踪迹也历历可见。一群小鱼游了过去,游鱼的影子分外触目,在阳光下是那样清晰和明显。另外还有来宿营的人在游泳,沿着湖岸,其中一个拿着一块肥皂,水便显得模糊和非现实的了。多少年来总有这样的人拿着一块肥皂,这个有洁癖的人,现在就在眼前。年份的界限也跟着模糊了。

上岸后到农家去吃饭,穿过丰饶的满是尘土的田野,在我们橡胶鞋脚下踩着的只是条两股车辙的道路,原来中间那一股不见了,本来这里布满了牛马的蹄印和薄薄一层干透了的粪土。那里过去是三股道,任你选择步行的;如今这个选择已经减缩到只剩两股了。有一刹那我深深怀念这可供选择的中间道。小路引我们走过网球场,蜿蜒在阳光下再次给我信心。球网的长绳放松着,小道上长满了各种绿色植物和野草,球网(从六月挂上到九月才取下)这时在干燥的午间松弛下垂,日中的大地热气蒸腾,既饥渴又空荡。农家进餐时有两道点心可资选择,一是紫黑浆果做的馅饼,另一种是苹果馅饼;女侍还是过去的普通农家女,那里没有时间的间隔,只给人一种幕布落下的幻象——女侍依旧是十五岁,只是秀发刚洗过,这是唯一的不同之处——她们一定看过电影,见过一头秀发的漂亮女郎。

夏天,啊夏天,生命的印痕难以磨灭,那永远不会失去光泽的湖,那不能摧毁的树林,牧场上永远永远散发着香蕨木和红松的芬芳,夏天是没有终了的;这只是背景,而湖岸上的生活才正是一幅画图,带着单纯恬静的农舍,小小的停船处,旗杆上的美国国旗衬着飘浮着白云的蓝天在拂动,沿着树根的小路从一处小屋通向另一处,小路还通向室外厕所,放着那铺撒用的石灰,而在小店出售纪念品的一角里,陈列着仿制的桦树皮独木舟和与实景相比稍有失真的明信片。这是美国家庭在游乐,逃避城市里的闷热,想一想住在小湖湾那头的新来或者是"一般人"呢,还是"有教养的"人,想一想星期日开车来农家的客人会不会因为小鸡不够供应而吃了闭门羹。

对我说来,因为我不断回忆往昔的一切,那些时光那些夏日是无穷宝贵而永远值得怀念的。这里有欢乐、恬静和美满。到达(在八月的开始)本身就是件大事情,农家的大篷车一直驶到火车站,第一次闻到空气中松树的清香,第一眼看到农人的笑脸,还有那些重要的大箱子和你父亲对这一切的指手画脚,然后是你座下的大车在十里路上的颠簸不停,在最后一重山顶上看到湖面的第一眼,梦魂牵绕的这汪湖水,已经有十一个月没有见面了。其中宿营人看见你去时的欢呼和喧哗,箱子要打开,把箱里的东西拿出来。(今天抵达已经较少兴奋了,你一声不响地把汽车停在树下近小屋的地方,下车取了几个行李袋,只要五分钟一切就都收拾停当，一点没有骚动，没有搬大箱子时的高声叫唤了。）

恬静、美满和愉快。这儿现在唯一不同于往日的，是这地方的声音，真的，就是那不平常的使人心神不宁的舱外推进器的声音。这种刺耳的声音，有时候会粉碎我的幻想而使年华飞逝。在那些旧时的夏季里，所有马达是装在舱里的，当船在远处航行时，发出的喧嚣是一种镇静剂，一种催人入睡的含混不清的声音；这是些单汽缸或双汽缸的发动机，有的用通断开关，有的是电花跳跃式的，但是都产生一种在湖上回荡的催眠声调。单汽缸噗噗震动，双汽缸则咕咕噜噜，这些也都是平静而单调的音响。但是现在宿营人都用的是舱外推进器了。在白天，在闷热的早上，这些马达发出急躁刺耳的声音。夜间，在静静的黄昏里，落日余晖照亮了湖面，这声音在耳边像蚊子那样哀诉。我的孩子钟爱我们租来使用舱外推进器的小艇，他最大的愿望是独自操纵，成为小艇的权威，他要不了多久就学会稍稍关闭一下开关（但并不关得太紧），然后调整针阀的诀窍。注视着他使我记起在那种单汽缸而有沉重飞轮的马达上可以做的事情，如果你能摸熟它的脾性，你就可以应付自如。那时的马达船没有离合器，你登岸就得在恰当的时候关闭马达，熄了火用方向舵滑行到岸边。但也有一种方法可以使机器开倒车，如果你学到这个诀窍，先关一下开关然后再在飞轮停止转动前，再开一下，这样船就会承受压力而倒退过来。在风力强时要接近码头，若用普通靠岸的方法使船慢下来就很困难了，如果孩子认为他已经完全主宰马达，他应该使马达继续发动下去，然后退后几英尺，靠上码头。这需要镇定和沉着的操作，因为你如果很快把速度开到一秒钟二十次，你的飞轮还会有力量超过中度而跳起来像斗牛样地冲向码头。

我们过了整整一星期的露营生活，鲈鱼上钩，阳光照耀大地，永无止境，日复一日。晚上我们疲倦了，就躺在为炎热所蒸晒了一天而显得闷热的卧室里，小屋外微风吹拂使人嗅到从生锈了的纱门透进的一股潮湿味道。瞌睡总是很快来临，每天早晨红松鼠一定在小屋顶上嬉戏，招到伴侣。清晨躺在床上——那个汽船像非洲乌班基人嘴唇那样有着圆圆的船尾，她在月夜里又是怎样平静航行，当青年们弹着曼陀铃，姑娘们跟着唱歌时，我们则吃着撒着糖末儿的多福饼，而在这到处发亮的水上夜晚乐声传来又多么甜蜜，使人想起姑娘时又是什么样的感觉。早饭过后，我们到商店去，一切陈设如旧——瓶里装着鲦鱼，塞子和钓鱼的旋转器混在牛顿牌无花果和皮姆牌口香糖中间，被宿营的孩子们移动得杂乱无章。店外大路已铺上沥青，汽车就停在商店门前。店里，与往常一样，不过可口可乐更多了，而莫克西水、药草根水、桦树水和菝葜水不多了，有时汽水会冲了我们一鼻子，而使我们难受。我们在山间小溪探索，悄悄地，在那儿乌龟在太阳曝晒的圆木间爬行，一直钻到松散的土地下，我们则躺在小镇的码头上，用虫子喂食游乐自如的鲈鱼。随便在什么地方，都分辨不清当家做主的我，和与我形影不离的那个人。

　　有天下午我们在湖上，雷电来临了，又重演了一出为我儿时所畏惧的闹剧。这出戏第二幕的高潮，在美国湖上的电闪雷鸣下所有重要的细节一无改变。这是个宏伟的场景，至今还是幅宏伟的场景。一切都显得那么熟稔，首先感到透不过气来，接着是闷热，小屋四周的大气好像凝滞了。过了下午的傍晚之前（一切都是一模一样），天际垂下古怪的黑色，一切都凝住不动，生命好像夹在一卷布里，接着从另一处来了一阵风，那些停泊的船突然向湖外漂去，还有那作为警告的隆隆声。以后铜鼓响了，接着是小鼓，然后是低音鼓和铙钹，再以后乌云里露出一道闪光、霹雳跟着响了，诸神在山间咧嘴而笑，舔着他们的腮帮子。之后是一片安静，雨丝打在平静的湖面上沙沙做声。光明、希望和心情的奋发，宿营人带着欢笑跑出小屋，平静地在雨中游泳，他们爽朗的笑声，关于他们遭雨淋的永无止境的笑语，孩子们愉快地尖叫着在雨里嬉戏，有了新的感觉而遭受雨淋的笑话，用强大的不可毁的力量把几代人连接在一起。遭人嘲笑的人却撑着一把雨伞踏水而来。

　　当其他人去游泳时，我的孩子也说要去。他把水淋淋的游泳裤从绳子上拿下来，这条裤子在雷雨时就一直在外面淋着，孩子把水拧干了。我无精打采一点也没有要去游泳的心情，只注视着他，他的硬朗的小身子，瘦骨嶙峋，看到他皱皱眉头，穿上那条又小又潮湿和冰凉的裤子。当他扣上泡涨了的腰带时，我的下腹为他打了一阵死一样的寒颤。

【西班牙】阿索林

徐霞村 译

夜 笛①

四个相似的画面，不断重叠又打开，一支笛子悠长地吹过八十年的岁月，小城依旧，吹笛的孩子已是长须飘飘的老人。同样的人与物的对比，中国古人感慨："木尤如此，人何以堪？"阿索林则不动声色地冷静白描，人生如寄，物是人非，生活依旧，全在那"像一片欲碎的晶体一样的"笔触中缓缓舒卷。

阿索林（1874~1967），西班牙散文家。文笔精致细腻，作品有《西班牙小景》等。

唉，无义的"时间"呀，你做的是什么事呀？
——纪廉·德·卡斯特罗②：《希德的青春》

1820年。一只笛子在夜里吹着：细长，悠扬，忧郁。假如我们从那古老的城门走进这可敬的城，我们就得走上一个很长的土坡。坡下是溪，在溪的旁边，在一个高起的岸上，人们可以看到两行绿叶成荫的老柳，长而宽的、预备供人坐的石凳处处可见。夜色的黑暗使我们只能隐约地看到它们的白影。在一端，在进城处，在溪边荫道的尽头，一线灯光射在路上。这灯光是从一所房子射出来的。让我们走到它前面去吧。这所房子有一间大的前厅，在一边，有一架老旧的织布机；在另一边，在一张斜桌前面，有一位白发的老人和一个男孩。男孩的嘴前有一只笛子。从这笛子里发出一曲悠长的、悲伤的、颤抖的调子，夜是晴朗而且寂静的。在高处巍立着全城的建筑，人们可以看见一个大教堂。在一个院子里有一个池水清澈的池子，人们可以看见一些有着杂货店、造车店、制鞍店的小街，人们可以看见一些刻着阀阅纹章的住宅，人们可以看见一些隐在一座大厦里的花园。凡到这一带来的旅客——到这一带来的旅客是很少的——都要投宿在一个名叫爱丝泰拉的

---

① 选自阿索林《西班牙小景》，徐霞村、戴望舒译，福建人民出版社，1982年版。

② 纪廉·德·卡斯特罗是16世纪西班牙的剧作家。

客栈里。每天晚上,在九点钟,那驿车就要沿着溪边的林荫路驶来,在相当的时间内,当驿车走过这有灯光的房子前时,笛子的细长的声音就要消失在那轧轧的四轮车的旧铁构件和木板的噪声中。接着,笛子便又在夜的深而浓的寂静里吹起来了,到了白天,那老旧的织布机就以它那有节奏的响声织着,织着。

1870年。50年过去了,假如我们想走进这座古城,我们就从那老旧的城门进去。我们在那溪上的桥上走下驿车。驿车每天晚上九点钟到达。

一切都是寂静的。在高处,在城里,人可以看见许多微小的灯光,我们开始登上那土坡。我们把那些老店——我们在《做淫媒的女人》①中找到的那些店——撇在下面。我们现在是沿着那种着百年老柳的林荫道走。在黑暗中,那些石凳的白影看来非常模糊。一线灯光射在路上。我们所听见的这个曲调是从这所房子里出来的吗? 这悠长的、忧郁的,像一片欲碎的晶体一样的曲调? 在这所房子的前厅里有一位老人和两个男孩。一个男孩吹着笛子,另一个则用他那蓝色的、大而圆的两眼沉默而出神地望着他。老人不时地指导着那吹笛的男孩。许多年,许多年以前,这位老人也曾做过小孩。在晚上,在这同一地点,他也曾用笛子吹过那男孩这时所吹的同样的曲调。驿车用一种震耳的声响走了过去,一时之内笛子的清细的声音听不见了,接着它又重新在黑夜里吹起来了。在高处,那些老旧的住宅都已经熟睡了,林荫道上的柳树也睡了,溪水和田野也睡了。过了一小时,笛声停止了,于是那沉默而出神的男孩便向城中走去。在那里,在一所老旧的房子里,他开始读一些字很小的书,一直到睡眠占据了他。只有很少的人到这城里来,假如你来到那里,你就得投宿在爱丝泰拉客栈里。全城没有第二家客栈,它是在拿维兹胡同,即从前的擀面杖路,靠近麦市,在人们从安西尔先生的私家的路到乡下去的路口上。

又过去了多少年了? 随便读者说吧。现在,在马德里,在一间小小的阁楼里,有一个人,生着长长的白须,他的两只大而蓝的眼睛和从前在那古城的夜间出神而潜心地望着另外一个男孩,用一只笛子吹着一些悠长而忧郁的调子的那个男孩的眼睛一模一样。这人穿着清洁而磨得发亮的衣服,他的鞋子是破旧的。他房里有一张桌子,桌上堆满了书,在一只书架上留下很清楚的痕迹。墙上挂着两幅很好看的照片:一幅是一个女人,生着一双多愁的眼睛,额前盘着卷曲的、纤细的、轻柔的发鬈;另一幅是一个女孩子,和那女人同样的多愁,同样的漂亮。但是人们在整个住宅听不到女人的声音。这位生着长须的人有时在一些纸片上写很久的工夫,接着他便走出去,在街上走,带着这些纸片到这家,到那家,他和这个人谈话,和那个人谈话。有时,他所写的这些纸片也和他一同回到家里,他把它们放在

---

① 《做淫媒的女人》按原文译应为《塞莱斯蒂娜》,系15世纪西班牙文学名著。——编者注

一个抽屉里，和那些盖满了灰尘、被忘却的稿子留在一处。

　　1900年。那每天晚上驶上那溪边的土坡，朝着那些硝皮店，沿着那林荫道到这古城里来的驿车已经有几年不走了。人们现在建了一个车站，火车每天在城外停十次，也是在晚上，但是却离那荫道和老桥很远，是在城的另一端。每天很少有旅客来，有一天晚上，来了一个，是一位生着白色的长须和蓝色的眼睛的老人。他穿着一件破旧的大衣，提着一个纸制的提箱走下火车。当他刚走出车站，在公共马车前立定时，火车便穿过田野，向黑夜中驶去了。公共马车把旅客们载到爱丝泰拉旅馆。这是全城最好的旅馆，资格老，信用好。人们已经把它大加改良；它从前是在拿维兹街，但现在人们已把它迁到广场上的一幢大房子里。这位有胡须的旅客上了那辆四轮车，让车载着他走。他不知道人家把他载到了什么地方。当车子在广场上，在旅馆门口停下时，他发现这所房子正是许多年、许多年以前，当他是小孩的时候，他所住的。接着人们又指给他一个房间，这正是他年轻时候读过许多书的房间。一面向四壁望着，这位有须的人在一把椅子上坐下，把他的干瘦的手放在胸前。他想到外边去透透空气。他离开了客栈，开始在街上漫步。他一直步行到那古老的林荫道上。夜是清朗的，寂静的。在夜的深沉寂静里，一只笛子吹着。它的声音像一片晶体一样清脆，这是一个古老的，悠长而忧郁的曲调。一线灯光从一所房子里射出。我们的旅客走到它跟前，看见前厅里有一位老人和一个小孩，小孩用笛子吹着那悠长的调子。于是这位有胡须的人便在林荫道上的一个石头凳上坐下，重新把他那干瘦的手放在胸前。

【法国】加缪

阿尔及尔之夏①

出生于法国殖民地阿尔及利亚的加缪，对这个"未开化"的民族认识不是学究气的居高临下，也不是游客式的猎奇逐艳，他沉入这个民族的生活内部，又保持自己的冷静观察。他看见："阿尔及尔像一张嘴或一处伤口似的，敞开在苍穹之下。"这里欲望是赤裸的、青春是享乐的、生命是激情的，从海滩上的裸体到贴着爱情话语的薄荷糖，从烟草色的肤色到放纵的恋情，让生命像火焰般焚烧，因为人唯一拥有的就是生命，这生命可以活得诚实无欺，"短暂而崇高"。"这民族，完全投身于它的现在，不倚神话而活，不靠慰藉而活。它将其全部财产放置在大地上。"他们是大地与生命的恋人。不为过去和未来而活，而是全力活在现在，这，也是一种生活方式，或许，他们比"文明人"更能体现生命的骄傲。

人们对某座城市的偏爱，往往是秘密的。有着古老城垣的都市，诸如巴黎、布拉格，甚至包括佛罗伦萨，因为他们封闭了自己，因此限定了他们的世界。但是，阿尔及尔（以及其他某些特殊的地方，譬如那些临海的城市）却像一张嘴或一处伤口似的，敞开在苍穹之下。在阿尔及尔，人们眷恋那些平凡无奇的地方：每条街尾的海水、明媚的艳阳，以及土著的健美。此外，始终不变地，阿尔及尔恬然地献出它的美丽，同时散发出一种奥秘的芬芳。人们在巴黎，很可能会怀念那广阔的空间和鼓翼而飞的情调。在此地，至少人的每个愿望都能满足，欲望都能确定，进而能衡量自己的财富。

为了明了到底自然的恩赐会丰溢到如何使人瘫痪的地步，也许人们必须在阿尔及尔住上一段时日。如果一个人想学习、想受教育或长进，此地是一无可取；这国度没有可以教育人的东西。它既不承诺，也不提供您吉光片羽。它安于给予，大量地给予。它的一切，可以被您一眼看穿，一旦您享受了它，便了解了它。它的欢乐是无可救药的，它的愉悦是没有希望的。尤其是它需要能透视万有的灵魂——

---
① 选自王蒙等著《真爱·世纪名家品荐经典大系·散文卷》，长春出版社，1995年版。

也就是说没有抚慰的灵魂。它坚持人类扮演一幕清明的戏，如同扮演一幕信仰的戏一样。奇异的国度啊，它滋育了人的荣华，也滋育了人的苦难！在这个地方，一个敏感的人所禀赋官能上的繁复，竟与最极端的贫困并存，这是不足为奇的。如果我从未感到对于这国度的面目，比对它最贫困的人民有更多的爱情，那么，又有什么值得惊讶的呢？

在整个青春年华中，人们在此寻到一个和自身美丽成正比的生命。然后呢，是下坡路和幽暗的境况。他们明知自己会输，却仍以肉体作赌注。在阿尔及尔，任何年轻有活力的人，都能随处找到避难所和胜利的机会：在海湾里，阳光下，临海阳台上的玩乐游戏中，百花争荣，芳菲灿烂，各种类型的运动场，以及有着冷香凝脂般大腿的姑娘们。但是对那些年华已逝的人们说来，他们会一无所倚，无处无忧郁。其余的地方，如意大利式的阳台，欧洲式的寺院，以及普罗望沙群峦的侧影——在所有这些地方，人们都能解脱人性的束缚，温文地自我解放。但是此地的一切都召唤着孤独和青年人的热血。歌德临死时召唤着光明，这成了历史名言。在贝勒固（Belcourt）和巴贝勒屋檐（Babel-Oned），老年人坐在餐馆深处，倾听着油头粉面的小伙子们摆龙门，吹牛皮。

夏天告诉我们阿尔及尔的这些开场和结局。在那些月份之中，这城市被人们遗弃了。但是穷人依然，青天恒在。让我们加入前者的行列吧，他们往下走向海港，走向男人的宝藏：海水的温暖和女人们棕色的胴体。黄昏时，他们餍足了这些财富，回到油布和油灯下，这两者就是他们毕生的全部布景。

在阿尔及尔，人们不说"去游泳"（go for a swim），却说"去溺泳"（indulge in a swim）。含义很明显。人们在海港里游泳，在救生圈上休息。任何人如果游经一个浮圈，发觉上面漂着一个日光浴的美人，便会对他的同伴们大叫："告诉你们，这是只海鸥！"这些都是健康的玩笑。它们显然构成了这些年轻人的理想，因为大部分小伙子在冬天仍然过着这种生活，每天中午剥光了衣服，在艳阳下享受一顿节省的午餐。这些崇奉肉体的新教徒（有着一个和心灵学说同样闷人的肉体学说），他们并没有读过天体主义者烦人的布道，但他们只是单纯地"在阳光中舒畅"。在这时代，这种习俗实在是再重要不过了。两千年来第一次，肉体赤裸裸地出现在海滩上。人类努力了20世纪，企图文饰熏陶希腊人的蛮横和质朴，企图削减肉身，繁复衣着。而今天，小伙子们把这段历史抛到九霄云外，沿着地中海的沙滩飞奔，摆弄着德罗斯（Delos）运动家的姿势。如此下去，一个人成天处在袒裼裸裎的胴体堆中，彻底享受过肉欲生活之后，他会了解，这种生活有它的内涵，有它的生命。此外——不妨姑妄言之——也有它的心理（Psychology）。肉体的演化，一如心灵，有其历史、盛衰、进步和缺陷。然而，它却有一个特征：肤色。夏天如果您常去海边，您会发现所有皮肤变化的过程都很一致。由白而金黄而红褐，最后以一种烟草色作终结，标示着肉身的变化极限已到。当您在水平面时，烘托在阿拉伯市镇白色背景上的这些人体，形成了一条古铜色的饰带。当八月的脚步愈往后移，太阳愈加升高之时，白色的屋宇也益发刺眼，人们的肤色也呈现了一种更黝黑的颜色。那时，您怎能不参加伴和着艳阳与季节曲调的岩石与肉体的对话呢？整个上午都消磨在潜水和水花飞溅的欢笑声中，再不就绕着红色、黑色的货船，那些船或来自挪威，带着木材的芬芳，或来自德国，充满了油味，或穿梭于地中海岸，散发出酒香和木桶的霉味。刹那间，阳光洒满了穹苍，蓦然抬头，天空中灿烂辉煌，那时，金黄色的独木舟会载满了胴体，疯狂地竞赛着，摇您回家。忽然间，色彩斑斓的双桨那有韵律的拍打停顿了，我们滑进了内港中安静的水域，此时，我怎能不感到我所驾驶着航行过光滑水面的船，是一艘野蛮的诸神之舟呢？而这些神，我却认他们为我的兄弟！

但是在城市的另一端，夏天正以一种相反的方式，奉献出它其余的繁复：它的沉默和它的烦闷。那沉默的性质，不尽始终如一，这得看它到底产生于阴影，或是产生于阳光。政府广场（Place du Gouvernement）上有晌午时分的沉寂。在周遭的树荫下，阿拉伯人叫卖着五分钱一杯，有橘花香味的冰柠檬水。他们那"凉啊，凉啊！"的叫卖声，会传到空旷的广场对面。叫声一过，烈日下的沉寂便再度降临：小贩罐中的冰块晃动着，我可以听到叮咚声。还有午睡时的沉寂（西班牙之人Siesta通常较晚，阿尔及尔沿此习俗），马林区的街道上，邂逅的理发店门前，沉寂可以用空芦苇帘后苍蝇悠扬的嗡嗡声来读量。别处，譬如卡斯坝区的摩尔人餐馆中，肉体沉寂着，无法摆脱自己，无法舍弃那一杯茶，无法以自己血液的跳动去重新拾回时间。但是最重要的是，那儿有着夏夜的寂静。

在这昼夜交替短暂的辰光，一定充满了和我的阿尔及尔牢不可分的奥秘的信息和召唤。当我远离城市一段日子时，我想象它的朝曦暮霭为幸福的承诺。城市背后的山上，乳香树和橄榄树的林荫深处，尽是羊肠小径。在这辰光，我的心每每奔向彼处。我见到黑色的鸟群从绿色的地平线上，蓦然振翼飞起。太阳突然消逝了的天空，有令人宽舒的事物。小股红霞倏起，一直在整个天空中散布开来。顷刻，第一颗星出现了，它在天空深处逐渐形成、固定。然后，突然间，一切尽了，黑夜遽至。这些游离不定的阿尔及尔之夜，到底有什么物质能如此令我感到舒畅呢？我犹未餍足那玉露琼浆，它便消逝在黑夜中，难道这就是它持久弥永的秘密吗？这国度的情爱势如万钧，但来势却轻悄悄的。一旦它来临时，至少人心会全然向它屈膝称臣。巴多瓦尼海滩（Padovani Beach）的舞厅成天开放着。在一面完全临海开敞的长方形大厅内，邻近街坊的穷青年们"蓬拆"到华灯初上。我往往在那儿伫候那异常美妙的一刻。白天的时候，大厅外罩着倾斜的木板凉篷。日落西山后，凉篷就被撑了起来，那时整个大厅充满了天空和海洋两半外壳所造成的一种奇异的绿光。如果一个人坐得离窗户远一点，他只能看到天空，和衬托在其上的一对接着一对舞伴的面庞。偶尔有支华尔兹舞曲在演奏着，绿色背景上的黑色侧影呆板地旋转着，像是附在唱机旋转盘上的人像侧影。顷刻，黑夜来了，灯也亮了。但我无法描述那微妙的瞬间，对我产生的震撼和神秘。我记得有一位高大美丽的女孩曾经跳过整个下午的舞。她穿着一袭紧身的蓝衫，上面挂了一个茉莉花圈，从背后纤小的腰部到两腿，全都被汗湿透了。一起舞，一摆首，便响起了银铃般的笑声。每当她翩翩起舞过桌子，身后便散下一阵鲜花和肉体夹杂的芬芳。黄昏来时，我不能再看到她的身体紧贴着舞伴，但见白色的茉莉和黑色的秀发交互地映在天空上旋转着。当她往后摆动着高耸的胸脯时，我会听到她的笑声并看到她的舞伴的侧影突然间往前一挺，承蒙这些夜晚才使我怀有天真的观念。总之，我了解，不应拆散这些由天空中爆发出狂暴精力的生物，他们的欲念也正产生于天上。

阿尔及尔邻近的电影院里出售的菱形薄荷糖，常常会贴着红色的标签，上面写着一切能唤起人们爱情的话语：（一）问："问君何时带我入洞房？""您爱我吗？"和（二）答："明年春天。""疯狂地。"您准备好之后，把它们传递给邻近的人，他的答复或无二致，再不就装聋作哑，相应不理。贝勒固地方的婚姻就是借这种方式安排的，人们所有的海誓山盟也都起自薄荷糖的交换。这点正好把此地人民的童稚状态描绘得淋漓尽致。

年轻人的特别标记，也许是他们对于逸乐的那种顶呱呱的才能。但是，浪荡的日子其去也匆匆。和巴贝勒屋檐一样，贝勒固的人们年纪轻轻的就结婚成家了。他们很早就开始工作谋生，10年的光阴就耗尽了一生的经历。一个30岁的工人已经发尽了他手中的牌。他处在老婆和孩子之间，等待着终年。他的生命一如其逸乐，来去匆匆，毫无情义。一个人了解他出生在这个一切恩赐终将被剥夺的国度里，紧接着多彩多姿、繁茂丰盛的一生而来的，是生命巨大激情的横扫，其来也突然、确切和慷慨。生命不是被更新的，而是被焚尽的。此问题不包括停下来思想和谋求改善。举例来说吧，地狱的概念在此只是一个有趣的笑话，只有非常有德行的人才会有这等想法；而我确信德行在阿尔及尔是一个毫无意义的字眼。并非这些人没有原则，他们有他们的法典，一部颇特殊的法典。您并不会对母亲无礼不逊。您可以发现妻子在街上被人尊敬。您对一个怀孕的妇人也颇为体贴。您不会对敌人捏紧拳头，仅因为"那样会不好看"。无论任何人，如果不遵守这些基本戒律"就不算个人"，这问题已成定论，这点给我的观感是公道与实在的。我们之中仍然有许多人自动地遵行这条街头法典——这条据我所知是唯一公平的法典。但是同时开铺子人的伦理原则却是不得而知的。每当某人被挟持在警察中间时，我往往见到周遭的人们脸上露出怜悯的神色。在弄清楚事情真相，到底这人是个贼，还是乱伦弑父，或者仅只是个违规者以前，他们会说："可怜的家伙啊！"再不就带着些微的赞羡口气说："不错，他是个海盗。"

有些种族是为骄傲和生命而生的，他们滋育着寻求无聊的最奇怪的才能。在他们之中，对死亡所持的态度是令人厌烦的。除了肉欲的欢乐以外，这种族的诸般消遣是最愚蠢不过的了。保龄球协会、老饕俱乐部、三法郎的电影以及教区的飨宴，供给30岁以上的人消遣。阿尔及尔的安息日是最邪恶的。那么，这个缺乏灵性的种族，怎么可能神话似的蒙上其生命深刻的恐怖呢？任何与死亡有关的事，在这里都显得可笑或可恨。这种没有宗教、没有偶像的人民在群众中度过一生后，孤寂地步入坟茔。据我所知，没有比不悔大道（Boulevard Bru）上的墓场更可怕的地方了，它正面对着世界最美丽的风景。黑色围墙内恶味的累积使得这地点起了一种可怕的忧郁，死亡在此显示出它真正的写照。心形的许愿文刻着："万物凋零，记忆犹存。"一切都坚持这些爱我们的心，廉价供应我们无价的永恒。同样的话适用于一切绝望。他们以第二人称向死者进言（我们的记忆永远不会舍弃您）；悲惨的长辞归因于肉体，其所冀所求充其量不过是一摊黑水。其他的地方，在冷酷的芳菲和鸟儿如死一般的茂密之中，您会读到下面这大胆的断言："您的坟上鲜花将永不匮乏。"但千万不必恐惧：铭文围绕着一束镀金的灰泥花球，对活着的人这倒是颇为节省时间的（正如那些山鼠曲草，它伟大瑰丽的名字得归功于那些仍然能跳上开动中的公共汽车的人们的谢意）。[山鼠曲草（iorteues），法文意为不朽，此草虽枯萎，其形状色泽仍鲜艳如生]能赶上时代才是当务之急，所以古代的啭鸟往往会被一架令人惊奇不已的精铁飞机所取代，它由一个傻不愣登的天使驾驶着，这天使毫不理会逻辑，却拥有一对令人难忘的翅膀。

然而如何能宣称死亡的这些意象永远不会与生命分隔呢？此地所有的价值是密切连缀着的。阿尔及尔开殡仪馆的人，有一桩喜爱的玩笑，他们驾着灵车在路上碰到漂亮的妞儿时，会喊道："要搭车吗，小妹？"我们很容易了解，这事的象征意义；虽然它颇不吉利。同样地，听到一个凶耗时，您的答复说不定会显得亵渎不敬，如果您眨眨左眼说："可怜的家伙啊，他再也不会唱歌了。"或者，像峨朗（Oran）的那娘儿们，她从来没爱过她的丈夫："上帝把他赐给了我，上帝又把他从我身边带走了。"总之，我发现死亡一无神圣气氛，另一方面，我也非常明白恐惧和尊敬之间的遥远距离。此间的一切都暗示着，死亡的恐怖是处在一个邀人生存的国度里。尤其就在这墓地的墙垣下，贝勒固的青年们幽会着，女孩们让人亲吻着、爱抚着。

我深深了解，像这样的民族不可能被所有的人接受。聪明才智在此无立足之地，这点和在意大利不同，这民族对心智漠不关心。他们赞成的是肉体，供奉的也是肉体。由于这种崇拜导出了该民族的力量，它无邪的嘲癖，以及一种童骏性的虚荣心，这种虚荣心说明了它为何如此遭受非议。人们通常责怪这民族的"心智状态"，换言之，一种理解和生活的方式。诚然不错，生命的某种强度和不义行为是无法分割的。然而这是一个没有往昔、没有传统的民族，但并非没有诗歌——这种诗歌的本质我非常了解，粗鲁的、肉欲的、毫不温柔体贴、绝不矫揉造作，正像他们头上的万里穹苍，这是唯一实际感动我、带给我内在平安的诗歌。和文明国际相对的是一个有创造性的国家。我有一个疯狂的希望，也许他们自己并不知道，这些徜徉在海滩上的野蛮人，实际上正塑造一种文化形象，在这种文化中，人类的伟大性终将寻得其真实写照。这民族，完全投身于它的现在，不倚神话而生，不靠慰藉而活。它将其全部财产放置在大地之上，因此对于死亡，它毫不防御。一切肉体美的禀赋，它都不吝地在大地上献出。随之而来的是，一种奇特的贪婪，永远伴随着那没有未来的财富。此地人们所做的每件事，都显示出一种安定的恐怖和对将来的漠视。人们忙着生存，假如此地会产生某种艺术的话，它必定会遵从多利安人塑造第一只木头廊柱时，那种对永恒的仇恨。然而不错，衡量的标准呈现在这民族狂野锐利的面庞上。在这无情的夏空，在它面前，一切真相皆可吐露；在它之上，没有任何骗人的神只会预示希望或救赎的信号。在这无垠穹苍和面对它的千张面庞之间，没有什么神话、文学、伦理学或宗教，有的只是石头、血肉、星斗和那些肉身可及的真理。

人对某地的依恋，对某些人的爱情，知道总有那么一个令人获得内心平安的地点——这些正是单纯生命的确然性。然而这点还不够。在某些时候，一切都渴想精神上的家园。"不错，我们必须回归彼处——是的，就是那儿。"在世间寻求普罗泰纳斯所向往的和谐一致，难道有什么奇怪吗？此间的和谐（Unity）表达在阳光和海洋里。借着肉体的某种香味，人心感触到"和谐"，而肉身构成了这"和谐"的痛苦和壮丽。我了解，在岁月的横扫外，没有什么超人的幸福，没有永恒存在。这些"一无价值"却紧要的财产，这些相关的真理，才是唯一刺激我的东西。至于其余的，"理想的"真理，我没有足够的灵魂去了解他们，这并不是说人应该做禽兽，但我发觉天使们的幸福毫无意义。我只知道，青天会比我存在得更久。舍弃这些我死后仍然长存的东西，我还该称什么为永恒呢？我并非满足现状的人物。那完全是两回事。做人并不容易，做一个纯洁的人更难。但是力求纯洁无异恢复精神上的家园，在那儿人能体会到这世间的关系；在那儿，人的脉搏跳动会和两点钟太阳狂暴的震动一致。我们都知道，当一个人沦落他乡的那一刻，他往往才认识它。至于那些对自我感到过分不安的人，他们的乡土正是否定他们的东西。我不愿显得野蛮和放肆。但是，归根到底说一点，否定我此生的东西，正是首先扼杀我的东西。每件提升生命的事物，同时也增加了生命的荒谬性。在这阿尔及尔之夏，我体会到，只有一件事比受苦更具有悲剧性，那就是快乐者的生命。

但是它或者也正导向更伟大的生命之途径，因为它教导人们诚实无欺。

事实上，许多人伪装着生命之爱，以逃避爱的本身。他们磨练享乐的技巧和"耽溺于经验"的技巧，但那是骗人的勾当。做一个官能主义者，需要罕有的才能。不必倚靠心灵的帮助，生命就能充实，只要他能做生命后退与前冲的运动，同时便怀有生命的孤独与存在。眼见贝勒固的人们工作着，保护着他们的妻孥，经常不出怨言，我想一个人会感到一种潜在的羞耻。当然，对于这点我并无错觉，我所谈到的人们并没有太深的爱情。我应当说没有什么遗留的。但至少他们不逃避任何事物。有些字的意义我从来就没弄懂过，譬如"罪恶"这字眼。然而我相信这些人从来就不曾对生命犯过罪。因为如果确有一种违背生命的罪恶的话，也许对生命的绝望还不及其对来生的希冀和逃避此生难恕的瑰丽要来得大哩！这些人从不欺骗。由于对生命的狂热，他们20岁时无疑是夏日之神，今天他们虽然被剥夺了希望，却依然如昔。我曾见到他们中间的两人去世。他们充满了恐惧，但默默无言。这样倒还不错。潘多拉（Pandora）的箱子打开时，人性中的邪恶便蜂拥而出，当一切都飞出去之后，希腊人抽出了希望：那万物中最可怖的东西。据我所知，没有比它再危险的象征了；因为，和一般信念相反，希望不啻是辞退，而生存不是要自我辞退。

这点，至少，是阿尔及尔之夏的艰苦教训。但季节正在转换，夏日的脚步已蹒跚。经过如此的狂暴和锻炼，九月的初雨恍若大地解放后的第一滴泪水，似乎几天内这国度将温柔地伸出它的纤纤素手。然而就在这当儿，稻子豆树散发出爱的氤氲，掩盖了整个阿尔及尔。黄昏时分或阵雨过后，大地的胚胎湿漉漉地孕育带着苦涩杏仁芬芳的种子，她献身于长夏的炎阳之后，会恬然安息。那种芳香又一度地崇奉着人与大地的联系，并唤醒人们知道这世间唯一真正孳孳不息、刚强有力的爱：短暂而崇高。

【法国】萨特
施康强 译

占领下的巴黎①

二战期间，巴黎沦陷于德国法西斯之手四年，有萨特来阐释一个屈辱民族的心灵悸动。南京、上海、北京、武汉等大批中国繁华都市沦陷日本法西斯之手八年，没有谁出来，没有一个沦陷区的知识分子能像萨特一样出来护卫中华民族的良心。中国没有萨特，中国只有周作人？

许多英国人和美国人来到巴黎时发现我们没有他们想象的那样消瘦，无不感到惊讶。他们见到妇女穿着优雅的连衣裙，似乎还是新做的，男子的上衣远看也不失气派；他们难得看见通常表明营养不良的苍白脸色和生机萎缩。对旁人的关怀一旦失望，便会变成怨恨：因为我们不完全符合他们事先设想的悲惨形象，我很担心他们会生我们的气。可能他们中间已经有人暗自思量，法国是否应该把战败看做一场好运气，因为战败当初使它脱身事外，日后又使它不必付出巨大的牺牲作代价就重新取得强国的地位；可能他们和《每日快报》一样认为，比起英国人，法国人在这四年里过得不算太坏。

我想对这些人说几句话。我想对他们解释：他们错了，德国的占领曾是可怕的考验，法国不一定就能复兴，而且没有一个法国人不经常羡慕他的英国盟友们的命运。但是，就在我着手这项工作时，我感到它的全部困难所在。我已经体验过一次这种困惑，那时我刚获释，人家就询问我当战俘的生活：我怎样才能使没有在俘虏营里生活过的人体会到那里的气氛呢？只要加重笔触，就能描出一团漆黑，而稍加修饰就能使一切显得欢笑、快乐。甚至人们所谓的"一般情况"也不代表真相。需要有许多发明、许多技巧才能表现真相，还需要许多善良的愿望和许多想象力才能理解真相。今天我面临一个相似的问题：怎样才能使一个始终未受奴役的国家的居民懂得被占领意味着什么？我们之间横着一道不可能用言语填平的鸿沟。法国人之间谈论起德国人、盖世太保、抵抗运动和黑市交易时一说就明

---

① 选自郭宏安编《世界散文随笔精品文库·法国卷·那天夜里我看见了巴黎》，中国社会科学出版社，1994年版。

白，因为他们经历了同样的事件，因为他们有相同的回忆。英国人和法国人没有共同的回忆，伦敦骄傲地经历的一切，巴黎却是在绝望和耻辱中经历的。我们需要在谈论自己时不带感情冲动，你们则需要学会听懂我们的声音，学会抓住那些不能言传、只能意会的事情，可以用一个手势或片刻的沉默表示的所有一切。

如果我还是试图让人家看到一点真相，我会遇到新的困难：法国被占领是一个无比巨大的社会现象，它涉及3500万人。我怎么能用他们全体的名义发言呢？小城市、大的工业中心和农村的遭遇各不相同。某一个小村庄从未见过德国人，而另一村里德国人却驻扎了四年。既然我主要住在巴黎，我就局限于描写巴黎沦陷时期的情况。我撇开不谈生理上的痛苦，确实存在但被掩盖起来的饥饿，生命活力的衰退，结核病的蔓延等等；统计数字总有一天会告诉我们，这些不幸曾达到多大的规模，但是说到底英国也有类似的情况；英国的生活水平想必仍然比我们的要高得多，但是你们遭受了轰炸。VI无人机的袭击和军事损失，而我们却没有作战。然而另有别种性质的考验；我想写的正是这类考验，我试图写出巴黎人是怎样体验沦陷生活的。

我们首先必须排除广泛传播的形象：不，德国人不是手执武器在街上溜达的；不，他们不强迫平民百姓为他们让路，给他们腾出人行道；他们在地铁车厢里给老年妇女让座，他们见到小孩就会油然而生柔情，去抚摸他们的脸颊；他们接到命令要行为规矩，于是为了遵守纪律，他们就难为情地、用心地做到规规矩矩；他们有时甚至显示出一种天真的但是找不到用途的善良愿望。你们也别以为法国人对他们总是投去某种充满蔑视的目光。诚然绝大多数居民避免与德国军队有任何接触。但是不要忘记占领是天天存在的事实。有人被问到他在恐怖时期做了些什么，他回答说："我活下来了……"我们每个人今天都可以做同样的回答。我们活过这四年，德国人也活着，就在我们中间，湮没在大城市的统一生活里。前几天人家给我看登在《自由法国》上的一张照片，我不禁发笑了：照片上一个膀圆腰粗的德国军官在塞纳河畔一家旧书摊的书箱里搜寻什么，那位旧书摊主，一个留着典型法国式胡子的小老头用冷漠而忧伤的眼光看着他。德国人得意洋洋，他好像把他瘦小的邻人挤到取景框外面去了。照片下面有一行说明："德国人亵渎了从前属于诗人和梦想家的塞纳河岸。"我当然不认为照片是假的；不过这只是一张照片而已。而且是专断地挑选出来的。肉眼的视野更广阔，摄影师看到几百个法国人在几十只书箱里搜寻，同时看到一个德国人，在这个太大的布景里他显得渺小，单独一个德国人在寻觅一本旧书，他是一个构想家，可能是个诗人——总之是一个无害的角色。在街上散步的德国士兵无时不向我们显示的正是这一无害的面貌。人群遇到他们的制服就自动分开，然后又合拢，他们褪色的绿制服在平民的深色便服中间形成一个浅淡的、谦逊的斑点，简直是期待之中的。

其次，相同的日常需要使我们与他们交臂而过，同一个人流把我们和他们一起卷走，在一起颠簸，相互混杂：我们在地铁里挤着他们，我们在黑夜里撞到他们。当然，如果接到命令，我们会毫无怜悯地杀死他们，当然我们没有忘记我们的敌意和仇恨；但是这些感情已经变得有点抽象，久而久之我们在巴黎和这些实际上与法国士兵很相像的印象之间建立起某种可耻的、很难说清楚的休戚与共的关系。一种不带任何同情心的相互依存关系，确切说是生理上适应后形成的相互依存。最初我们只要见到他们便不舒服，后来，我们逐渐学会对他们熟视无睹，他们已具有一种建制的抽象性质，最终使他们变得无害的，是他们不懂我们的话。我在咖啡馆里不下一百次听到巴黎人就在离一个孤独的德国人两步远的地方肆无忌惮地议论政治，而那个德国人坐在桌子边上，面对一杯汽水，目光茫然。他们对我们来说更像是家具，而不是活人。当他们彬彬有礼地拦住我们——向我们问路时，对我们中大部分人来说这是唯一与他们说话的机会——我们更多感到的不是仇恨而是不自在；说明白了，我们不自然。我们想起自己下给自己的不容改变的命令：决不同他们说话。但是，面对这些迷路的士兵，一种古老的助人为乐的人道主义精神在我们身上复苏了，另一个上溯到我们童年时代的命令要求我们对别人的困难援手相助。于是我们就根据当时的脾气和情境做出决定，或者说"我不知道"，或者说"走左手第二条街"。无论哪种情况下，我们走开时都对自己不满意。圣日耳曼大街上，有一次一辆军车翻倒在地，把一名德国上校压在车下。我看到10个法国人赶上去把他救出来。我确信他们都仇恨占领者；两年后，他们中必定会有几个人成为法国国内力量成员，在同一条大街上向占领者开火。不过当时又是怎么一回事呢？这个压在自己汽车底下的人是占领者吗？该怎么办呢？敌人的概念只有当敌人和我们之间隔着一条火线时才是坚定、明确的。

然而确实有一个敌人——而且是最可憎的——但是他没有具体的面目。至少见过这个敌人的人很少还能回来为我们描述他的模样。我想把他比作一条章鱼，它躲在暗处攫住我们中最优秀的人，使他们消失得无影无踪。有一天你给一个朋友打电话，电话铃在空无一人的房间里响了好久；你去敲他的门，无人应门；如果门房带着你破门而入，你会在门厅里发现两把靠在一起的椅子，椅子腿之间满是扔掉的德国香烟的烟头。失踪者如果是当着他的母亲和妻子的面被抓的，她们会证明说，把他带走的德国人很有礼貌，跟在街上向我们问路的德国人完全一样。当她们到福熙林荫道或者柳林街时，人们彬彬有礼地接待她们，她们临走时偶尔还能听到安慰的话。然而，在福熙林荫道或者柳林街，邻近楼房的居民整天，直到夜深，都能听到惊呼惨叫声。巴黎没有一户人家没有亲友被逮捕、流放或枪决的。似乎城里有好些看不见的窟窿，城市的生命就从这些窟窿里流失，好像它患了找不出确切部位的内脏出血症似的。何况人们很少谈论这些事情；人们掩饰饥荒，更掩饰这一不断的血液流失，这样做部分出于谨慎，部分出于尊严。人们说："他们把他抓走了。"而这个"他们"，就像疯子有时用这个代词来指他们想象中的迫害者一样，指的几乎不是一些活人：不如说是某种有生命的、触摸不到的、焦油一般的物质，它染黑一切，甚至使光明失色。夜里，人们听见"他们"。子夜时分，街面上响起几个赶在宵禁前回家的居民急促的、相互隔开的脚步声之后，便是一片寂静。人们知道，这以后，唯一能在外面走动的是"他们的"脚步。很难让别人也体会到这个空荡荡的城市，这个就在我们窗户底下，唯有他们在活动的"无人区"带给我们的印象。住宅绝对不是可靠的庇护所，盖世太保经常在半夜到清晨5点之间出动抓人。好像房门随时可能被打开，放进一股寒气，一片夜色和3个客客气气的、带着手枪的德国人。即使我们不说出他们，即使我们不去想他们的时候，他们也在我们中间存在。我们感到他们的存在，只因为周围的物件以某种方式不像过去那样完全属于我们，它们变得古怪、冷漠，好像已成为公有的，好像有一个陌生人的目光破坏了我们家庭里亲密无间的气氛。一到早晨，我们又在街上见到一些赶着钟点上班的德国人，他们腋下夹着公文皮包，看起来不像军人，更像穿军服的律师。我们努力在这些不带表情的、熟悉的脸上找到一星半点我们想象了一夜的那种凶残和仇恨。但是找不到。然而恐怖并不因此消散；这种抽象的，不能落实到任何人身上的恐怖可能正是最难忍受的。至少这是占领时期的主要面貌：请想象，一方面是找不到对象的仇恨，另一方面是一个太熟悉了、叫人恨不起来的敌人，而这两者必须朝夕共处。

这一恐怖还有许多别的原因。但是，在进一步说清楚之前，必须避免一个误会：人们切不要把这一恐怖想象成一种强烈的、惊心动魄的情绪。我已经说过：我们活下来了。这就是说人们可以工作、吃饭、交谈、睡觉，有时甚至还能发笑——虽然笑声难得听到。恐怖似乎在外面，附在各种东西上。人们可以暂时不去想它，被一本书，一场谈话，一桩事情吸引过去；但是人们总要回到它那儿去的，于是人们发现它从来没有离开我们。它平静、稳定，几乎很知趣，但是我们的梦想和我们最实际的念头无不染上它的色彩。它既是我们的良知的经纬线，又是世界的意义。今天这场恐怖已经消逝，我们只看到它曾是我们生活的一个组成因素；但是当我们沉没在其中的时候，我们对它太熟悉了，有时把它当做我们心情的自然基调。如果我说它对我们既是不能忍受的，同时我们又与它相处得不错，人们会理解我的意思吗？

据说有些精神病患者总觉得有一个残酷事件打乱了他们的生活。但是当他们试图理解到底是什么事情给他们留下如此强烈的印象，使他们的过去和现在截然断裂时，他们却什么也没有找到，什么事情都没有发生过。我们的情况也差不多，我们无时不感到与过去的一切联系被切断了。传统断裂了，习惯亦然。我们不太理解这个变化的意义，战败本身也不能完全解释这个变化。今天我看清这是什么了：巴黎死了。不再有汽车，不再有行人——除非是某几个钟点在某几街区。人们在石头中间行走；好像所有人都迁走了，而我们却被遗忘，留下来了。首都的边边角角还残留着一些外省生活情趣；剩下的是一座大城的骨骼，气势不凡但毫无生机，它对我们变得太大太空了：人们一眼望不到尽头的街道显得太宽，距离显得太大，远景显得太开阔：人们在这座空城里会迷失方向，巴黎人于是呆在家里或者不离开他们的街区；这些庞大、威严的宫殿一到晚上就坠入绝对的黑暗中，他们害怕在其间穿行。说到这里，也应该避免夸张：我们中许多人曾经喜欢资产者的宁静生活，喜欢这个失血的首都在月光下古色古香的魅力；但是他们的乐趣也染上一丝苦涩：在自己的街上，围着自己的教堂和自己的区政府散步，感到的却是一种掺杂着忧伤的喜悦，与在月光下参加罗马古竞技场和雅典帕提侬神庙一样，世间还有比这更苦涩的事情吗？一切都是废墟：第16区无人居住的华屋关着百叶窗；被征用的旅馆和电影院前设置了白色路障，人们会突然撞上去；酒吧间和商店在整个战争期间都关门停业，老板不是被流放，就是死了或失踪了；雕像只剩下底座；花园不是被七拐八弯的障碍物隔成两半，就是被钢骨水泥的暗堡弄得面目全非；还有楼房顶上所有那些尘灰噗噗的巨大字母，那不再点亮的霓虹灯广告。在商店橱窗里，人们看到的广告好像是刻在墓碑上的文字：随时供应酸菜肉丝、维也纳点心、请到图盖欢度周末、专修汽车。你们会说，我们也经受了一切。伦敦也有过灯火管制和消费限制。这我都知道，但是你们生活里的这些变化的意义与我们的不一样。伦敦即使受到灯火管制，仍是英国的首都，巴黎却不再是法国的首都了。从前条条公路、条条铁路都通向巴黎；巴黎人呆在自己的家里等于呆在法国的中心，世界的中心。巴黎人的野心和爱恋之情囊括世界，他把纽约、马德里和伦敦尽收眼底。贝里高尔、博斯和阿尔萨斯的农庄，大西洋的渔场养育着巴黎，但是我们的首都与古罗马不同，它不是一座寄生城市。它调节交易和民族的生命，它加工原材料，它是法国财富的转盘。停战以后一切都改变了，国土一分为二，割断了巴黎与农村的联系；布列塔尼和诺曼底海岸变成禁区；一堵水泥墙把法国和英国、美国隔开。还剩下欧洲，但是欧洲是一个令人发指的名词，它意味着奴役；历代国王的都城丧失了一切，连同它的政治职能也被设在维希的傀儡政府夺走了。法国被占领军分割成互不来往的省份，它把巴黎给忘了。这座名城变成一个平淡无奇、不起作用的大量居民集中点，它只能凭吊昔日的光荣，人们不时给它打补丁以维持它的生命，全靠德国人决定每周放入一定数量的列车，它才能苟延残喘。只要维希稍加顶撞，只要拉伐尔向柏林输送劳工时不够爽快，人们马上停止给巴黎打针。巴黎在空荡荡的天宇下憔悴，饿得直打呵欠。它与世隔绝，别人出于怜悯或者出于自己的打算才养活它，它只有抽象的、象征性的存在。这4

年里,法国人无数次在食品杂货店的橱窗里看到成排的圣埃米里翁酒或墨尔索酒瓶。他们被吊起胃口,走近去看个仔细,却读到一条告示:卢浮宫仅供陈列。巴黎也一样,它只是一个空架子。一切都被掏空了:罗浮宫里没有画,国民议会里没有议员,参议院里没有参议员,蒙田中学里没有学生。德国人为了维持门面而组织戏剧演出、赛马和兴味索然的庆祝活动,这不过是为了向世界证明法国安然无恙,既然巴黎还活着,这是中央集权制度造成的奇特后果。至于英国人,他们用炸弹把洛里昂、卢昂或者南特夷为平地,但是决定不去碰巴黎。于是我们在这奄奄一息的城市里享受到一种象征性的、死一般的安静。在这块孤岛周围,钢铁和火焰如雨水从天而降;但是,如同我们未被接受参与我们的外省的劳作一样,我们也没有权利分担它们的痛苦。一个象征:这个勤劳、爱动怒的城市变得只是一个象征。我们面面相觑,自己问自己,是否我们本人也成了象征。

这是因为,这四年里,人们抢走了我们的未来,必须依赖别人为生。而对于别人,我们不过是物。英国的广播和报刊无疑对我们表示了友情。但是除非我们太自负或者过于天真,才会相信英国人为了解救我们才打这场伤亡惨重的战争。他们英勇地手执武器捍卫自己的根本利益,我们知道,在他们的考虑中,我们不过是许多因素中间的一项因素。至于德国人,他们想的是怎样用最好办法把这块土地并入"欧洲"整体。我们感到自己的命运从我们手里滑走;法国像人家放在窗台上的一盆花,天晴时拿出来,天黑了又搬回来,从不征求这盆花本身的意见。

大家知道有一种所谓"丧失自我意识"的病人,他们突然认定"所有的人都死了",因为他们停止把自己的未来投射到自身之外,因为这样一来他们就停止感到别人的未来。最令人痛苦的,可能正是所有巴黎人都丧失了自我意识。战前,如果我们有时满怀同情看着一个孩子,一个年轻男人或女子,那是因为我们预感到他们的未来,因为我们从他们的手势,从他们脸上的皱褶里隐约猜到他们的未来。因为一个活人首先是一个计划,一项事业。但是占领剥夺了他们的命运:我们不比一枚铁钉或门上的插销有更好的命运。我们所有的行为都是暂时的,它们的意义限于它们被完成的那一天。工人在工厂里干一天活算一天:第二天就可能断电,德国可能停止运来原料,人家可能突然决定把他们押送到巴伐利亚或者帕拉丁纳去做苦工;大学生在准备考试,但是谁又敢保证他们准能参加考试呢?我们观看自己,看到的却像是死人。这种非人化,这种把人化为木石的现象实在难以忍受,所以许多人为了逃脱它,为了找回未来,就投入抵抗运动。奇特的未来,酷刑、监狱、死亡挡在前面,但是至少这是我们自己用双手创造的未来。不过抵抗运动仅是一种个人出路,而且我们一直知道这一点:没有抵抗运动英国人照样能打赢战争;如果英国人注定要打输的话,有了抵抗运动也无济于事。抵抗运动在我们心目中有一种象征价值:因此许多抵抗运动成员是绝望的:他们也是象征。

在一座象征性的城市里发动的象征性叛乱；唯有酷刑是真实的。

于是我们就被置身局外。对于我们不再打的这一场战争，我们还因不能理解它而感到耻辱。我们从远处看到英国人和俄国人适应了德国的战术，而这期间我们仍在回味我们1940年的失败；我们败得太快，什么也来不及学。今天不无嘲讽地庆贺我们躲过这场战争的人不能想象，法国人本来多么愿意继续战斗。日复一日，我们看到我们的城市被摧毁，财富被销毁；我们的年轻一代萎靡不振，300万同胞在德国受尽磨难；法国的出生率大为下降。还有什么战役的毁灭性超过这一切？我们本会乐意做出这些牺牲，如果它们能加快我们的胜利的来临，但是现在这些牺牲没有任何意义，毫无用处，或者说它们对德国人有利。还有下面这一点，可能大家都理解：最可怕的，不是受苦，也不是死去，而是白白受苦，白白死去。

在被绝对遗弃的境地中，我们有时看到头顶上掠过盟友的飞机。我们的处境实在古怪，以致警报器宣告这些飞机是敌人。命令毫不含糊：必须离开办公室，关闭店铺，躲进防空洞。我们从不服从：我们呆在街上，昂首望天。不应该把这一违抗纪律的行动看做徒劳的反抗或者愚蠢的硬充好汉：我们在绝望地注视我们最后剩下的友人。这个坐在驾驶舱里从我们头顶上飞过的年轻飞行员，他以看不见的联系与英国、与美国拴在一起，他代表整个巨大而自由的世界占满了天空。但是他带来的唯一信息却是死亡的信息。人们永远不会知道，我们必须对盟友抱有多大信念，才能继续爱他们，才能和他们一起愿意他们在我们的土地上大肆破坏，才能不顾一切地把这些轰炸机当做英国的脸庞来欢迎。如果炸弹没有命中目标，掉在居民区里，人们就想尽办法来辩解，有时人们甚至指责是德国人扔下炸弹以便挑拨我们和英国人的关系，或者是德国人故意迟发警报。大轰炸时期，我曾在勒阿弗尔一位战俘营的难友家里住过几天。头一天晚上，我们围着一台无线电收音机坐下，一家之主带着既天真又令人感动的庄严神情转动收音机的旋钮；他好像在主持弥撒。正当我们收到BBC的首次新闻节目时，我们听到远处传来隆隆的飞机声。我久不能忘在场一位妇女既惊恐万状又大喜欲狂，她小声说道："英国人来了！"一刻钟内，他们在椅子上端坐不动，不管爆炸声越来越近，全神贯注倾听伦敦的声音；他们觉得收音机里的声音更加实在，而他们头顶上的飞机编队赋予这个声音以五官四肢。但是这类坚信不疑的行为要求精神始终处于紧张状态，还经常要求人们压下心头的愤怒。当洛里昂被夷为平地，当南特市中心被毁灭，当卢昂的腹心受到轰炸时，我们强压下心头的愤怒。但愿你们能猜到这样做需要多大的克制力。有时候怒火无法抑制——然后人们又说服自己不要听凭情绪冲动。我记得1944年7月，我坐火车从商蒂依回巴黎时遭到飞机上的机枪扫射。这是一列与军事目标完全无关的郊区客车；三架飞机掠过；几秒钟内，头一节车厢里就有3名乘客被打死,12名受伤。乘客们站在铁道上,看着死者和伤员被放在担架和绿色长椅上抬走——担架不够,人们把附近车站月台上的长椅也搬过来了。激动和气愤之下,乘客们个个脸色煞白,人们咒骂你们,人们责备你们野蛮,不近人情:"他们有必要袭击一列无力自卫的客车吗?难道莱茵河那一边的活还不够他们干的?他们最好到柏林去!可不,那边的高射炮想必让他们害怕了。"等等。然后,突然有人找到了解释,"听着,通常他们总是瞄准机车,这样不会伤害任何人。只不过今天人家把机车编在最后;于是他们就朝头一节车厢开枪了:他们飞得那么快,没有发觉这个变化。"大家立即闭口不语:人们心头轻松了,因为飞行员没有犯下不能原谅的错误,因为我们可以继续爱你们。我们经常受到诱惑,很想恨你们,我们必须与这种诱惑斗争:在我们遭受到的不幸中,这可不是最小的一件,我们眼看你们在城市近郊造成的火场上冒起浓烟,我们那时候孤独到了极点。

然而我们不敢埋怨:我们内心有鬼。这一隐秘的耻辱折磨我们,我首先在被俘期间体验到这种耻辱。战俘们是不幸的,但是他们做不到对自己生怜悯之心。他们说:"想想,我们将来回去了,人家会怎样对待我们!"他们的痛苦又干又涩,令旁人不悦,还因为他们觉得自己理应受惩,这痛苦就像掺着毒药。他们感到自己愧对法国。但是法国愧对世界。为自己的不幸伤心落泪也能带来安慰。但是当我们到处受到蔑视时,我们又怎么可能怜悯自己呢?和我同一个战俘营的波兰人毫不掩饰他们对我们的轻蔑,捷克人则责怪我们在1938年抛弃了他们。有人告诉我,一个从战俘营逃出来的俄国人躲在安茹一名法警家里,他谈到他们时老挂着微笑:"法国人,兔子!兔子!"你们自己对我们也不是一直都很温和,我还记得我们听斯穆茨元帅的某次演说时不得不强行保持沉默。这以后,当然我们转过这样的念头:索性屈辱到底,再增添一些。也许我们本有可能为自己辩护。世界上三个最大的强国花了四年才打败德国;当我们单独抵抗德国的攻击时,我们一上来就被打垮不是自然而然的事吗?但是我们不想辩解:出于为国家赎回荣誉的需要,我们中最优秀的人投入抵抗运动。其他人迟疑不决,内心不安;他们反复咀嚼自己的自卑情结。有一种痛苦人们必须承受:既不能认定自己不该遭此报应,又不能把它当做赎罪手段,你们难道不认为这是世界上最难忍受的?

但是,正当我们就要陷入不能自拔的悔恨之中的时候,维希政府成员和合作者们试图把我们推进去,结果反而使我们止步不前了。占领,这不仅是战胜者在我们的城市里长住下来,这也是他们所有的墙上,所有的报纸上愿意让我们看到的我们自己不堪的形象。合作者们首先呼吁我们要正视现实。他们说:"我们打败了,输要输得漂亮:承认我们的过错吧。"紧接着又说:"应该承认法国人轻浮、冒失、爱吹牛、自私。我们一点不了解别的民族。战争是我们国家分崩离析时突然袭来的。"墙上的幽默招贴嘲笑我们最后的希望。面对如此卑劣的行为，如此拙劣的计谋，我们倒想为自己感到自豪了，可惜，我们刚抬起头就在自己身上重又找到我们真正的悔恨理由。我们就这样整天六神无主，感到不幸却又不敢对自己明言，蒙受耻辱同时羞愧得无地自容。我们的不幸达到顶点：我们每走一步路，吃一顿饭，甚至吸一口空气，都不能不与占领者同流合污。和平主义者们在战前一再向我们解释，一个被侵占的国家应该放弃战斗，作消极抵抗。这话倒是好说，但是为了使消极抵抗有效，火车司机必须拒绝开车，农民必须拒绝犁地。这样做的话，战胜者可能会感到不方便——虽然他们可以从自己国土上取得给养——可是被占领的民族肯定过了几天就会统统死光。因此必须工作，为民族维持徒具外观的经济组织，不管经历多少毁灭和抢劫，为它保存最低限度的活力。然而最微小的经济活动也对敌人有利。敌人扑到我们身上，把他的吸盘紧贴住我们的皮肤，与我们同生共死。我们的血管里生成的每一滴血都有他们一份。人们关于"合作者"谈论得很多。诚然，在我们中间有真正的法奸：对他们我们不引以为耻；每个民族都有自己的渣滓，总有那么一批不得志、心怀怨恨的人利用灾难或革命得逞于一时；一个民族组合中有吉斯林或拉伐尔这样的人存在本是正常现象，如果同自杀率或犯罪率一样。但是我们感到不正常的是国家的处境，全国都在与敌人合作。游击队员是我们的骄傲，他们不为敌人工作；然而农民如果想养活游击队员，就得继续饲养家畜，而其中一半必定被运到德国。我们的一举一动都有双重意义：我们永远也不知道应该完全责备自己呢，还是完全赞同自己：一种微妙的毒汗使我们最好的举动也带上毒素。我只举一个例子：火车司机和司炉工是令人钦佩的。他们的冷静、勇气和经常表现的献身精神拯救了成千上万人的生命，他们使载着食物的货车安抵巴黎。他们中大部分人是抵抗者而且证明了这一点。但是他们热心保护法国铁路器材却对德国有利；这些被奇迹般保存下来的机车随时可以被征用；他们搭救下来的人中，也有前往勒阿弗尔或瑟堡的军人；运送食品的列车也载着军用物资。所以，这些本心只想为同胞效劳的人势所必然站在我们的敌人一边，反对我们的友人；每当把勋章挂在他们胸前时，实际上是德国向他们授勋。从战争开始到结束，我们没有承认自己的行为，我们无法要求对自己行为的后果负责，病毒无所不在，任何选择都是坏的，然而又必须选择，并且对之负责；我们的心脏每一次跳动都加重一分我们的犯罪感，我们为之毛骨悚然。

维希政府一直要求我们团结一致。如果我们能团结起来反对维希政府，我们被迫过的这种卑污生活可能会变得易于忍受一些。但是不幸未必就能使人靠拢。首先，占领使同一个家庭的成员散处世界各地。某位巴黎工厂主把妻子和女儿留在自由区，因此——至少在头两年里——不能见到她们，也不能给她们写信，除非寄明信片；他的长子关在被俘军官营里，他的幼子投奔戴高乐去了。不在巴黎的人似乎没有离开巴黎，我们整整四年沉浸在对远方友人的宝贵回忆里，在想念他们的同时，我们回忆着一去不复返的生的温馨和骄傲。不管我们多么努力，回忆随着岁月的流逝逐渐淡化，亲友的面目变得模糊不清。一开始人们经常谈到被俘的亲友，后来就越来越少了；并非人们不再想念他们，而是因为，他们起先在我们心里有痛苦的、明晰的面目，后来变成敞着大口子的空位置，逐渐与我们贫血症混为一体。我们像缺少脂肪、糖或维生素一样缺少他们。其程度同样彻底，难分轩轾。同样消失了巧克力或鹅肝酱的回味，对某些阳光灿烂的日子的记忆，对7月14日巴士底广场的舞会，与情侣的一次散步，海滨的一个夜晚，以及法国的光荣的回忆。我们的生理需要缩小了我们的记忆。因为人什么都能将就，我们又有了新的耻辱：凑合着我们的贫困，我们饭桌上的芜菁甘蓝和我们仍享有的少得可怜的自由，乃至我们干涸的内心活下去，我们变得日益简单化，最后我们只谈论食物，与其说这是出于饥饿或对明天的恐惧，不如说因为寻找食物"来路"是我们唯一够得着去做的事情。

何况占领唤醒了古老的纠纷，加剧了法国人之间本来就存在的不和。法国分成北区和南区，使巴黎和外省以及北方和南方之间古老的对立重新复活。克莱蒙——费朗和尼斯的居民指责巴黎人与敌人达成协议；巴黎人责怪自由区的法国人都是"软蛋"，说他们因自己未"被占领"，盛气凌人地显示怎么的满足心理。在这一方面，应该说德国人践踏停战条约，把全法国置于占领军直接控制下，倒是帮了我们一个大忙：我们重建了我们民族的团结。但是别的冲突依然存在，例如农民与市民的冲突。农民长期以来一直以为自己受城里人的蔑视，这下轮到他们报复，对城里人趾高气扬了；后者反过来指责他们为黑市提供货源，存心使市民挨饿。政府则火上加油，它发表的讲话一会儿把农民捧到天上，一会儿责备他们把收获隐藏起来。豪华餐厅的倨傲气派更使工人与资产阶级敌对。说实话，光顾这类场所的主要是德国人和一小撮"合作者"。但是这类场所的存在使社会的不平等有目共睹。劳动阶级也不可能不知道，主要是他们被征发到德国去做劳工，资产阶级没有或几乎没有被触动。据说这是德国人运用策略的结果，他们有意挑起不和，或者这只是因为工作对德国更有用？我不知道该怎么想。但是这也是我们不能有明确见解的一个标志：我们不知道应该为大学生中的大多数免于流放而庆幸呢，还是应该出于患难与共的精神，希望这一厄运没有区别地打击所有社会阶层。为了面面俱到，需要指出，战败加剧了两代人之间的冲突。4年内，1914年的老兵责怪1940年的士兵们打输了战争，而后者又指责他们的前辈丢失了和平的机会。

不过你们不要想象法国陷于四分五裂。真相没有那么简单。这些争执主要表现为一个巨大的、笨拙的团结愿望的阻碍。可能历史上从未有过如此多的善良意愿。人们朦胧地向往着新秩序的来临。雇主就整体来说，倾向于对雇员让步。无论何地，每当两名地铁乘客在拥挤的车厢里互不相让，每当一个不够灵活的骑自行车者与一个躲避不及的行人发生争执，人群里总有人轻声说："这又何苦呢！法国人之间还吵架，当着德国人的面！"但是占领造成的局面本身，德国人在我们之间树立的壁垒以及秘密斗争的需要，使得这些善良意愿在大多数场合派不上用场。所以这4年是一个漫长的、无力实现的团结之梦。当前局势之所以紧急、令人焦虑，也在于此。壁垒倾圮了，我们的命运握在自己手里。是重又复苏的古老纠纷，还是这个巨大的团结愿望将取得胜利呢？你们从伦敦望着我们，请你们大家多少保持一点耐心。占领时期的回忆还没抹掉，我们刚刚醒过来。拿我来说，我在街角遇到一名美国兵时，会本能地突然一惊：我以为他是德国人。反过来，一名躲在窖里的德国军人迫于饥饿出来投降，巴黎解放后半个月他就可以骑自行车在香榭丽舍大街畅行无阻。人们太习惯德国人的存在了，以致对他们视而不见。我们需要许多时间才能忘记过去，而明天的法国还没有露出它的真面目。

　　但是我们首先请你们理解，占领往往比战争更可怕。因为在战争中每个人都可以表现自己是男子汉，而在占领这一暧昧的处境中我们真的不能行动，甚至不能思想。在这个时期——抵抗运动除外——法国大概说不上始终表现得很伟大。但是你们首先应该理解，积极的抵抗必定只能限于少数人。其次，我以为，这一小部分人义无反顾地自愿以身殉难，他们足以补偿我们的种种软弱之处。最后，如果这篇文章能帮助你们衡量我们国家的羞辱，在极度厌恶，在愤怒中忍受的一切，我以为，你们会和我一样认为它有权得到尊重，包括它的过失在内。

【法国】左拉

黄继忠 译

我控诉①
——致法国总统公开信

　　这是法国自然主义小说家左拉写给法国总统富勒的一封公开信。1894年，法国军方以间谍罪判处犹太血统的军官德莱夫大尉终身监禁。3年后，军方发现这是一桩冤案，却坚持维持原判。左拉察知实情以后，于1898年发表了这封公开信为含冤者鸣不平，震动朝野。左拉因此被判处一年徒刑和罚款3000法郎，在宣判的当天他逃亡英国。1899年，德莱夫在重审中仍被判处10年徒刑，直至1906年才完全平反。作家法朗士在左拉的葬礼演说中盛赞他的人格，称他在德莱夫案件中的行为是表现"人类良心的一个关头"。作家并不只是躲在象牙塔里爬格子，面对社会的不公，他应该具备敏锐的感应和反抗的勇气。

总统先生：

　　为报答你往日对我的恩惠，请允许我对你当之无愧的荣誉表示关注，并告诉你：你迄今为止一直洁白无瑕、一帆风顺的记录，现在有沾染上最可耻而且永远洗刷不掉的污点的危险。

　　你安然无恙地逃脱过许多卑鄙无耻的诽谤；你赢得了全国人民的爱戴。你在每次洋溢着光荣气氛的爱国庆典中，无不显得容光焕发……如今正准备主持显示我们宏伟成就的万国博览会，它将成为我们这个以工作、真理和自由为标志的伟大世纪的顶峰。然而，通过这次可恨的德莱夫事件，人们对你的名字（我原想说你的统治）扔了一把多么龌龊的烂泥啊！就在最近，一个军事法庭奉上级之命，竟然敢把一个名叫埃斯特海西的人宣判无罪——这无疑是对一切真理和公义一记最响亮的耳光！事情居然就这样干了；法兰西脸上打上了这个烙印；历史书上曾记载道，这样一桩社会罪行是在你执政期间发生的。

------

　　① 选自姚春树主编《外国杂文大观》，百花文艺出版社，1994年版。原题《上法国总统书》，标题为编者所拟。

　　既然他们肆无忌惮，我也不妨放肆一点。我要揭露事实真相，因为我曾发誓要这样做，设若受命于民的法庭不能不折不扣、毫不含糊地做到这一点的话。仗义执言是我义不容辞的事；我并不想当同谋犯。如果我不伸张公义，那无辜的阴魂每天夜里都会来缠我，因为他在为一个莫须有的罪名受尽严刑拷打。

　　总统先生，我要向你倾吐事实真相，作为一个正直的人，我不由义愤填膺，怒发冲冠。所以向阁下揭露，因为我深信你对这一罪行，一无所知。而且，你是全国最高行政长官，不向你说，那我向谁去告发这伙恶毒的真罪犯呢……

　　我控告杜·帕蒂·德·克兰姆上校为这一冤案（姑且相信不是故意造成的吧）恶毒的主谋人，而且3年来一直用一些荒谬绝伦、令人发指的阴谋为其罪恶行径进行辩解。

　　……

　　最后，我控告第一个军事法庭侵犯人权，他们根据对犯人本身秘而不宣的证词给犯人定罪。我控告第二个军事法庭下令掩盖这一非法行为，本身又犯有明知其人有罪，却判其无罪的司法罪。

　　提出这些控告时，我明知自己可能受到1881年7月29日颁布的惩治破坏名誉行为的诽谤法第30条和31条的处分。我自愿担此风险。

　　关于我控告的那些人，我与他们素昧平生，从无一面之缘，我对他们既无怨，又无仇。他们对我来说只不过是几个客观存在的人，社会上渎职行为的代表而已。我现在采取的行动只不过是个革命步骤而已，目的在于加速事实真相的揭露，并伸张公义。

　　为了受尽苦难、有权利享受幸福的人们，我只有一个强烈的欲望——追求光明。我的激烈抗议只不过是我的灵魂的呐喊罢了。好吧，他们有胆量就把我带到上级法院去，在光天化日之下开庭审判我吧。

　　谨拭目以待。

　　总统先生，请接受我最深切的敬意。

埃弥尔·左拉

【苏联】高尔基

朱希渝 译

不合时宜的思想①（3则）

1917年至1918年，十月革命前后，高尔基（1868~1936）在自己主编的《新生活报》发表了约80篇系列时评，在国家命运发生急剧变化的历史关头，以一名知识分子的清醒和良知，守护着一个民族的良心。在革命到来之前，他像"海燕"一样呼唤过"暴风雨"的到来；在革命发生之时，高尔基又像一只栖息在屋顶上的雄鹰——在俄罗斯的精神天空上，四面瞭望，四处出击，对苏维埃的暴力、对持不同政见的学者的被迫害和文化的被摧残、对民众的愚昧和暴虐，他英勇地发出了不合时宜的声音。这种声音引起了列宁的不满，引来了暴民要暗杀他的恐吓。但他一直在呐喊着，直到报纸被查封，他仍然固执己见与列宁通信："我坚决抗议这一杀戮本来精神就相当贫乏的人民的大脑的策略。""我们在拯救自己的小命的同时正在割人民的头，在消灭他的大脑。"他有一种高贵的自觉：知识分子是"一个民族的头脑和良心"；他有一种清醒的政见："在走向自由的时候，不可能把对人的爱和关心抛到一边。"

读高尔基的《不合时宜的思想》，从第一页到最后一页，我都有过错觉：这里写的是中国，文章是在几个时期发表的——民国时代，作者是鲁迅；1949年，作者空白；1966年，作者仍然缺席……现当代中国，知识分子没能发表自己的《不合时宜的思想》，这本身是20世纪汉语思想界的一个被埋没的重大事件。

《新生活报》，1917年5月俄历2日（公历15日），第12期

还没有等到士兵代表苏维埃就往前线派遣演员、画家和音乐家一事作出决定，伊兹迈洛夫团的一个营委员会就要往战壕里派遣43名演员，其中包括非常有

①选自高尔基《不合时宜的思想》，朱希渝译，江苏人民出版社，1998年版。

天才的、宝贵的文化人。

这些人都不懂军人的工作，也未受过战斗事务的训练。他们不会射击。只是今天他们才第一次被带到射击场上去过，而星期三他们就将开赴前线了。就这样，这些宝贵的连自己都不会保卫的人即将去参加屠杀了。

我不知道伊兹迈洛夫团的那个营委员会是由哪些人组成的，但我确信，那些人"不知道自己在干些什么"。

因为把天才的艺术家们派去打仗，就像给拉车的马挂上金马掌一样，是一种浪费和愚蠢。而不对他们进行军事业务的训练就把他们送上前线，这无异于将无辜的人判处死刑。我们正是因为这种对待人的态度才诅咒沙皇政权的，也正是因此我们才将它推翻了的。

人群中的蛊惑家和奴才们也许会对我叫嚷：

"那平等呢？"

当然，平等我是不会忘记的。我也曾耗费不少力气去证明：对人来说，政治和经济的平等是必需的；我知道，人们只有在这些方面平等的情况下才有可能变得更真诚，更善良，更有人性。成就这次革命就是为了使人生活得更好，为了使人本身变得更好。

但是我应该指出，对我来说，作家列夫·托尔斯泰或者音乐家谢尔盖·拉赫玛尼诺夫①，乃至每一位天才的人，同伊兹迈洛夫团的营委员会是不平等的。

假如托尔斯泰自己感到有把子弹打入别人的脑袋或把刺刀插进别人的肚子的愿望，那么魔鬼自然将哈哈大笑，白痴们也将与魔鬼一同欣喜若狂，而那些把天才看做大自然的神奇礼物、文化的基础、国家的骄傲的人们却会再度泣血痛哭。

不，我从心底里反对把有天才的人变成可憎的士兵。

我要问一问士兵代表苏维埃：它是否认为伊兹迈洛夫团那个营委员会的决定是正确的？它是否同意俄国把自己心头最好的肉——自己的艺术家们、自己的具有天才的人们投进战争的无法填满的血盆大口中去？

还有，在把我们最优秀的头脑消耗殆尽之后，我们将靠什么生活呢？

蛊惑的果实
《新生活报》，1918年1月俄历5日
（公历18日），第3期（总第217期）

一群彼得格勒社会机构的职员给我写来了下面这些文字：

---

① 谢尔盖·瓦西里耶维奇·拉赫玛尼诺夫（1873~1943），俄国著名的作曲家、钢琴家、乐队指挥家。著有歌剧《阿列果》（1892）、《吝啬的骑士》（1904）等，十月革命后离开俄国，1918年起侨居美国。

"读着您先前的文学作品，就会想到您这个人对眼下的迫切要求最为敏感，您的心对被压迫的人民最为善良。我们还知道您的意见在人民中有何等的权威，所以我们现在也还在等待您的能使全体劳动者团结起来的有力的话语，而绝不是您在您的《蛊惑的果实》(《新生活报》，第208期)中所写的那些话。读着那些话，简直弄不懂您这是想向普梯洛夫工厂的'孩子们'说些什么。我们觉得，在这一重要问题上您很多东西都没有讲到，或者您是有意识这样做的，为的是不让中等水平的人一下子懂得您的意思，或者您就是不想清楚而详尽地回答这一问题。我们想，既然您想教育这些孩子们，既然孩子发问，那么老师就应该回答他们的所有问题，回答得清晰、准确，而且特别重要的是公正。但您好像没有这样做，您只是在论战。"

我不明白这"一群职员"的困惑，因为我觉得，我对普梯洛夫工厂那封信的作者们回答得非常明白而清楚了。

他们在给我的信中写道："如果您要批评人民委员的政府的话，那我们就封掉《新生活报》。"

我回答："《新生活报》将要像批评其他任何一个政府那样批评人民委员的政府。"为了更好地教育他们，我又补充说："在《新生活报》工作的人们同卑鄙之徒及骗子们的专制制度作斗争并不是为了用野蛮人的专制代替他们的专制。"

因为用外在的强暴进行威胁是野蛮人的威胁，自由的公民们不应当在思想斗争中采取这种手段。

一切都再明白不过了，那"一群职员"有什么不明白的呢？

接下去这"一群职员"写道：

"我们还不明白，按您的说法，苏维埃的政府——工人阶级在其中占优势——会用什么方法，怎样'毁掉工人阶级'。"

"这就像揪着头发想让自己离开地面一样。"

只是因为"工人阶级在政府里占优势"，还不能得出结论，认为工人阶级懂得政府所做的一切。"苏维埃政府"告诉工人，在俄国实现社会主义制度是可能的。

《新生活报》用一系列文章——这些文章没有遇到政府的那些机关刊物方面的实质性反驳——声明并还将继续声明：我国没有引进社会主义所应当有的条件，斯莫尔尼宫的政府对待俄国工人就像对待树枝一样——它点燃这树枝是为了试一试，用俄国的篝火能燃起全欧革命的烈火吗？

这就是按"撞大运"的方式行动，不怜惜工人阶级，不考虑他们的未来和俄国的命运——让俄国毫无意义地燃烧吧，让它化成灰烬吧，只要能做试验就行。

狂热分子们和乌托邦主义者们就是这样干的，但是工人阶级的明智而文明的部分却不能这样干。

所以我断言：有人在拿俄国无产阶级做试验，而无产阶级将为此付出自己的鲜血、生命并长久地对社会主义理想本身感到失望。这是最糟糕的。

应当记住，如果"沙皇的轻率能够消灭几代人"，那么被权力的毒汁所陶醉的人都不乏这种"轻率"。

那"一群职员"的信带着恶意，而且还点缀着各种类似指责我有"私人的别墅①"等的双关语。

我想一劳永逸地向这"一群"人和其他的双关语的爱好者声明，我并没有"私人的别墅"，我靠我的生活经验和我的知识的资本生活，我既衷心希望那群职员，也衷心希望所有其他在没有拥有"私产"之前真诚地憎恨"私产"的人拥有这一资本。不过，即使我有私人的别墅，我也并不觉得自己是一个罪人。

我真想问一问这"一群"人和所有其他的寄给我的恶毒的信函的作者：公民们，为什么你们总是发狠；为什么你们的信充满如此大的火气，如此尖刻的挑剔和讽刺？

要知道你们现在已经不是"被压迫的人民"，而是胜利者，你们应当感到一种自己的神圣希望正在实现的人们的平静的自信。你们曾如此长久而耐心地等待别人能公正地对待你们。现在你们有责任公正地对待所有的人，有责任关心所盼望的公正在全世界的胜利。

可你们却总是发狠，总是又喊又骂。为什么呢？

不改变你们的感情，不改变你们对你们自己和别人的态度，你们就无法改变令人讨厌的生活环境。

在"文化与自由"协会的
莫斯科公众大会上的讲话
《新生活报》，1918年6月俄历17日
（公历30日），第126期（总第341期）

证明文化教育工作的必要性是多余的，这一必要性是显而易见的。我们马路上的肮脏的石块和人们心灵及大脑中千百年的污垢，都在雄辩地强调这一必要性。现在，我们比以往任何时候都更加清楚地看到，俄国人民所沾染的愚昧是何等的深重，自己国家的利益与他们格格不入到了何等严重的程度，在公民义务方

① 当时俄国及欧美其他国家的报纸上曾刊登过关于高尔基购置了私人别墅的谣传。

面他们是何等野蛮、落后,他们的历史感、对自己在历史过程中的位置的理解发展得何等幼稚。

说到"俄国人民",我指的绝不只是工农劳动群众,不,我说的是所有的人民、人民的所有阶级,因为愚昧和不文明是整个俄罗斯民族的特点。在这上亿的被剥夺了关于生命价值的概念的愚昧群众中,只能挑出为数不多的几万所谓的知识分子,即意识到理智因素在历史过程中的意义的人。这些人尽管有其各种缺点,但却是做俄罗斯在其漫长的艰难而畸形的历史上创造的最伟大的群体,这些人过去是,现在仍然是我们国家真正的头脑和心脏。产生他们的缺点的原因是俄国那不适合理智性天才发展的土壤。我们都敏锐地感到我们天才的善良,天才的残酷,天才的不幸。在我们之中有不少英雄,但却很少有能够勇敢地履行自己的公民义务——在俄国条件下很沉重的义务——的聪明而强有力的人。我们热爱英雄,如果他们不反对我们的话;但是我们却不清楚:英雄主义只要求一小时或一天的情感紧张,而勇敢则要求毕生的情感紧张。

在俄国生活环境中的文化工作要求的不是英雄主义,而正是勇敢——长时间地和不动摇地鼓足全部的心灵的力量。在俄国的不稳定的沼泽上播种"理智、善良、永恒",是一件极不寻常的艰难的事。而且我们已经知道,在俄国的平原上播种我们最好的鲜血、我们最好的神经汁液。也只能得到不太茂盛的、可悲的幼苗。但是尽管如此,也还是应当播种,而且这是知识分子的事业,然而他们现在被强制脱离了生活,甚至被宣布为人民的敌人。但是正是他们应当继续他们早已开始了的国家的精神净化和复兴的工作,因为除了他们之外我们没有别的理智的力量。

有人会问:那无产阶级这先进的革命阶级呢? 那农民呢?

我想,不能认真地把全体无产阶级群众当做一种文明的、理智的力量来谈。也许,这样做对同资产阶级论战,对吓唬他们以及对自我鼓劲是方便的,但是在这儿,即在聚集着真诚而深切地关心国家未来的人们之中这样做却是多余的。作为群众的无产阶级只是一股体力,仅此而已;农民的情况也是如此。从历史上说尚年轻的工农知识分子就是另一回事了,他们当然是一股具有创造力的精神力量,作为这样一股力量,他们脱离了自己的群众,在自己的群众中是孤立的,就像我们旧式的苦役知识分子在全体劳动群众中是孤立的并脱离了他们的情况一样。我们称旧式知识分子为苦役知识分子不只是根据他们中的一部分人做过官家苦役的事实,还根据他们在俄国的全部生存条件,根据他们的全部生活与工作。

我觉得,应当做的第一件事是必须把旧式的有经验的知识分子的理智力量同年轻的工农知识分子的力量联合起来。全俄文化教育工作的蓝图在我的眼前大致是这样勾画的:

全体知识分子自己要组织起来，现在他们已经懂得和感觉到，仅仅靠政治纲领、靠政治宣传是不可能培养出新人的，加深敌意和仇恨只能导致人的全面兽性化和野蛮化，为使国家复兴，必须立即进行紧张的文化工作，只有这样才能使我们摆脱内部的和外部的敌人而获得自由。

集中力量，这是今天首要的任务，而在集中起国家的理智力量的同时，还应当把所有的后备的工农知识分子，即所有的现在正在原来从出身上说很亲切的，而如今从精神上说已经陌生了的，被真诚的狂热分子或伪装的冒险分子的无耻蛊惑所败坏了的环境中无力地和孤立地挣扎着的工人与农民吸引到精神工作者的群体中来。工农知识分子这股力量具有铁环的重要意义，通过这一环节，旧知识分子将牢牢地同群众团结在一起并将对他们产生直接的重要影响。

在集中力量时，把旧有的力量同工农知识分子的新鲜力量团结到一起之后，文化活动家们应当关心自己工作的协调。这对于节省我们本来就不多的精力是必需的，这对于消除工作中的平行重复现象是必需的。

我们在用文化教育协会的会网覆盖全国之后，再把国家的全部精神力量团结到协会中之后，我们将在各地燃起篝火，这火将给国家以光和热，将帮助国家康复并站起来，变得精力充沛、强大有力和善于建设及创造。这里说的不是不同思想的人们外在的和机械的联合，而是感觉一致的人们的内心的、生机勃勃的融合。只有这样，只有通过这一途径我们才能实现真正的文明和自由。

我预见到会有人反驳说：那政治呢？

应当站在政治之上，应当学会限制并善于限制自己的政治情感。在有愿望的条件下这是可能的。政治是一种类似于低级的生理需求的东西，并带有这样一种令人不快的区别，即政治的需求不可避免地是在公共场合表现出来的。

政治——不管是谁搞的政治——永远是令人厌恶的，因为与之相伴的不可避免地会有谎言、污蔑和暴力。而且因为这是真理，所以大家都应当知道这一真理，而知道这一真理又应当使人意识到文化工作要高于政治工作。

文化工作的更为严重的障碍是在饥饿和失望的土壤上显而易见的知识分子生活能力的降低以及越来越压抑他们的冷漠态度。

应当用发展脑力劳动者之间的互助来同饥饿作斗争，至于对人民、对社会主义、对俄国的"失望"，我想，对此我什么也说不出来。

当然，最好不要产生失望情绪，因为在俄国人民身上，实在是从来不曾有过任何令人迷醉的东西，但是既然曾经着迷过，后来又失望了，那就什么也别讲了。迷醉是信仰的事，失望是对盲目信仰的报复。知识非常有助于摆脱失望，这是唯一能够向失望者们推荐的东西。我个人一生在感情方面、思想方面、事业方面，都是从人出发的，我永远毫不动摇地坚信，存在着的只有人，剩下的都是他的意见和他的行为。

在这些对所有的人、对整个国家（这国家是许多代人创造的，这许多代人把我们培养成了我们现在的这种样子）都是可怕的日子里，在这些疯狂、恐怖的日子和愚蠢及庸俗胜利的日子里，我还记得这一点：这一切都是从人来的，这一切都是人造成的……

也正是人创造了大地上一切美好的东西，大地上的全部诗歌，一切辉煌的勇敢和尊严的功勋，生活的全部欢乐和节日，生活的全部的美，生活中的可笑的东西和伟大的东西，生活的美好的理想和神奇的科学，人创造了自己大胆的理智和对幸福的不屈意志。

【苏联】肖斯塔科维奇

只好让灵魂不穿裤子过时光①

在绝对专制的社会中，以个性为创作生命的艺术家群体的生存体验最为冷酷和滑稽，因为个性常常被迫转化为奴性，"人类灵魂的工程师""只好让灵魂不穿裤子过时光"。在斯大林面前尿湿裤子的艺术家，所受的羞辱相当于被精神强奸，更可耻的是，艺术家本人却乐意传播自己的臊气，以便暴君闻知自己的忠诚。在专制社会，一切喜剧都是悲剧。

肖斯塔科维奇（1906~1975），苏联作曲家，20世纪音乐巨匠，非常难能可贵地在专制体制中坚持着自己的鲜明个性。本文选自他晚年口述、1976年在西方出版的《回忆录》，冷峻中的幽默语气，显示出一个自由的灵魂如何难以忍受"思想的毒气室"。

许许多多人被伟大的园丁和所有科学的主人所吸引。有一些吹捧斯大林的故事描写他有特殊的魔力，而且说都是亲身经历的。我也听到过一些，这些故事令人汗颜，最可羞的是那些人竟说是他们亲自遇到的。一位电影导演也对我说过这样的事，我不愿说他的姓名。他为人不错，也曾多次给我工作。故事是这样的，斯大林喜欢看电影，他看描写约翰·施特劳斯的《翠堤春晓》，看了很多遍，有几十遍。（我要补充一句，这个事实并没有改变我对施特劳斯的爱好。）华尔兹和列任卡不大一样，而且导演也不必害怕斯大林发怒。斯大林也喜欢"泰山电影"，全套《泰山》都看过。苏联影片他自然也全部都看。

苏联电影制成后，部部都看，也花不了斯大林很多时间，因为在他在世的最后几年里，上演的电影很少，每年不过屈指可数的几部。斯大林有一种美学理论。所有上演的电影里只有一小部分是好的，杰作更少，因为有能力搞出杰作的人很少。谁能摄制杰作，谁不能摄制杰作，都由斯大林决定，然后他决定：坏影片不需要，好影片也不需要，他只需要杰作。既然汽车和飞机的生产能够订计划，那么为什么不为制造杰作订计划呢？这不是什么复杂的事，尤其是电影，因为电影也是

---

① 选自《成长》第二辑，山东画报出版社，2000年版。

一种工业。

一个诗人可以为他自己写诗,甚至不一定要写下来,可以记在脑子里。诗人写诗也不需要许多钱,我们现在发现,他们在集中营里也写诗。要监视诗人很难,监视作曲家也难,尤其是如果他们不写舞剧或歌剧的话。你可以写一曲小小的四重奏,在家里和朋友们一起演奏。当然,在音乐上这样做稍微困难些,因为逃过监视的耳目没有诗那么容易。需要谱纸,要写交响乐还得要特殊的总谱谱纸,但是,你知道,总谱谱纸缺货,只卖给作曲家协会的成员。但是毕竟可以自己想办法画线做谱纸来写交响乐,这无须经过监视机构批准,也不受规章条文的限制。

但是电影制作者怎么办呢?这是一种特殊的职业,有些像音乐指挥。人们的第一个印象是,电影导演和音乐指挥一样,只会妨碍别人的工作。第二个印象也是如此。

拍一部电影需要许多人和许多钱。斯大林可以百分之百地负责电影业。如果他命令拍一部电影,他们就拍,他命令停拍,他们就停拍,这样的事曾多次发生。如果斯大林命令把一部已经完成的电影毁掉,他们就毁掉,这种事也发生过不止一次。艾森斯泰因的《白净草原》是在斯大林指示下毁掉的,对毁掉这部片子我倒不感到太遗憾,因为我不能理解怎么能用一个男孩子谴责他父亲的事做题材创作艺术作品。这部电影自然是赞扬这个了不起的孩子的。

所以,伟大领袖和导师决定组织电影杰作的有计划生产。他使用了伊尔夫和彼得罗夫的诀窍,他们在一篇短篇故事中说,有一个人走进一个出版商的办公室,问他们出版的书籍中间是不是有一部分枯燥无味的销路不好的东西。他们告诉他说当然有,于是这个人就请他们把这部分书让他来写。

斯大林的公式是,既然每年只能拍出很少几部杰出的影片,那么每年就应该只拍很少几部影片,每一部都会是杰作,尤其是照斯大林的看法。如果把他们交给已经拍摄过杰作的导演去摄制的话,又简单又英明,所以他们就这样办了。我记得,苏联最大的电影制片厂,莫斯科电影制片厂,当时只拍了三部电影:《海军少将乌沙科夫》《作曲家格林卡》和《难忘的1919》。导演是指定的,因为斯大林相信他们能出杰作,当然是在他的帮助下和亲自指导下。这三个导演是米哈伊尔·罗姆、格里高里·亚历山德罗夫和米哈伊尔·恰乌利。后者是我所熟悉的一个大恶棍、大混蛋。他很喜欢听我的音乐,其实他根本不懂。他分不清巴松和单簧管,也分不清钢琴和抽水马桶。

杰作按计划开始摄制了,不料这三位保险生产杰作的大师都出了毛病。罗姆的腿摔断了,亚历山德罗夫血压不正常,而恰乌利在某人的婚礼上喝得太多了。一场大灾难来临了——苏联电影业停顿了。莫斯科电影制片厂的音响舞台全都关了门,蝙蝠住了进去。唯一有灯光的房间是厂长的办公室,夜里他坐在那里等斯大林的电话，因为斯大林喜欢夜里打电话。

电话铃响了，厂长哆嗦着向领袖和导师报告这三位大师的近况。你会以为这个人不是电影厂厂长，而是医院的外科主任。斯大林生气了，他的理论没有应用到实践中去，斯大林不喜欢这样。不但厂长的命运，连莫斯科电影制片厂的命运也取决于罗姆的腿的好坏。斯大林可以叫制片厂关门，让全国的电影院都放映他喜欢的《泰山》，别的什么也不演，也许只有新闻片例外。

可怜的导演，斯大林像鹰一样盯着他们，他们在他的注视下吓得像蛇面前的兔子，但是最可怜的是他们居然为此感到自豪。

斯大林在克里姆林宫有专用的放映室。他在夜里看电影，这是他的工作，而且他像罪犯那样在夜里工作。他不喜欢一个人看电影，他叫全体政治局委员，也就是说国家的全体领导人和他一起看。斯大林坐在所有人后面的固定座位上，他坐的这一排是不许别人坐的，这些情形我不止听到过一次。我的一个导演朋友告诉我，有一次领袖和导师想出了一个明智的新念头。斯大林在看一部苏联片，电影演完后，他说："导演在哪儿？为什么导演不来？我们为什么不请导演来？我们要请导演来。我想，同志们，请导演来有好处。要是导演也在这里，我们就可以向他道谢；如果需要的话，也可以告诉他我们的批评意见和希望。应该在我们看电影的时候把导演也请来，这对导演和他们的工作都有好处。"

第一个获得这种荣誉的——与斯大林一起看自己导演的影片——恰好是我的朋友。他是个受过良好教育的人，但不很勇敢。他的嗓音又细又高。不论在精神上还是体格上，他都不是个武士，但是他的确努力做正派人，每当他觉得电影工作对他压力太重的时候，他就去导演一两出话剧，让他那并非英雄好汉的身体和精神休息一下。斯大林对舞台盯得没有那么紧，所以在那里可以呼吸得稍稍轻松些。

他们把这位导演带到了克里姆林宫。在到放映室去的一路上他被搜查了十五次。进去后，他坐在第一排，挨着电影摄影部部长保尔沙科夫。每年生产三部电影的工业仍然有一位专职的部长。我看应该每天给这位部长送三杯牛奶，照顾他那伤脑筋的职业给他造成的溃疡症。有人说这部长退休以后在写回忆录，我不知道他会用什么书名——《不受惩罚的犯罪行为》？

电影开始了，斯大林像通常一样，坐在后面。那位导演自然并不在看电影，也没有听我写的音乐。他是在听后排有些什么动静。他变成一个大听筒，似乎斯大林座位上的每一个嘎吱声都具有决定意义，每一声咳嗽都是在宣布他的命运。这是我的导演朋友所感受到的，也是他后来形容给我听的。这次放映可能使我的朋友高升——唉，他多么希望如此——也可能叫他垮台。

放映到一半，长期给斯大林当秘书的波斯克列贝舍夫进来了。他是个勤勤恳恳、富有经验的干部。波斯克列贝舍夫手里拿着一些急件走到斯大林身边。当时导演是背向斯大林坐着的，不敢回头，因此没看见后面的情况，但是他能听到。斯大林生气地大声说："这是什么破烂货？"虽然放映室里已经够黑的，可是我的朋友还是觉得眼前一阵黑，咕咚一声，摔倒在地上。警卫员赶紧过去把他扶了出去。

这位导演醒过来以后，别人向他说清楚了他的误会，还告诉他，斯大林说："这部片子不坏。我们喜欢这部电影，不过以后不请导演来了，不，不请了。他们都太神经过敏。"

所以，我的朋友没有像他希望的那样高升，他们也没有因为他尿湿了裤子而送他一条新的。但是这没关系。正如诗人萨沙·乔尔内说："他们既然不愿把灵魂典当，只好让灵魂不穿裤子过时光。"

我还知道一件事。这次我要对主角提名道姓了，因为他在各种文章和发言里总要把我的名字提上一两次，更别提打给上级的许多报告了。我们的商店里到处贴着这样的标语："顾客和店员要以礼相待。"受到这种精辟的标语的启发，我也得讲礼貌。我是顾客，我要讲的那位主角是店员。我说的是赫连尼科夫，作曲家协会的主席，因此也是我的主席。那么为什么我是顾客他是店员呢？第一，店员总是比顾客重要。人们常听到店员说："你们人那么多，我只有一个人。"赫连尼科夫也是这样：我们作曲家有好多人，而他只有一个人。像他这样的人的确难找。其次，赫连尼科夫的父亲当过店员，在一个富商的店里做伙计。因此，我们的不朽的领导人在每一份表格上总是填上：父亲为柜台劳动者。我看，在斯大林物色管理作曲家协会的"小伙子"的时候正是这个情况起了决定性作用。我听说斯大林先审阅了这个行政职位的所有候选人的履历，然后把他们的照片要去。他把照片一张张摊在书桌上，考虑了一会，用手指着赫连尼科夫的脸："他。"他选对了人。斯大林对这种人有一种令人惊奇的本能。俄罗斯有一句老话："渔夫老远就能认出渔夫。"

有一次我看到我们领袖和导师的一篇漂亮文章。我甚至把它写了下来，因为它是对赫连尼科夫的完美的写照，我得到的印象是斯大林在写他。

对不起，我要引一段话。"在一部分共产党员的队伍中间，对于贸易，特别是苏维埃的贸易，还存在着一种蔑视。这些共产党员——假如他们配称为共产党员的话——把苏维埃的贸易看做第二等的、不重要的事情，把从事贸易的劳动者看做低微的人……他们不懂得，苏维埃贸易是我们自己的、布尔什维克的事业，贸易工作者，包括柜台劳动者在内，只要诚实地工作，就是我们的革命的布尔什维克事业的优秀分子。"

"我们的"世袭的柜台劳动者的后裔果然是"我们的"事业的优秀分子（斯

大林喜欢用复数计算他自己）。

关于赫连尼科夫的故事是这样的。作为作曲家协会的首脑，赫连尼科夫必须向斯大林呈报当年斯大林奖金作曲奖获得者的候选人名单。斯大林有决定权，要由他从名单中选人。事情发生在他的办公室里。斯大林在工作，或者假装在工作。不管怎样，他在写字。赫连尼科夫用愉快的声调轻声念着名单上的名字。斯大林没有抬头，继续写着。赫连尼科夫念完了，没有声音。

突然，斯大林抬起头来望着赫连尼科夫，像人们说的"盯住他不放"。他们说斯大林玩这一手玩得十分高明。总之，柜台劳动者的后裔只觉得下身有一股暖流，这下他更吓坏了。他跳了起来向门口倒退出去，嘴里喃喃地不知说些什么。"我们的"官长一直退到接待区，在那里被两个热心的男护士一把抓住，他们是受过专门训练的，知道该怎么办。他们把赫连尼科夫拉进一间特殊的房间，脱了他的衣服，给他擦洗干净，然后扶他在一张榻上躺下，好缓过气来。同时，他们还把他的裤子洗干净了。他终究是个官长嘛。这是例行的手续。斯大林对斯大林奖金候选人的意见是后来传达给他的。

由此可见，上面两个故事中的主人公出来时都不大雅相。两个人都弄脏了裤子，虽然这两位看上去都是成年人了。此外，他俩讲起自己露丑的事却都很高兴。在领袖和导师前面尿裤子不是每个人都能做到的，这是一种荣誉，一种高级的乐趣，一种高级的奉承。

多么可鄙可厌的拍马术。在这两件事情里，斯大林都被描写成某种超人。我相信这两个人都极力想使事情传回到斯大林耳边去，那时他就会欣赏他们的拍马热情、他们的敬畏和忠诚了。

斯大林喜欢听这类与他有关的故事，喜欢知道他在他的知识分子、他的艺术家中间引起这样的畏惧。他们毕竟都是些导演、作曲家、作家，是新世界的建设者、新人的缔造者。斯大林怎么称呼他们的？"人类灵魂的工程师"。

【美国】马克·吐温

佚名 译

19世纪致20世纪的祝词①
（1900年新年祝词）

> 滑稽是幽默之皮，思想是幽默之骨，没有思想的幽默是立不起来的，不过是插科打诨而已，且往往流于无聊。被称为"幽默大师"的美国作家马克·吐温（1835~1910），一生都在严肃地写作幽默作品，其风格从这篇百字短文中可窥一斑。

19世纪致20世纪的祝词，马克·吐温速记：

我把这位名叫基督教的尊严的女士交托给你，她刚从胶州、满洲、南非和菲律宾的海盗袭击中归来，邋里邋遢，污秽不堪，名誉扫地，她灵魂中充满了卑污，口袋里塞满了贿金，嘴里满是虔诚的伪善话语。给她一块肥皂和一条毛巾，镜子千万要藏起来。

① 选自姚春树主编《外国杂文大观》，百花文艺出版社，1994年版。

【英国】卡莱尔

高健 译

劳　动①

　　"能找到自己工作的人是有福的，愿他此外不再祈求别的福祉。"一个人生来就有许多欲望，能满足欲望的正当途径是工作；一个人总想追求生命的价值，只有工作才能体现他生命的价值。一个人通过工作进入社会交换领域，找到适合自己才能的工作，他就成为被别人需要的人；一个人被别人所需要，他就有了活着的充分理由。运动创造了宇宙，劳动创造了所有生物，而创造性的劳动创造了人。

　　因为工作里面有一种垂之永久的高尚之处，甚至神圣之处。一个人尽管如何冥顽不灵，尽管忘记他的崇高使命，只要是踏踏实实，埋头苦干，这个人便不致没有救药。只有怠惰才会永无希望。努力工作，而绝不贪婪卑吝，这便是与自然的歙合感通②；想把工作完成的诚恳愿望本身就会把人逐步导入真理，导入自然的种种任命与规则，而这些也就是真理。

　　我们这个世界的最新福音则是：认识你的工作，并且努力去做。常言道，"要认识你自己"：看来你那个不幸的"自己"烦乱你的心志已非一日；我料定你会永远也"认识"不了它！因此，认识你自己这件事尽可不必看做你的职务；你乃是一个完全无从认识的人：认识你自己能做些什么；然后便动手去做，像赫鸠利斯那样地工作！这倒是你的较好的办法。

　　经上有云③，"工作之中意义无穷"；一个人经过工作才能日臻完善。梗秽榛莽既除，良田嘉禾才生长起来，宏都巨邑才建立起来；而人类自身也才赖以而初次摆脱其榛莽之性，污秽荒漠之状。试想即使在最卑微的劳动中，只要一个人一

---

　　① 选自何承伟主编《世界文学随笔精品大展》，上海文化出版社，1992年版。原文出自卡莱尔《过去和现在》第3卷第11章。

　　② 这是19世纪浪漫主义诗人与哲学家们最爱使用的一个词语。

　　③ 经上有云，经不云乎之类的话是《圣经》一书中的常见语，并不一定是实有所指。卡莱尔的一些文章在风格上即常有模拟《圣经》的地方。

旦着手工作，他的整个灵魂必将化为一种何等真实的和谐！疑虑、欲念、忧伤、懊悔、愤怒、失望等等，所有这些，仿佛地狱的恶犬一般，猖猖逼胁着每个穷苦工人的灵魂，正像逼胁着一切人们那样：但他却一心奋力工作，毫不为动，于是一切也就安宁无事，一切也就诺诺遁去，退缩入洞。这样的人方不愧为一个勇毅的人。这时他身上满被宠锡的灵光——这岂非如圣火一般，一经入炼，百毒俱消？——以及那里的一切乌烟瘴气都一例化作煜煜耀目的神圣火焰！

整个说来，命运之育人也别无他法。回想混沌之初，无形无状，但一经转动，即呈圆形，而且愈转愈圆；并借引力之作用，逐步形成地层、圈带等等；此时混沌已不复更为混沌，而变成圆形凝聚之世界。试想如果大地一朝停止转动，这个世界又将成何局面？在这个地老天荒的茫茫广土之上，只要她一天还在转动，一切不平等，一切不规则的事物便终有一天要消灭；一切不规则的东西正是这样不断地变得合乎规则。你注意过陶工的旋盘吗？——那最为人崇敬的一件什物；论其历史之悠久，足以与先知以西结①比古，甚至比他更古？一块块粗糙的土坯，在疾速的旋转之下，会旋成多么精美的圆盘。试想现在有个最勤奋的陶工，但手中却没旋盘；因而不得不只靠揣捏和焙烧来制作盘子或简直是什么也不像的东西！命运就是这样一个陶工，她手中的那个活人只知一味休憩，却不肯起来工作和转动！一个怠惰而不想转动的人，即使遇到最宽厚的命运，也正像那最勤奋但是手中无旋盘的陶工那样，是不会捏烧成器的；这时即使命运在他身上怎样不惜浓颜丽色，怎样彩釉镶金，他仍不免是滥坯一块，它够不上一个盘子；不，它只不过是凹凸不一、胡揣乱捏、弯弯曲曲、歪歪扭扭、边角欹斜，没有规格的滥坯一块而已——虽彩釉其外，器皿之耻也！这点希望怠惰的人能够三思。

能找到自己工作的人是有福的；愿他此外不再祈求别的福祉。他现在有了工作，有了终生目的；他已经找到了它，并将矢志不渝，正像伟大的力量在生命的凄苦的泥淖沼泽之中开凿的一道畅通的运河，正像那里的一条愈流水愈宽岸愈阔的巨河，它将奔腾涌进，一往无前；逐渐把最远处草根周遭的毒液污水也挟与俱去，结果疫疠为虐的沼泽一变而蔚为青葱丰美的草原，清流掩映，流贯其中。这时草原本身该是多幸福啊，至于水流大小，价值高低，尚在其次。劳动就是生命；一旦工作开端得当，一个工作者从他的内心深处是会迸发出他那天赐的力量的，那种全能的上帝所嘘入的超凡入圣的生命精华；从他的内心深处，他是会被引入到一切高尚之境——一切知识之境的，不管是"自我知识"，抑或是更多的其他。知识？就是那种在工作当中可以发生效益的知识，望你谨守这点。因为自然本身

① 以西结为古希伯来人的著名先知，生于公元前六世纪。这里所以要说起以西结，可能因为作者在前面提到"陶工的旋盘"时，误将这个短语记成《圣经》中《以西结书》上的话，而实际上"陶工的旋盘"一语并不见于《以西结书》，而是出现在《耶利米书》。

就称许这点，信诺这点。严格地讲，舍工作中所获知识外，你并无别的知识；至于其余，不过是知识的一种假说而已；而且直到我们真正着手和给予确定为止，也只是学校里尚待争论的东西，也只是飘浮在云端或卷动在逻辑的漩涡里的虚无缥缈的东西。"各种各样的怀疑，最终只能靠行动来解决。"

直面现实

【英国】罗斯金
王楫 译

自由与克制①

把自由推到极端，就是无政府主义；把克制推到极端，就是专制社会。自由与克制，是人类保持平衡的两翼。没有克制的自由就像没有河岸的水流，反之，没有自由的克制就是没有水流的河床。而两者相较，罗斯金认为："人值得尊重的，是克制，而不是自由。"

罗斯金（1819～1900），英国散文家，在英国有"美的使者"的称誉。作品有《芝麻与百合》等。

对一个高尚的民族而言，明智的法律和合理的克制不是束缚它的锁链，而是坚固的防身之物—— 锁子甲，虽说穿上它也不免有点累赘。请记住，人要受到尊重，必须有所克制，正如必须劳动一样。你每天都听到越来越多的人侈谈自由，仿佛自由值得尊重，其实不然。从最广义说，自由一般并不值得尊重，它是低等动物的一种属性。一个人再伟大，再强壮，总不会有鱼那么自由。人总得有所为有所不为，不能像鱼那样随心所欲。世界上所有的国家加在一起，也不及海洋一半大，而所有铁路和车辆，不论是现有的或是有待发明的，总不如鱼鳍那样灵便。仔细想一想你就会发现，人值得尊重的，是克制，而不是自由。进一步说，即使在低等动物中；值得尊重的也是克制。蝴蝶比蜜蜂自由得多了，可是你更尊重蜜蜂。正因为它受制于适合蜜蜂群体秩序的某些规律。在全世界，自由与克制这两种抽象事物中，克制常常是更值得尊重的。诚然，关于这些以及其他问题，你永远不可能从抽象概念中得到最后结论。因为自由与克制这两者，如果高尚地选择，都是好的；如果卑鄙地选择，就都是坏的。然而我要重申，这两者之中。唯有克制足以表现高等动物的特征，并使低等动物进化。而且，上至天使长执行使命，下至昆虫劳动，从行星之间保持平衡，到一粒微尘受制于地心吸力：一切生物和一应事物的力量与光荣，全在于服从而不在自由。太阳没有自由，一片枯叶倒自由自在。一个人的形骸没有自由，它的自由只能与腐朽同来。

---

① 选自姚春树主编《外国杂文大观》，百花文艺出版社，1994年版。

【法国】拉布吕耶尔

金志平 译

富人与穷人①

　　拉布吕耶尔（1645~1696），作为一名贵族府上的家庭教师，非常有心地把所见所闻记录成文，集成一部以精湛的人物素描享誉于世的名著《品性论——本世纪的风俗》。看他的《富人与穷人》，一系列不动声色的白描轻轻巧巧就雕刻出两种面孔，里面却包含着长期的观察、细心的发现和微妙的褒贬。

　　吉通有一张丰满的脸，面色红润，腮颊下垂，目光凝视而稳重，肩膀宽阔，肚子凸出，步履坚定而果断。他谈吐自信，让对方重述他的话语，却不太把别人对他说的放在心上。他打开一块大手帕，大声擤鼻涕；他把痰吐得老远，喷嚏打得很高。他不分白天黑夜睡觉，睡得很沉；有人陪伴时打鼾。不论吃饭、散步，他比别人占用更多的地方。他与平辈一起溜达时总是居中；他站住，大家也都站住；他继续走，大家跟着往前走；一切以他为榜样。他打断别人的话，纠正他们的错误；他的话不会被人打断，爱说多久都有人听；大家赞同他的意见，相信他传播的新闻。他坐下来，你会看到他深埋在安乐椅里，跷起二郎腿，皱着眉头，把帽子②压在眼睛上，不看任何人，或者拿掉帽子，大胆自负地露出前额。对于当代的事务，他是诙谐的，善笑的，急躁的，傲慢的，易怒的，惊愕的，圆滑的，神秘的。他自认为能干、聪明：他是富人。

　　费东眼睛深陷，面色潮红，身体干瘪，面孔瘦削。他睡得少，容易惊醒。他心不在焉，懵懵懂懂，清醒时样子也傻头傻脑。他知道的事忘了说，懂得的事忘了讲，有时这样做，竟难以脱身。他与人谈话，总是说得简短而且冷淡，以为使对方不快。他不让人听他唠叨，也不引人发笑。不管别人对他说什么，他都鼓掌、微笑，附和他们的意见，他连奔带跑给他们帮些小忙，他是随和的，奉承的，殷勤的；行事诡秘，有时爱说谎。他是迷信的，审慎的，羞怯的。他走路既慢又轻，似

---

　　① 选自柳鸣九主编《世界散文经典·法国卷》，春风文艺出版社，1997年版。

　　② 平时戴帽子是17世纪法国的习俗，在贵妇或国王面前除外。

乎怕踩坏路面；两眼低垂，不敢抬头瞧路过的人。他从来不是那种组成小圈子高谈阔论的人。他站在说话者背后，悄悄偷听片言只语，被人发现随即溜走。他不占地方，不抢地盘，走时双肩紧缩，帽子压到眼睛上，不让别人看见；他身子佝偻，包严在大衣里。不管街道或走廊怎样阻塞，挤满了人，他都能找到办法不费劲地穿行，悄悄地溜过去而不被人发现。倘若有人请他坐下，他就勉强挨在凳椅边上；谈话时他的声音很低，发音含糊不清。对公共事务不承担义务，悲观厌世，对大臣和内阁不太怀有好感。他为了回答才开口。他咳嗽，在帽子下擤鼻涕，把痰几乎吐在自己身上；等到独自一人时才打喷嚏，或者瞒着同伴这样做。任何人不必向他致意和问候：他是穷人。

【法国】拉布吕耶尔

程依荣 译

社会的不公正①

　　谁敢坦言"我愿意当一名老百姓"，而且只用五百字以内的篇幅说出令人信服的理由？拉布吕耶尔就做到了这一点。这样精致而有力的短文值得再三诵读，虽然，即便你熟读之后，还是慎重决定"不当一名老百姓"。

　　世上有些苦难，看见就叫人揪心。甚至有人饥不果腹，他们畏惧严冬，他们害怕生存。可是，也有人吃早熟的水果；他们要求土地违反节令生产出果实，以满足他们的嗜欲。某些普通市民仅仅因为富有，胆敢一道菜吞下百户人家的食费。谁愿意就去同这些极端荒唐的现象作斗争吧。如果可能，我既不愿做不幸者也不愿做幸运儿；我要过一种比上不足比下有余的生活。

　　面对眼前的苦难，人们会因为幸福而感到羞耻。

　　我们看见田野上有一些怯生生的动物，有雄的也有雌的，他们的皮肤是黝黑的或者灰色的，被太阳烤得焦亮；他们不知疲倦地掘着地、翻着土，好像被拴在那儿；他们好像会说话；确实，他们是人。夜晚，他们钻进污秽不堪的破屋，他们以黑面包、水、萝卜充饥；他们使别人免除播种、耕耘和收获的劳苦，因此，倒是他们应该享受由他们播种而收获的面包。

　　如果我比较截然不同的两种人的命运，即大人物和老百姓的命运，我觉得后者仿佛满足于生活必需品，而前者欲壑难填，由于余裕反而贫乏。一个普通老百姓不可能做任何坏事损害别人，一个大人物不会做什么好事但可以犯下昭彰的罪行。一个生来为了从事有益的劳动，另一个包藏着损人的祸心。前者身上是以天真纯朴的形式表现的粗鲁和直率，后者身上是以彬彬有礼的外表掩盖的狡猾和腐朽的处世之道。老百姓没有才智，而大人物没有灵魂；前者本质善良但貌不惊人，后者金玉其外败絮其中。必须选择吗？我不踌躇：我愿意当一名老百姓。

---

　　① 选自何承伟主编《世界文学随笔精品大展》，上海文化出版社，1992年版。

【美国】亨利·门肯
余建中 译

政治家为何不讨人喜欢①

有人群的地方就有组织，有组织就有官员，这些官员就叫"政治家"。政治家的出道或世袭、或任命、或选举，世袭者靠祖上阴功，可遇不可求；任命者靠上司提拔，选举者靠选民投票，这二者事在人为。由于权和利总是相伴，政治已变成一种求大于供的热门职业。求官者就要乔装打扮、投其所好，或巴结上司，或讨好选民。一个人一旦踏上仕途，就难得以真面目行走江湖，所以政治家大多是职业政客，自然"不讨人喜欢"。门肯尖刻、泼辣地披露了民主政体下的政客们"江湖骗子"式的滑稽嘴脸。如果人们稍稍留意一下专制政体下的政客们的表现，就会发现，在既无文化传统的约束，又没有权力的监督的状况下，较之前者，其厚颜无耻、才智平庸、品德败坏和人性堕落有过之而无不及。于是，老百姓不免会发出门肯一样的追问："为什么一定要有政治家？"

亨利·门肯（1880~1956），美国自由思想家，语言学家。写有大量精彩的社会批评文字，以"偶像破坏者"名世。作品有《偏见集》《美国语言》。

在我们伟大的共和国里，除了绑匪，最讨人厌的就数政治家了。无人会真正地相信他们。人们通常认定他们所做的一切都出于不光彩的动机。只要看到政治家丢人现眼，例如国会被迫围着白宫的指挥棒乱转，国人总是拍手称快。

作为一个有30年资历的道德伦理家，我恐怕还必须说上一句，政治家的这种坏名声自有许多广为人知的事实来证实。证据不实的地方纵然有，但在大多数情况下是正确无误的。作为一个阶层，政治家们散发出一股令人厌恶的气味。他们的所作所为差不多与江湖医生或不择手段的律师一样，牢牢地植根于虚假的自我吹嘘之上。他们自始至终真正关心的只有他们自己的职位。你若与他们接近之后，他们会坦率地承认这一点。

① 选自李荫华、张介眉主编《当代世界名家随笔》，上海教育出版社，1998年版。

直面现实

141

假设有这么一位处于很大困境中的职业政治家，他需要有100张票来获得他的职位，而另一方面他得知有110位选民突然吃起人肉来并且乐此不疲。他会怎么做？他会重新来看待吃人肉这件事，他会找出吃肉的许多好处来。我并不是说他会为之作巡回演说——至少他不会仅为了110张选票去这么做——但他肯定不会去做反对吃人肉的演说，他的对手也不会。

在禁酒恐怖统治时期①，美国人民对政治家们了解了很多。毫无疑问在那时确有一些名副其实的不喝酒的政治家，但在宾州大道②的两端继续掌权的禁酒派所得的那些选票，却主要来自千方百计弄虚作假的那伙人，其中有些人乃是华盛顿自古以来最爱喝酒的醉鬼。100年来，华盛顿的狂饮滥喝总是很出名的。

大家都会记得，当主张开禁的旋风袭来时，这帮老兄们又表演了一系列的漂亮后滚翻。他们的橡皮膝盖与防震脊梁好使极了。他们的双脚刚平稳落地，还在气喘吁吁、满头大汗之际便要求撤销禁令。我能为你开出这帮人的名单并提供他们爱喝什么酒、能喝多少酒等数据。他们大多反应迟钝或嗜酒过分，以至起初刮禁酒旋风时，他们还不知道。当禁酒旋风突然向他们袭来时，他们正集中在芝加哥开全国会议。他们惊慌失措，其中有些人竟吓得连酒都醒了。于是他们打着饱嗝进城推行禁酒令。而10天后离城时，他们又同样打着饱嗝要求撤销禁酒令了。

这种令人眼花缭乱的态度的转变便是政治家每天工作的全部内容。华盛顿的民主党专职人员一夜之间就转向了新政③，更不用说那许多共和党人了。如果新政失败的话，这些人又会以同样飞快的速度脱离它。

有时人们会听到政治家们宣称他们因"担任公职"而有所损失。他们通常说，如果不任公职他们便能赚更多的钱，过更加幸福的生活。但这种情况是极少的。典型的政治家干起政治这一行远比干任何其他事来得出色。

当然，具有真才实学、刚正不阿的人有时也会阴差阳错地担任州长、议员或其他政治职务，但他们的任职期几乎不可能很长。美国议员的平均智力与品行大约与二流沙龙的酒吧间招待或三流理发店的领班在同一水平上。至于州长，那就更差了。48位州长④中，总有那么两三位因或轻或重的罪行而受到弹劾，并至少总有一位等着去蹲班房。在过去的15年中，至少有20位州长被指控犯下确凿无误的重罪，有四五位目前已被关进牢房。剩下的那些州长虽然也许还算诚实，却大多只是一些蛊惑民心的政客与江湖骗子罢了。如果要在任何其他阶层中找出那么高比例的无赖与骗子来，实在是困难的。

---

① 禁酒恐怖统治时期：指美国历史上1920~1933年间的禁酒时期。

② 宾州大道：美国首都华盛顿的一条大道名。该大道将白宫与国会所在地连接了起来。

③ 新政：1933年美国总统罗斯福［1882~1945，民主党人，美国第32任总统（1933~1945）］执政后为挽救当时严重的经济危机而采取的施政纲领。

④ 本文写于1934年，当时阿拉斯加和夏威夷尚未正式成为美国的两个州。

在政治方面,最接近正派的人大概就数政治迷了——至少他们在职业生涯之初是如此。但即便是政治迷,如果他们持久地干下去的话,通常也会变成职业政客的。

我所描绘的景象是黑暗的,也许有人会抗议说这太过分了。要真是这样的话,那么我只能回答说,他们不了解政治家。任何与政治家实际相处过的人,包括已经改过自新、准备过诚实生活的那些政界弟兄们,都会详实地向你叙述我所告诉你的一切。没有哪个头脑清醒的人会去信任他们,委派他们去担任需要良好技能和道德的其他任何工作。这种名声不佳之人,如果做医生的话,就会失去所有的病人;如果做律师,则只有盗贼才会做他们的当事人。然而,我们不仅将我们的生命财产交给他们管理;我们还让他们掠夺我们、背叛我们,并为此给他们高额工资,给予他们其他行业人员所得不到的崇高荣誉。

他们有何苦恼?他们的脾气为什么这么大?显然,他们中的大多数人来自我们中较为低下的一个层次。这一行业中典型的新手是那种背景不明、行事暧昧的年轻人,他对舒适生活的渴望远远超过了他谋求体面生活的能力。

这种年轻人尝试政治这一行,是因为政治能为他快速提供一份好差使。促使他奋力向前的并非是勤奋能干者的那种聪明才智,而是流动叫卖小贩的那种本事。他所需掌握的技艺去农村集市上叫卖玉米最为有用。对他来说,最危险的事莫过于讲真话了。

许多年轻人初次涉足政治时,满怀着令人赞许的决心,决心摒除一切空话、假话和阴谋诡计,对此我毫不怀疑。但是只要他头脑里还有哪怕一丁点儿的脑组织存在,他很快就会发现,他梦想付诸实施的一切美德竟全是他的障碍,因此他必须丢弃它们,否则就得干脆放弃政治生涯。

简而言之,那些确实想干下去的初涉政界人员,必须懂得这么一个难以接受的事实,即靠主日学校①所教的技巧是绝对赢不到大量选票的。选票是靠远比那些技巧更为现实的种种手腕得来的,其中有两个法子特别奏效:一是走向大街小巷,在那里用胡言乱语来奉承笨伯们,使他们陶醉;二是与圈养着一大群笨伯的货主达成协议,反正那些货主随时都会把那些笨蛋拍卖给开价最高的。

应当记住的是,在美国,差不多所有的政治家都曾在上述两个泥坑里滚爬过;如果不那样做的话,他们就不会有今天的地位了。他们都曾在政治演说的讲台上信口开河过,都曾在蠢人的喝彩声中陶醉过,都曾作出过空头许愿,还都曾或多或少地纵容过公开的腐败现象。如果在这片辽阔的土地上有哪位是例外的话,敝人定会向他赔不是。不过,这种人我从没见过,也从没听到过。

请设想一下,如果一个医生不得不为他的病人抓痒搔背,去吻他的孩子,参

———————————

① 主日学校:指星期日对儿童进行宗教教育的学校,大多附设于教堂。

加他们所有的兑奖活动与生日聚会，加入他们所有的游行队列，如果他必须这么做才能争取到病人的话，那会是一种什么情形？几乎可以肯定人们对他的医德会产生不利的看法。现在假设他不得不向街角上的酒馆老板请求让他行医。为报答起见，他给了酒馆老板口述处方的权利。当然，要他记住他的希波克拉底誓言①未免太强人所难了。

每个政治家，不论大小，都曾处于或曾一度处于那种境地。即便是最强的政治家，尽管他光彩照人，居高临下，对这个世界不满，却也曾有过或公开或隐蔽地伸长脖子任其主子宰割的日子，也曾尽力讨好过白痴，还曾口若悬河、夸夸其谈过。他只需稍有头脑，便会靠讨好与愚弄他的下级而发迹。他从一开始就是一个靠不住的人物，出于职业需要，他渐渐地变得趋炎附势、左右逢源，最终成了一个享有特权的人民公敌。他的生活建筑在人民的苦恼之上，但只要他尚属谨慎，就不会有警察惹他的麻烦。

我们怎样才能使他改过——或叫他滚蛋？我认为前一种想法纯属妄想。只要我们想享受激动人心的民主政治，我们就必须准备忍受它的弊端。弊端之一便是：当一位诚实的人与一位骗子同时站在一群乌合之众面前时，这批人看中的总是骗子。骗子总是更擅长许诺，更爱使用甜言蜜语，因而对没有脑子的人来说就更具吸引力。几年前，我提出过解决这一问题的方法，尽管当时无人注意，但也许有那么一些可取之处。它是基于这么一些问题的：为什么一定要有政治家？为什么我们要把自己的事情交给这些通过如此荒唐的选举而产生的、明显靠不住的人手里？为什么我们要认定迷惑、哄骗无知而轻信的人民是一种为全社会服务的本领？为何不彻底废除政治并以抽签选举总统者的方法来解决上述难题？为何不取消对公职人员的各种奖赏，以使担任公职成为一种义务而不是一种特权？

乍一看，这个方案或许显得荒唐。但既然我们能放心地随意挑选人员并且不顾他们的意愿请他们进入陪审团去决定生死攸关、严肃之极的大事，那又何不将其他事情托付于他们呢？如果他们是执行法律的合适人选，那又为何不能制定法律呢？所谓制定法律需要专门知识，这绝非事实，因为现今的立法人员大部分都是非专业人员，在大多数情况下，与他们混合在一起的专业人员不是无能之徒便是撒谎老手。陪审团的非专业人员与立法机构的非专业人员的唯一真正区别在于，前者对他们面前的案例毫无个人利益掺杂在里面。

我将自己的方案递交智囊团②。如果能在一月份议会开会之前被采纳的话，那些教授们的日子也许会比现在好过得多。

---

① 希波克拉底誓言：医生开业前保证遵守医生道德守则的誓言。守则相传出于被称为"医学之父"的古希腊医师希波克拉底之手。

② 智囊团：此处指罗斯福推行新政时的顾问班子，其成员主要是学术界人士。

【波兰】米沃什

绿原 译

什么东西是我的? ①

    "什么东西是我的?"一个傻乎乎的问题,却谁也回答不了。就像那些古老的经典问题一样:我是谁?我为什么活着?我从哪里来?我要到哪里去?为了证明自己活过,人们努力工作、创造、恋爱、生孩子……虽然最终不过是一个"土馒头",人们却总是锲而不舍地追寻着。米沃什的疑问在于,一个人活着的时候就不知道"什么东西是我的",这个麻烦就大了。在数字化时代加上基因解密的时代,现代人的个性身份越来越模糊,已经被简化为一堆公用数据了,真让人忍不住问一声:"什么东西是我的?"

    米沃什(Czeslaw Milosz, 1911~2004年),波兰诗人,1970年入美国籍,1980年因"不妥协的敏锐洞察力,描述了人在激烈冲突的世界中的暴露状态"而获诺贝尔文学奖。

> 聪明人在不高兴的时候羡慕
> 小人物像蚱蜢一样作乐
> 在阳光灿烂的地点,既不思前
> 也不想后,如说他们怎样
> 抓住了未来那也不过是半睡
> 半醒抓住的,用生殖的工具
> 愚蠢地重复着
> 愚蠢在三十年的时期内;他们还又吃又笑,
> 呻吟着埋怨劳动、战争和分离,
> 跳舞,谈话,穿衣,脱衣;聪明人借口说
>   夏天的昆虫值得羡慕……
>   ——罗宾逊·杰弗斯《聪明人在不高兴的时候》

145

---

① 选自《精品中的精品——诺贝尔文学奖得主美文100篇》,作家出版社,1994年版。

我的头发，我的胸腔，我的手，和一些年月日对我如此重要的我的一生。唯一的问题是，它们是不是真属于我，如果头发、胸腔、手不是笼统而言，我的一生中那些年月日是不是失去了重要性，一旦它们以一般方式指明若干瞬间的话。我从四面八方为电视、杂志、影片、刺激人们追求健康和幸福的广告所包围；我应当怎样洗，怎样吃，怎样穿，成为某人关心的对象，我在无数具为最合身的游泳裤做广告的叉状模型上，在穿着最诱人的奶罩的胸脯上，在擦着最细腻的油脂的肩膀肌肤上，不得不看到的正是我自己。如果我是一条鱼龙或者某个外星来客，我将能够把这一切看做一阵线条和色彩的闪烁，但我是人，我已为无数感染手段所挑动，它们把我拆散成我的元件，并把我用编过号的部件重新构造出来。我熟知男性和女性的身体，除了任何特殊或隐私部分，以致我在海滩或游泳池旁，总处在一群可以互换的臀部、颈项、大腿之间，我的每个器官也是可以互换的。我被称过，被量过，适宜于我的卡路里已被计算过；我必须接受这个事实，我的汗液像别人的一样发臭，既然每个人都在他的腋下擦除臭剂；口臭也不仅限我的毛病，同为银幕上用嘴亲吻的青年男女总是带着嫌恶的怪相，彼此转脸去，吞药丸来抵制他们的酸胃，然后沉没于极乐中。而我在浴室里消磨的片刻也并没有白白空掉，因为卫生纸从广告上向我呼唤，保证它会杀死在我的肛门里的所有细菌。

我的面前经常摊开来一大张人体解剖图；一只拿着指示器的手指着肾、肝、心、生殖器，并解释着它们的功能。不管我愿不愿意，我被传授了红白血球、新陈代谢、排卵过程、细胞的生长和萎缩等秘密。如果我的健康开始恶化，病房的白色走廊就会等着我；高效率、无人称、漠然无动于衷的白衣少女就会把我的赤裸的身体翻来覆去，仿佛我是一个人体模型，递给我一根玻璃管装尿，把我放在爱克斯光机后面，抽我的血化验。

但是，我永远是赤裸的，而且不仅作为一个肉体对象。我的器官，那些为皮肤所覆盖的和那些为其他器官所覆盖的器官，都是赤裸的，从而成为构成我的传记的事件。那些事件可以分成两大类：一类壮丽地实现了童年、青少年和成年的准则，另一类则有某件事阻碍了和撕裂了我和人们的关系，由此而产生了"难题"。对我来说，那些都是个人隐私，但我知道我错了，因为所有这类问题都已被编入目录，加以记载，附有大量例证，而且不是由我而是由看病的精神分析学者，掌握着它们的钥匙。同那位精神分析学者谈话，给我很大的宽慰，因为他使我感觉到，我是从普遍的平均化中给挑出来的；我的独特性质一定大有关系。不只是宽慰，这是一种强烈的快感，因为毕竟有人在埋头研究我的命运的细节，而我的命运在每个别人看来是可以互换的，毫无个性特征可言。然而，我认识到，咨询谈话的用意就是让我懂得——就是说，让我把因果联系起来——这样我患病的自身，我现在把它看成许多别的事物中的一件，就被抛到脑后了。

我为集体的浓密物质，那晦涩的、执拗的、坚持的另一个自然所包围。但我至少被分配了一个区域，可以自由活动，关心我的身心健康，享受一个运转正常的有机体的幸福，在活物中间生气勃勃。不过，当我不得不成为我自己的避难所，躲避文明的压力时，那个为我们大家（包括我自己）所藏的世界，那另一个自然就慢慢爬到我的身上来，不断提醒我，我的独特性不过是个幻觉，即使在这里，在我自己的圈子里，我也化成了一个数码。

【奥地利】卡夫卡
黎奇等 译

普罗米修斯①

　　经典故事总是引人遐思，所以有那么多人去为名著写续集，那种穷根究底的乐趣非常迷人。古希腊传说中的普罗米修斯的结局是大家熟悉的，卡夫卡却别出心裁，做出另外三种解释，按照他的推理，时间是会彻底消解一个神话的。

关于普罗米修斯的传说有四种说法：

第一，他为人类背叛了众神，被钉在高加索的一块巨崖上，众神派出恶鹰啄食他那每日能新生的肝脏。

第二，普罗米修斯在不断啄食的鹰嘴下剧痛难忍，日益陷入石崖，直至与它融为一体。

第三，岁月流逝，数千年后，他的叛逆行为被人淡忘了，众神忘了，恶鹰忘了，他自己也忘了。

第四，那已无凭无据的故事渐渐令人厌倦了，终身厌倦了，恶鹰厌倦了，连伤口也因厌倦而愈合了。

留下的是那难以解释的山崖；这个传说试图对这不可解释之事作出解释。由于它是从真实的根基上产生的，所以最终必定又以不可解释告终。

奇思妙想

---

① 选自叶廷芳编《卡夫卡随笔集》，海天出版社，1993年版。

【奥地利】卡夫卡

黎奇等 译

有关桑丘·潘沙的真理[①]

　　《堂吉诃德》是西班牙作家塞万提斯的作品,被文学史家称为西方第一部现代小说。原著中的主角堂吉诃德因迷恋骑士小说而走火入魔,昏头昏脑地以为自己是一名骑士,骑着驽马,带着仆人桑丘·潘沙行走江湖,以扫荡天下不平为己任,一路闯祸。卡夫卡从反向思维,认为是桑丘·潘沙刻意把堂吉诃德制造成"武侠迷",以获得"巨大而有益的消遣"。堂吉诃德本是个令人可笑又令人悲悯的理想主义者,卡夫卡思路一拐,理想就变成了荒诞。

　　从未因此而炫耀过自己的桑丘·潘沙日复一日地向他的魔鬼——以后他给了他堂吉诃德的名字—— 提供大批骑士武侠小说充当晚间读物,终于使他走火入魔,毫无缘由地干下了一系列荒唐之事。只因缺少事先臆想的对象——这对象应该是桑丘·潘沙本人——才未对任何人造成伤害。

　　桑丘·潘沙,一个自由自在的人,也许是出于某种责任心,满不在乎地随堂吉诃德南北征讨,从中获取了巨大而有益的消遣,直到终生。

奇思妙想

149

---

① 选自叶廷芳编《卡夫卡随笔集》,海天出版社,1993年版。

【阿根廷】博尔赫斯

王央乐　译

梦　虎①

　　酷爱老虎的"我"，却从来不能在梦中"产生一只老虎"，"那种亚洲的身上有条纹的高贵的老虎"，梦中的老虎总是委琐变形。博尔赫斯想说什么？作家心中高贵的冲动往往是文字难以企及的？苦于人不能随心所欲地操纵梦境？人的创造才能不可能巧夺天工？寓言体小说从不主张唯一的寓意解析，你尽管胡乱猜测好了。

　　童年的时候，我是老虎的热诚崇拜者。我崇拜的不是那种美洲虎，那种亚马逊林莽里或者巴拉那河顺流漂下的植物岛上的身上有斑点的所谓"老虎"，我崇拜的是那种亚洲的身上有条纹的高贵的老虎，只有站在大象背上战兜里的武士胆敢面对着它。我经常无休无止地在动物园里的一只笼子前面徘徊；我根据插图中老虎的华美，判断卷帙浩繁的百科全书和自然史书籍的优劣。（我到现在还记得这些插图，而我却无法正确回忆一个女人的音容笑貌。）童年过去了，老虎以及我对老虎的热情衰老了，然而仍然在我的梦中出现。它们在这种潜在或者混沌的状态下，仍然继续存在。因此，我在睡觉的时候，有些梦使我高兴，但是突然间我明白，我是在做梦。于是我想：这是一个梦，纯粹是我的意志的转移。现在我既然有了无限的力量，我就要产生一只老虎。

　　啊，真是无能啊！我的梦从来没有能够产生这只我如此渴望的猛兽。老虎倒是的确出现了，然而不是呆板，就是脆弱；不是模样变得不对头，就是大小难以置信；有时候稍纵即逝，有时候像一条狗或者一只鸟。

---

① 选自李文俊主编《外国散文名篇欣赏》，中国青年出版社，1993年版。

【阿根廷】博尔赫斯
王永年 译

沙之书①

　　把一个绝对不可能的故事编得使人心动，博尔赫斯就有这样的能耐。一本书"像沙一样，无始无终"，翻过的页码不再重现，这是一本"无限的书"。我得到这本书之后，却"觉得它是一切烦恼的根源，是一件诋毁和败坏现实的下流东西"。书本的世界，被博尔赫斯构想得亦真亦幻。一本"沙之书"，是人类书籍的整体象征，书本所具有的无限丰富性，也就是人类精神的丰富性；书本与现实世界的冲突，也就是书本使人与现实发生的和解、隔膜和冲突。穷极天地造化之谜，让人欣喜，同时让人恐惧。"沙之书"的去处是图书馆的某个书架，在那里静等着另一位翻阅者到来。

> ……你的沙制的绳索……
> 乔治·赫伯特②

　　线是由一系列的点组成的；无数的线组成了面；无数的面形成体积；庞大的体积则包括无数体积……不，这些几何学概念绝对不是开始我的故事的最好方式。如今人们讲虚构的故事时总是声明它千真万确；不过我的故事一点不假。

　　我单身住在贝尔格拉诺街一幢房子的五楼。几个月前的一天傍晚，我听到门上有剥啄声。我开了门，进来的是个陌生人。他身材很高，面目模糊不清。也许是我近视，看得不清楚。他的外表整洁，但透出一股寒酸。

　　他一身灰色的衣服，手里提着一个灰色的小箱子。乍一见面，我就觉得他是外国人。开头我认为他上了年纪；后来发现并非如此，只是他那斯堪的那维亚人似的稀疏的、几乎泛白的金黄色头发给了我错误的印象。我们谈话的时间不到一

---

① 选自《博尔赫斯文集》，王永年等译，海南国际新闻出版中心，1996年版。
② 乔治·赫伯特（1593~1633），英国玄学派诗人、牧师。著有诗集《寺庙》和散文集《寺庙的牧师》，均系宗教作品。"沙制的绳索"是指靠不住的东西。

小时，从谈话中我知道他是奥尔卡达①群岛人。

我请他坐下。那人过了一会儿才开口说话。他散发着悲哀的气息，就像我现在一样。

"我卖《圣经》。"他对我说。

我不无卖弄地回说：

"这间屋子里有好几部英文的《圣经》②，包括最早的约翰·威克利夫③版。我还有西普里亚诺·德瓦莱拉的西班牙文版，路德的德文版，从文学角度来说，是最差的，还有武尔加塔的拉丁文版。你瞧，我这里不缺《圣经》。"

他沉默了片刻，然后搭腔说：

"我不光卖《圣经》。我可以给你看看另一部圣书，你或许会感兴趣。我是在比卡内尔④一带弄到的。"

他打开手提箱，把书放在桌上。那是一本八开大小、布面精装的书，显然已有多人翻阅过。我拿起来看看，异乎寻常的重量使我吃惊，书脊上面印的是"圣书"，下面是"孟买"。

"看来是19世纪的书。"我说。

"不知道。我始终不清楚。"他回答说。

我信手翻开，里面的文字是我不认识的。书页磨损得很旧，印刷粗糙，像《圣经》一样，每页两栏。版面分段，排得很挤，每页上角有阿拉伯数字。页码的排列引起了我注意，比如说，逢双的一页印的是40，514，接下去却是999。我翻过那一页，背面的页码有八位数，像字典一样，还有插画：一个钢笔绘制的铁锚，笔法笨拙，仿佛小孩画的。

那时候，陌生人对我说：

"仔细瞧瞧。以后再也看不到了。"

声调很平和，但话说得很绝。

我记住地方，合上书，随即又打开。尽管一页页地翻阅，铁锚图案却再也找不到了。我为了掩饰惶惑，问道：

"是不是《圣经》的某种印度斯坦文字的版本？"

"不是的。"他答道。

然后，他像是向我透露一个秘密似的压低声音说：

---

① 奥尔卡达，苏格兰北面的群岛，其中最大的是梅茵兰岛，首府为科克沃尔。

② 《圣经》，包括《旧约圣经》三十九卷、《新约全书》二十七卷，前者本是犹太教的《圣经》，原文为希伯来文，后者的原文为希腊文和亚兰文。

③ 约翰·威克利夫（1324~1384），英国宗教改革家，他的弟子珀维等于1380年根据武尔加塔的《圣经》拉丁文将其译成英文。

④ 比卡内尔，印度西北部拉贾斯坦邦地名。

"我是在平原上一个村子里用几个卢比和一部《圣经》换来的。书的主人不识字。我想他把圣书当做护身符,他属于最下层的种姓;谁踩着他的影子都认为是晦气。他告诉我,他那本书叫'沙之书',因为那本书像沙一样,无始无终。"

他让我找找第一页。

我把左手按在封面上,大拇指几乎贴着食指去揭书页,白费劲:封面和手之间总是有好几页,仿佛是从书里冒出来的。

"现在再找找最后一页。"

我照样失败;我目瞪口呆,说话的声音都变得不像是自己的:

"这不可能。"

那个《圣经》推销员还是低声说:

"不可能,但事实如此,这本书的页码是无穷尽的。没有首页,也没有末页。我不明白为什么要用这种荒诞的编码办法。也许是想说明一个无穷大的系列允许任何数项的出现。"

随后,他像是自言自语地说:

"如果空间是无限的,我们就处在空间的任何一点。如果时间是无限的,我们就处在时间的任何一点。"

他的想法使我心烦。我问他:

"你准是教徒喽?"

"不错,我是长老会派。我问心无愧。我确信我用《圣经》同那个印度人交换他的邪恶的书时绝对没有蒙骗。"

我劝他说没有什么可以责备自己的地方,问他是不是路过这里。他说打算待几天就回国。那时我才知道他是苏格兰奥尔卡达群岛的人。我说出于对斯蒂文森和休谟的喜爱,我对苏格兰有特殊好感。

"还有罗比·彭斯。"他补充道。

我和他谈话时,继续翻弄那本无限的书。我假装兴趣不大,问他说:

"你打算把这本怪书卖给不列颠博物馆吗?"

"不。我卖给你。"他说着,开了一个高价。

我老实告诉他,我付不起这笔钱。想了几分钟之后,我有了办法。

"我提议交换,"我对他说,"你用几个卢比和一部《圣经》换来这本书;我现在把我刚领到的退休金和花体字的威克利夫版《圣经》和你交换。这部《圣经》是我家祖传。"

"花体字的威克利夫版!"他咕哝说。

我从卧室里取来钱和书。我像藏书家似的恋恋不舍地翻翻书页,欣赏封面。

"好吧,就这么定了。"他对我说。

使我惊奇的是他不讨价还价。后来我才明白，他进我家门的时候就决心把书卖掉。他接过钱，数也不数就收了起来。

我们谈印度、奥尔卡达群岛和统治过那里的挪威首领。那人离去时已是夜晚。以后我再也没有见到他，也不知道他叫什么名字。

我本想把那本沙之书放在威克利夫版《圣经》留下的空当里，但最终还是把它藏在一套不全的《一千零一夜》后面。

我上了床，但是没有入睡。凌晨三四点，我开了灯，找出那本怪书翻看。其中一页印有一个面具，角上有个数字，现在记不清是多少，反正大到九次幂。

我从不向任何人出示这件宝贝。随着占有它的幸福感而来的是怕它被偷掉，然后又担心它并不真正无限。我本来生性孤僻，这两层忧虑更使我反常。我有少数几个朋友，现在不往来了。我成了那本书的俘虏，几乎不再上街。我用一面放大镜检查磨损的书脊和封面，排除了伪造的可能性。我发现每隔两千页有一帧小插画，我用一本有字母索引的记事簿把它们临摹下来，簿子不久就用完了，插画没有一张重复。晚上，我多半失眠，偶尔入睡就梦见那本书。

夏季已近尾声，我领悟到那本书是个可怕的怪物。我把自己也设想成一个怪物：睁着铜铃大眼盯着它，伸出带爪的十指拨弄它，但是无济于事。我觉得它是一切烦恼的根源，是一件诋毁和败坏现实的下流东西。

我想把它付之一炬，但怕一本无限的书烧起来也无休无止，使整个地球乌烟瘴气。

我想起有人写过这么一句话：隐藏一片树叶的最好的地点是树林。我退休之前在藏书有九十万册的国立图书馆任职；我知道门厅右边有一道弧形的梯级通向地下室，地下室里存放报纸和地图。我趁工作人员不注意的时候，把那本沙之书偷偷地放在一个阴暗的搁架上。我竭力不去记住搁架的哪一层，离门口有多远。

我觉得心里稍稍踏实一点，以后我连图书馆所在的墨西哥街都不想去了。

【俄国】契诃夫

汝龙 译

生活是美好的①
（对企图自杀者进一言）

　　　　把人生的无奈、世道的荒谬，用归谬法推到极端，讽刺就鲜辣得可口可乐了。

　　生活是极不愉快的玩笑，不过要使它美好却也不很难。为了做到这点，光是中头彩赢了20万卢布，得个"白鹰"勋章，娶个漂亮女人，以好人出名，还是不够的——这些福分都是无常的，而且也很容易习惯。为了不断地感到幸福，那就需要：（一）善于满足现状；（二）很高兴地感到："事情原本可能更糟呢。"这是不难的：

　　要是火柴在你的衣袋里燃起来了，那你应当高兴，而且感谢上苍：多亏你的衣袋不是火药库。

　　要是有穷亲戚上别墅来找你，那你不要脸色发白，而要喜洋洋地叫道："挺好，幸亏来的不是警察！"

　　要是你的手指头扎了一根刺，那你应当高兴："挺好，多亏这根刺不是扎在眼睛里！"

　　如果你的妻子或者小姨子练钢琴，那你不要发脾气，而要感激这份福气：你是在听音乐，而不是在听狼嗥或者猫叫的音乐会。

　　你该高兴，因为你不是拉长途马车的马，不是寇克的"小点"②，不是旋毛虫，不是猪，不是驴，不是茨冈人牵的熊，不是臭虫。……你要高兴，因为眼下你没有坐在被告席上，也没有看见债主在你面前，更没有跟主笔土尔巴谈稿费问题。

　　如果你不是住在边远的地方，那你一想到命运总算没有把你送到边远地方去，岂不觉着幸福？

奇思妙想

----

① 选自杨奔编《外国小品精选》，广东人民出版社，1984年版。
② 寇克是19世纪德国细菌学家，"小点"即指细菌。

要是你有一颗牙痛起来，那你就该高兴：幸亏不是满口的牙痛。

你该高兴，因为你居然可以不必读《公民报》，不必坐在垃圾车上，不必一下子跟三个人结婚。……

要是你给送到警察局去了，那就该乐得跳起来，因为多亏没有把你送到地狱的大火里去。

要是你挨了一顿桦木棍子的打，那就该蹦蹦跳跳，叫道："我多运气，人家总算没有拿带刺的棒子打我！"

要是你妻子对你变了心，那就该高兴，多亏她背叛的是你，不是国家。

依此类推……朋友，照着我的劝告去做吧，你的生活就会欢乐无穷了。

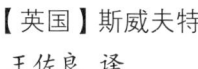

【英国】斯威夫特

王佐良 译

一个小小的建议①

——为使贫家儿女不至成为其父母与国家的负担，反而于公有益

> 天下穷人之多，已到了惨不忍睹的地步。斯威夫特精打细算地向当局"建议"：每年吃掉10万婴孩，就可免除后顾之忧。本文写于1729年，当时作者的出生地，也是英国的殖民地爱尔兰正连年饥荒，饿殍遍野。面对英国当局的残暴统治，作者压抑住冲天怒火，用"热到发冷"的冷嘲，假作正经地向"吃人"的政府提出这"吃人"的建议，留下一篇讽刺杰作。

路过这个伟大城市，或在乡下旅行的人，常见一种凄惨景象，即街上、路边、屋门外有许多女乞丐，拖着三个、四个或更多的小孩子，衣不蔽体，向行人苦苦讨乞。这些做母亲的本该好好干活谋生，现在却被逼着整天在街上游荡，求人救济她们的可怜的孩子。这些孩子长大了也找不到工作，不是变成小偷，就是离开祖国去西班牙替觊觎王位者打仗，或去巴巴多斯岛卖身投靠。

各方人士想必都会同意，在我国目前可悲的状况之下，如许大量儿童，不论手抱、背负或随其父母走路，构成了一个额外的困难问题，因此若有人能提出一个公正、不费钱而又简单易行的办法，能使这些儿童变成国家的健全、有用的成员，则此人必被公众敬为民族的保卫者，值得为他塑像。

……

我在伦敦认识一个见识很广的美国人，他向我担保说：一个奶水充足的健康儿童养到一岁的时候是最鲜美、最滋养、最健康的食品，不论炖、烤、焙、煮都好，也可以做油煎肉丁或蔬菜肉汤。

现谨建议如下，祈请公众垂鉴。上面所统计的12万名儿童，两万可留下传

---

① 选自王佐良主编《并非舞文弄墨——英国散文名篇新选》，三联书店，1996年版。英文中最著称的散文作品之一，至今为学英国文学所必读。文章的特点在于以献策者的口气郑重其事地提出一个空前残酷的建议，里面数据充实，列举的理由也颇有条理，使人一时难以确定作者的真正用意。当然，事实上，他随处都有提示，用文雅的笔调写出如此残酷的想法，正是为了把爱尔兰的惨状最鲜明地公之于众，在这点上斯威夫特是完全成功的。原文颇长，此处仅译部分段落。——译者注

奇思妙想

种，其中四分之一可为男性，此数已比牛羊猪豕之类留种的为多，且上述儿童大多非正式婚姻产物，粗鄙之流亦不重视此点，因此一男可配四女。其余的10万可在一岁时卖给全国有地位、有钱的人，事前切嘱母亲们在最后一月喂足儿童的奶水，让他们长得胖嫩，以备用于宴席。如是友朋小集，一儿可作两菜；家庭自享，则其上下半身都可各作一道好菜，若能调以少量胡椒和盐，则存放四天后煮吃仍佳，冬季犹然。

我曾算过，一个初生儿平均重12磅，一年后如养育得当可增至28磅。

我承认这种食品相当昂贵，因此也就特别适合地主们享用。地主们既已吞下了他们的父母，当然也最有资格吃这些儿童。

至于我本人，在多年劳而无功提出许多空洞不切实际的意见之后，以为再无成功之望了。幸而想到这个建议，不但完全是新的，而且有切实的内容，花钱不多，费事不大，靠我们自力就能实行，因此不会有得罪英格兰的风险。因为这些商品不能拿来，它的肉质太嫩，不宜长期盐腌——不过我也可以说出一个国家的名字，它是可以不加盐也安于把我们整个民族吃掉的。

我并不固执己见，也愿考虑明智之士的其他建议，只要它们的动机同样纯正，花钱不多，易行，有效。但在提出这类与我的方案相反而效果更好的建议之前，我希望建议者一方能深入考虑两点：第一，现状之下，如何为10万无用的嘴和身子找到吃的穿的？第二，把职业乞丐同实际是乞丐的大部分农民、村民和雇工算在一起，我国现有整整100万个人形动物，养活他们的费用如作为公债，须交债金总共200万英镑。我希望那些不喜欢我的提议或另有答案的政治人物，先去问问这些人的父母，是否他们今天会认为是绝大幸事，如果当初在满一岁的时候他们被当做食品用我所写的方式卖掉了，这样也就免得后来不断地受罪。由于地主的压迫，由于在没有金钱或贸易的情况下付不起租金，由于缺乏起码的生活资料，连御寒的衣服与房子也没有，以及以后必然还要落在他们这一类人头上的同样，甚至更大的苦难。

我恳切声明：我提议此事，确因必要，绝无半点个人企图，动机只是为了国家的公益，为了增加我国的贸易，安置儿童，救济贫民，同时也给有钱人一点乐趣。本人并无子女能从中取得分文，盖最幼之儿已经九岁，老妻也早过生育之年了。

【美国】凯利

肖聿 译

懒惰的智慧①

为懒惰唱赞歌，自然需要别开生面的理由。作者言之凿凿地论证"正是懒汉承担了促进文明发展的重任"，如此奇谈怪论居然能够言之成理，可见对"懒惰的智慧"颇有心得。文中所言无论体力还是智力上的"懒惰"，并不是无所事事，而是以提高效率和发现自然规律为前提的劳作，这种进取性的懒惰是非常辛苦的。

我们从小就听长辈们说起过懒汉，仿佛懒惰很不体面。实际上，没有我们的这些懒汉，恐怕就没有社会的进步；没有我们的这些懒汉，即使勤劳的人，一生中也会充满单调乏味的劳作。如晚饭后，一个小姑娘帮妈妈收拾餐具，她小心翼翼地把碗碟摞得高高的。这时妈妈冷言冷语地责备说："真是懒汉干活儿！"用不着经过几番这样的训诫，这孩子就会养成滥用力气的习惯：即每次少拿一点碗，多往返几趟，把力气花在不必要的往返上。结果，她长大了，总是忙碌的一副倦容，凡是把懒惰想象为邪恶的家庭主妇，总会有这模样。

大多数妇女都比男人容易衰老。不用说，这是由于一般妇女不如他们丈夫懒惰。当只需走一两步时，她们却不在乎走上十步。她们宁愿循规蹈矩，落个疲惫不堪，也不肯运用心智去偷懒取巧。

懒惰的饭店服务员往往是最令人满意、最优秀的。他总是一次就把餐具都送到餐桌上，他讨厌多走半步路。只有那些勤快的伙计才会端上咖啡不带方糖和勺子，他们不在乎多往返几趟，每趟只拿来一样东西，结果咖啡都已经凉了。

人类的一切进步想必都出自懒汉们想少走几步路的良苦用心。我们的远祖住在条件恶劣的山洞里，每次喝水，都要走到溪水旁边才行。于是他们发明了最初的水桶，用水桶可以把足够一天饮用的水一次提回家去。不过，倘若他们懒得连提水桶也不愿意，下一步不用说就是修建管道了，水可以顺着管道从溪边一直流进消费者的屋子里。为了不必挑水翻山，水泵和水车就被发明出来了，这些都是

---

① 选自《隽永小品集》，甘肃人民出版社，1989年版。

懒汉们后来的成就。同样，我们的某个祖先想到湖对岸去，可他又不愿沿着湖边绕过去。这时第一条船就诞生了，它就是把一段树干掏空以后做成的。

据说，100多年前，有个叫汉弗莱·波特的少年，人家雇他整天坐在一台讨厌的蒸汽发动机旁边，让他每当操纵杆敲下来时，就把废蒸汽放出来。他是个懒汉，觉得这活儿太累人，就在机器上装了几根铁丝和几个螺栓。这样，阀门就可以靠着它们自动开关了。这么一来，不但他可以脱身走人，玩个痛快，而且发动机的功率立刻提高了一倍。他懒洋洋地发现了往复式发动机活塞的原理。

现代农业机械都带有座位。起初想到安座位的绝不会是什么勤快的农夫，他们才不在乎整天在地里走路呢。这个主意最先肯定是由想坐着干活的人想出来的，正是懒惰激励了发明。

最杰出的工程师——人类动机的研究者弗兰克·B·吉尔布莱思，常常把各行各业优秀工人的劳动动作拍成影片，判断一种工作最少可以用几个动作完成。他发现，最优秀的工人毫无例外地都是懒汉，他们懒得连一个多余的动作都不肯做。勤快一些的工人的效率要低得多，因为他们不在乎把力气花在多余的动作上。一个称职的领导也同样懒惰；凡是能吩咐别人为他干的事，他绝不亲躬。

精神的懒惰也同样促进了人类的进步。许多重要的规则和定理都是懒汉想出来的，这些人想在脑力劳动上寻找捷径，发现万有引力定律的人准是懒汉。他们探究各种互不相关的现象的根源，他们讨厌需要吃苦受累的事情。想想看，如果没有发现自由落体定律，那么，要确定苹果从枝头落到地上的时间，要确定猫从离地一英里的气球上掉到地上用多久，这该会多么麻烦！想想看，如果某些懒汉不曾建立"2＋2＝4"的规则，我们的生活将会遇到多复杂的局面，将会碰到多少令人筋疲力尽的麻烦啊！

其实，正是懒汉承担了促进人类文明发展的重任。现在是认真看待我们这些懒汉的时候了，因为我们的这些懒汉身上寄托着人类的希望。

奇思妙想

【意大利】艾柯

王东亮 译

如何回答"你好吗？" ①

几十种回答，每一个答案都与回答者的身份、经历、学问相关。信息密集到这种程度，阅读的快感无穷，况且作者还巧妙地调侃名人呢。

艾柯（1932年生），意大利当代作家，符号学家。小说代表作是《玫瑰之名》。他的幽默散文新著《如何与三文鱼同行——仿作与伪作新编》，如老顽童戏小儿，在谐趣中戳破时代的种种假面。这里的两篇短文选自该书。

俄狄浦斯："问题很复杂。"

苏格拉底："我不知道。"

希波克拉底："只要有个好身体……"

柏拉图："很理想。"

挪亚："您知道一家好的保险公司吗？"

耶稣："我复活了。"

犹大："一个吻？"

尼禄："烈焰腾空。"

阿贝拉尔："别割我！"

诺查丹玛斯："什么时候？"

哥伦布："我看不到陆地。"

伽利略："它在转。"

笛卡儿："我思，故我好。"

维柯："在我这儿，一切都周而复始。"

罗伯斯庇尔："你会掉脑袋的！"

马拉："洗着呢！"

舒伯特："你喜欢鳟鱼吗？"

---

① 选自《读书》杂志，1999年第4期，王东亮《艾柯的"小辞"》一文。

诺瓦利斯："如梦似幻。"

叔本华："缺少的不是意志。"

达尔文："适应吧……"

马克思："明天会更好。"

尼采："在善的彼岸，谢谢。"

亨利·詹姆斯："看从哪个角度说了。"

诺贝尔："炸了。"

居里夫人："光芒四射！"

爱因斯坦："相对好些。"

纪德："无动机问题。"

维特根斯坦："最好是别说。"

弗洛伊德："你呢？"

福柯："谁？"

斯皮尔伯格："你有电话号码吗？"

加缪："荒诞的问题。"

克里斯蒂："你猜。"

而达·芬奇没有言语，只是报以暧昧的微笑。

奇思妙想

【日本】芥川龙之介

吕元明 译

侏儒的祈祷①

　　"侏儒"是那种活得明智而现实的人，他压抑难以企及的英雄梦想，给欲望打折，只祈求在太平年月过平凡日子，不穷不富、不慧不傻、知足常乐，也不妨碍别人。这是作家的自白，也是天下老百姓的共同愿望。这么低下的愿望，世人却往往祈祷而不得，这世道真是不像话了。

　　芥川龙之介（1892~1927），日本新思潮派作家。作品有《罗生门》《地狱变》等。35岁时服安眠药自杀。

　　我是个只要身穿彩衣，献筋斗之戏，享受升平之世就知足常乐的侏儒。祈愿让我如愿以偿。

　　祈愿不要让我穷得一粒米也没有，祈愿也不要让我富得连熊掌都吃腻了；

　　祈愿不要让采桑农妇都讨厌我；

　　祈愿也不要让后宫美女都垂青于我；

　　祈愿不要让我般的愚昧到菽麦不分；

　　祈愿也不要让我聪明到明察星象；

　　祈愿更不要让我成为英武勇敢的英雄。我现在每每在梦中上难攀之峰顶，渡难越之海洋——也就是在做着使不可能的事成为可能的梦。每当出现这种梦境，我并不觉得可怕。我正苦于像和龙搏斗似的和这个梦搏斗。请不要让我成为英雄——不要让我产生想做英雄的欲望，保护这个无力的我吧！

　　我是个只要被这新春的酒灌醉，吟诵这《金缕》的歌②、过上这美好的日子就知足常乐的侏儒。

奇思妙想

---

　　① 选自姚春树主编《外国杂文大观》，百花文艺出版社，1994年版。

　　② 即唐代的《金缕衣》曲，杜秋娘所歌："劝君莫惜金缕衣，劝君惜取少年时，花开堪折直须折，莫待无花空折枝。"

【意大利】马利涅蒂

吕同六　译

他们来了①

这是一出"反戏剧"的短剧，没有完整的情节、没有戏剧冲突，只有三句台词加一句胡言乱语。一群沉默的人在等待客人，不知客人是谁；他们机械地搬动桌椅，不知为什么搬。最后，人变成道具，桌椅变成主角，它们自个儿移动，走出门去。作者的用心，在剧末《说明》中有所交代。

马利涅蒂（1876~1944），意大利未来主义文学流派的创始人。宣称未来主义戏剧的任务是"彻底摧毁导致传统戏剧僵死的手法"，"在舞台上展现我们的智力从潜意识、捉摸不定的力量、纯抽象和纯想象中发掘出来的一切，不管它们是如何违背真实、离奇古怪和反戏剧"。

豪华的客厅。

晚上，巨大的吊灯放射着耀眼的光亮。

舞台的左方，是敞开的门、窗，通向花园；靠近墙壁，摆着一张巨大的长方形桌子，上面铺着桌布。舞台的右方，也有一扇敞开的门；靠近墙壁，摆着一张异常高大的安乐椅，安乐椅的两边，一字儿摆开八张座椅，左边四张，右边四张。

总管和两名穿燕尾服的仆人从左边的门上。

总　管　他们来了。赶紧准备。（下。）

［仆人们忙乱起来，把八张座椅围绕安乐椅摆成马蹄形。安乐椅和长方形桌子仍在原地不动。

［仆人们走到门口张望，背向观众。

［长久的等待。

［总管气喘吁吁地从花园上。

总　管　新的命令。他们非常困乏……赶紧准备一批枕头、凳子……（下。）

［仆人们从右边的门下，然后带枕头、凳子上。他们把安乐椅搬到客厅正中，在安乐椅的两边，各摆四张座椅，椅背朝着安乐椅。安乐椅和每张座椅上，放着一

---

① 选自袁可嘉、董衡巽、郑克鲁选编《外国现代派作品选》，上海文艺出版社，1980年版。

个枕头；安乐椅和每张座椅前面，放一张凳子。

　　〔仆人们又走到门口张望，背向观众。

　　〔长久的等待。

　　〔总管气喘吁吁地从花园上。

　　总　管　新的命令。他们肚子饿了。准备开饭。（下。）

　　〔仆人们把长方桌抬到客厅正中，围绕桌子摆好八张座椅，安乐椅摆在上座，匆匆下。然后从右门上，布置餐桌。在第一个座席前，放一瓶鲜花；第二个座席前，放八瓶酒；其他座席前，仅仅放一副餐具。

　　〔有一张座椅应该靠在餐桌上，座椅的两条后腿立起，像餐馆中通常用来表示"保留座位"那样。

　　〔仆人们收拾完毕，又走到门口张望，背向观众。

　　〔长久的等待。

　　〔总管奔跑急上。

　　总　管　Briccatirakamèkamè。（下。）

　　〔仆人们立即把准备好的餐桌重新搬回幕起时的位置。然后，把安乐椅斜放在通向花园的门的前面；八张座椅尾随安乐椅一字长蛇阵地摆开，形成一条对角线，穿过舞台。

　　〔仆人们熄灭吊灯，舞台上一片昏暗。月光穿过通向花园的门，洒在舞台上。

　　〔一盏瞧不见的聚光灯，把安乐椅和八张座椅的影子照射在地板上。随着聚光灯的移动，这些影子也分明变得越来越长，朝着通向花园的门移动。

　　〔仆人们龟缩在舞台的一个角落里，浑身颤抖，极其痛苦地等待着安乐椅和座椅缓慢地"走"出客厅。

——剧终

　　说明：

　　在《他们来了》一剧中，我试图创造一种富有生命的物体的合成。一切感觉敏锐和富有想象力的人，自然都已不止一次地发现，在没有人的屋子里，那些桌椅，尤其是安乐椅和座椅，呈现出给人以深刻印象的态势，充满神秘的启示。

　　我正是以这一观察为基础，创造我的这一合成。

　　巨大的安乐椅和八张座椅，为了迎接所等待的客人们，不断地变换它们的位置，渐渐地具有一种奇特的、幻觉般的生命。最终，随着它们的影子的拉长，朝着门口移动，观众应该感觉，座椅果真具有生命，它们自个儿移动，走出门去。

【加拿大】玛·阿特伍德

女性身体①

女作家说女性，说女性的身体，说它作为一个反复咀嚼的话题、社会给它提供的丰富的配件、它的耐用特征、它与男人的微妙关系、它多种多样的用途、它充满噩梦的大脑随时预备接收来自外界的信息。作者是女性，她想表达女性的骄傲，现实却只给女性提供了屈辱；她故作轻松幽默，言词间却闪烁着强装的笑容。男人说女人，难得不来劲；女人说女人，难得不来气。

玛·阿特伍德（1939年生），加拿大当代女作家。

"……完全专注于'女性身体'的主题。了解到你关于这个题目写得有多么好……这个内涵丰富的题目……"

——摘自《密执安评论旬刊》上的信件

1

我同意，这是个热门话题。但只有一个吗？环顾四周，它的分布很广泛。例如，就拿我自己来说吧。

我清早起床。我的话题就急不可耐。我用水撩洒它，用刷刷洗它的一些部分，用毛巾擦干它，扑上粉，涂上润滑剂。我填充燃料，于是我的话题出发了。我的话题的话题，我颇有争议的话题，我内涵丰富的话题，我步履蹒跚的话题，我近视的话题，我后背有疾患的话题，我行为不端的话题，我粗俗的话题，我残忍无德的话题，我衰老的话题，我那不值得考虑又无论如何仍然难以替代的话题，穿着那尺寸过大的外衣和破旧的冬靴，沿人行道匆匆而行。仿佛它是血肉之躯，正要探寻那边的什么，一棵鳄梨树，一位高级市政官员，一个形容词，饥饿如旧。

奇思妙想

---

① 选自王家新、汪剑钊主编《灵魂的边界——外国思想者随笔经典》，云南人民出版社，1996年版。

2

基本的女性身体会有以下配件：吊袜束腰带、紧身衬裤、硬衬布衬裙、背心式内衣、衬垫、胸罩、胃托、无袖宽内衣、处女区、细高跟、鼻环、面纱、小山羊皮手套、网眼袜、三角式披肩薄围巾、束发带、"快乐寡妇"、黑色丧章、短项链、无边平顶帽、手镯、珠项链、长柄眼镜式望远镜、羽毛围巾、纯黑色眼影、带梳妆镜的粉饼盒、带朴素镶边的"丽克拉"弹力连身衣、名牌晨衣、法兰绒睡衣、镶花边内衣、床、脑袋。

3

女性身体由透明的塑胶制成，当你给它插上电源，它就会亮起来。你摁动一个电钮以照亮不同的系统。循环系统是红色的，因为心脏和动脉的缘故，紫色是静脉；呼吸系统是蓝色的，淋巴系统是黄色的，消化系统是绿色的，因为肝脏和肾脏是水绿色的，被照亮的神经是橘色，大脑是粉红色。而骨骼，正如你会想象的那样，是白色的。

再造系统是任意选择的，而且能够被移动。它可以有也可以没有一个微小的胚胎。亲子鉴定由是得以施行，我们不想恐吓或是冒犯。

4

他说，我可不想在房里放这么一个东西。这会给年轻姑娘以错误的审美观，更不要提解剖学了。如果一个真实的女人如此构造，她就会彻底失败。

她说，如果我们不让她拥有与其他姑娘一样的构造，她就会感觉与众不同。这就会成为问题。她会渴望那个构造，她会渴望变成那个构造。压抑孕育升华。你明白这一点。

他说，不光是那凸出的塑胶奶头，而是所有的服饰。所有服饰以及那个愚蠢的男性玩偶，他叫什么名字来着，就是身上紧贴着内衣的那一个。

她说，最好趁他年轻时就把它解决了……他说，行啊，但别让我看见它。

她嗖嗖地下了楼梯，像只飞镖投出来。她一丝不挂赤身裸体，她的头发被砍断了，她的后脑勺被转到前面，她缺少几个脚指头，她的周围被粉色墨水文了身，图案是涡形花样。她撞倒了栽在花盆中的杜鹃花，像一个被笨手笨脚弄坏的天使在那儿颤抖了一会儿，随后倒下了。

他说，我想我们安全了。

奇思妙想

167

5

女性身体具有多种用途。它曾被用作一只门环、一个瓶启，用作一只腹部滴答作响的钟，被用作某种支撑灯罩的东西，用作一只胡桃钳——只需把黄铜色的两腿紧紧一夹，你的果仁就滚了出来。它擎火炬，举胜利花冠，长出一副铜翅膀把一只霓虹星环举到上面；整个建筑物就支撑在它大理石的脑袋上。

它卖汽车、啤酒、剃须液、香烟、烈性酒；它出售饮食计划和钻石，以及装在小水晶瓶里的欲望。这就是激发了千种产品的那张脸吗？你以为它是，但别打任何可笑的鬼主意，亲爱的，那副笑脸一钱不值。

它不仅仅出卖，它也被出卖。钱币流进这个国家或那个国家，乘飞机来，实际上是爬进来，一批又一批，都是受了那些12岁之前的无毛大腿的诱惑。听着，你想减少国债，对不对？你难道不爱国吗？那就是这种精神。那就是我的女孩子。

她是一种自然资源，幸运的是还是可以再生的一种，因为那些东西非常快就会用旧。他们不像从前那样制作它们了，劣质产品。

6

人和人与另一个人是平等的，女性内在的愉悦不是一种需求，鹅的对偶结合更为牢固。我们不是在谈论爱情，我们谈的是生命现象。我们都是这样进化来的，女儿。

蜗牛做起来有所不同。它们是雌雄同体，就三者同做。

7

每一个女性身体都具有一个女性大脑，非常灵便，操纵事项。促使它行动起来，你就会得到惊喜的结果。古老的流行歌曲，短路，噩梦。

无论如何，每一个这样的大脑都可以分为两半。它们由一根粗绳连接；中枢神经系统的通路从这一半流入另一半，电讯的火花来回冲击，就像波长上的指示灯光，像一场谈话。女人怎么会知道呢？她聆听着。她是在收听。

男性的大脑，现在看看，情形则不同。只有一细弱的连接。这边是空间，那边是时间，音乐和算术处于各自封闭的区域。右脑不知道左脑在做什么。尽管这有利于瞄准，扣动扳机有利于击中目标。但目标是什么？谁是目标？谁又在乎呢？重要的是击中这一行为，对你来说这就是男性大脑，客观的。

这就是为什么男人会这样伤心，他们会感觉被隔绝，他们会认为自己是遭遗弃驱逐的孤儿，在纵深的真空中没着没落，无牵无挂。什么真空？她说，你在说什

奇思妙想

么? 宇宙的真空,他说;而她说哦,然后朝窗外望去,试图对它有所把握。但这无济于事;有太多的东西在消逝,树叶在发出太多的沙沙声,还有太多的音响;因此她说,你想不想来一份奶酪三明治,一块蛋糕,一杯茶? 而他则因为她的不可理喻而磨碎了牙齿,然后漫无目的地游走,不仅仅是独自一人,而是独自一人迷失在黑暗中,迷失在脑壳中,寻找另外的一半,那可以使它完整的孪生的一半。

这时他想到:他丢失了女性身体! 瞧啊,它在远处的黑暗中闪亮,那是个完整而成熟的景象,像一只大瓜,像个苹果,像恶劣的色情小说中对乳房的隐喻;它闪亮像一只气球,像一个雾气迷蒙的正午,像一轮湿漉漉的月亮,在它的光卵中闪耀。

抓住它。放在它的西葫芦里,放在一座高塔里,放在一个化合物里,放在一间卧室里,放在住宅里,放在房间里。快啊,在它身上拴一条皮带、一把锁、一副锁链、一些疼痛,让它老实下来,这样它就再也不能从你这儿跑开了。

【美国】约翰·巴思
赵毅衡 译

夜海之旅①

　　男人一次射精的精子数约在两亿枚左右，其中只有一枚有幸"中奖"。另外，在一个男人的一生中，有无数次的"两亿枚"是无效运动，从生物学角度看，纯属浪费资源，甚至是"滥杀无辜"。假设，一枚精子有思想的话，它会如何看待自己的命运呢？本文就是从这个角度切入，赋予精子以人性，或是，把人还原为一枚精子，展开对命运的绝对严肃的思索。这枚"夜海之旅"的泳者，正在沿着阴道上游到子宫的危险航程中，它自问："我是谁？""我们在哪里，是什么，为什么要游，游向何方？"它觉得整个航程基于一种荒谬之上，游下去和淹死一样毫无意义；如果游的目的就是为了结束游，到达彼岸又有什么意义？在这么无聊的自杀之旅中求生，"适者生存"的理论显得多么可憎可厌和冷酷无情；还有，最最重要的是"造物主"，我们的上帝——那就是某人了，他在干什么？他又为什么要这样干？我们真是为了"爱"而替他"传下薪火"？他靠我们体现他的"不朽"？在到达彼岸的那一刻，这枚精子简直就是加缪笔下的西西弗斯，他对"上帝"感到愤怒了。"我可以在你的薪火之中掺入一份我的私人遗产，那就是我的痛苦回忆和反抗的决心。"以上所有的思索，正是现代人的种种疑惑。人类生存的卑微渺小与荒诞残酷，在作者不失戏谑的文字中和盘托出。

　　约翰·巴思（1930年生），当代美国文坛怪才，在"黑色幽默"作家中独树一帜。作品有《迷失在开心馆中》《羊娃吉尔斯》等。

　　"怎么都行，不管哪种理论更符合我们的旅程，总之，我是在和自己说话。我像对陌生人那样对自己细说我们的境况和遭遇，告诉自己我暗怀的希望，哪怕为此希望而沉没。

　　"莫非这次旅程是我的空想？我问自己，没有我的体验，这夜晚和海洋究竟

---

① 选自王蒙等著《真爱·世纪名家品荐经典大系·散文卷》，长春出版社，1995年版。

还存在不存在? 我自己存在么? 或者只是一场梦? 有时我很困惑。如果我活着, 我是谁? 是命定要我传下去的薪火么? 但我怎能既为载体又为内容呢? 每当我歇息时, 这些念头便困扰着我。

"麻烦的是, 我无法确定。对于我们的处境, 很多解释似乎都是合理的——我们在哪里, 是什么, 为什么要游, 游向何方, 但我又得承认, 不合理的解释同样可能, 甚至更可能是对的。有时, 在某种心境下, 喏, 当我和邻伴一块奋力游行, 同声高唱'前进啊! 往上啊!'的时候, 我感到我们终究还是有个共同的造物主的, 他的天性他的动机我们一无所知, 但他用某种神秘的方法创造了我们, 并让我们游向只有他自己才知道的终点。我所以会受到情绪的感染, 居然也相信了这一信念, 那在一些地方是很流行的, 那是因为我们的夜海之旅正基于这种荒谬。人们甚至可以说: 我信这些思想因为这些思想很荒谬。

"这话有人说过吗?

"另一个悖论是: 不时地放松支持我游到现在。我和其他人一道, 奋力游两程, 然后精疲力竭意志消沉地漂浮, 想着这夜晚、海洋和旅程, 任由海浪把我卷回一程。前进得很慢, 但我活着, 我活着, 一路向前, 瞧, 最终超过一个又一个淹死的同伴。他们比我强壮, 比我值得敬佩, 却死于不停息的努力。我看到这一代人中游得最棒的沉下去了。数不清的死者! 我这边想着时, 上千的人淹没了; 我这边休息时, 上百万的人淹没了; 自从我们天真而勇敢地涌上这可怕的旅程, 上千万上亿的人消亡了。那时, 我们有近三亿之众, 齐唱着'爱! 爱!', 温暖的海面在游者欢腾的扑打下泛满了白沫。如今, 全都沉没了, 漂着的尸体, 泡涨的尸体, 领头的人和紧随而上的人, 全都沉没了。只有我这可怜虫依然在向前游。然而, 正是这些我赖以漂浮到现在的片刻沉思, 却使我疑虑、困惑、绝望——尽是些游者不该有的奇怪的情绪。我甚至开始怀疑……我们的夜海之旅根本没有意义。

"说真的, 如果我也加入了这个自杀大行列中, 那是因为在疲倦之外, 我感到这样游下去和淹死一样的毫无意义。是的, 我知道, 有些人似乎真的爱这夜海, 他们热爱游泳, 只为的游泳本身, 要么便是真诚地相信为了'到达彼岸'和'传下薪火'(谁的薪火? 我真想知道传给谁?), 值得付出巨大的代价, 可我做不到。在我心情最好的时候, 游泳也就是那么回事, 不致引起不快罢了。更多的时候, 游泳是件累人的事, 有时甚至是在受罪。有关职责和天命的大道理, 我根本不感兴趣。不错, 我们会游也确实在游, 从某种意义上说, 我们的长尾和流线型的脑袋简直是为游泳而设计的, 可那又怎样呢? 起码对我来说, 那绝不意味着我们应该游, 或者说, 应该履行我们的命运, 也就是说, 其他某个什么人的命运, 因为从我所看到的, 我们的命运不过是消亡罢了, 迟早的事, 哪条路都一样。先驱(如今都逝去了)无情的狂热, 年轻的同龄人盲目的理想, 潮雷般的欢呼声, 如今都使我恐惧，对于同伴的死，我无法释怀，如果这夜海之旅真的有什么价值，那也不是我们游者能了解的。

"哦，这是真的，'爱！'四下里都喊，'爱驱使和支撑我们！'我这样理解：我们不知道是什么在驱使和支撑我们，只知道我们被如此悲惨地驱使着，无力地支撑着。'爱'，我们这样称呼自己的无知，对鞭笞我们的事物的无知'到彼岸去'。彼岸，它只存在在游者的幻想里，用来排遣这可怕的事实：我们游者，一直这样游着什么也不干，将不停歇地（除我之外）游下去，直到死。

"退一步讲，真的有个彼岸，我的一个愤世的朋友曾设想：我们在淹死的瞬间飞升，发现所有的那些荒诞不经的迷信和奉为金科的比喻，都是不折不扣的事实：一切伟大的造物主，夜海尽头光明的彼岸，那又怎样呢？一个游者在那里又能干什么呢？实际上，我们在憧憬彼岸时，想到的却是摆脱目前的处境：不再有夜，不再有海，不再有旅程：换句话，正是摆脱每个淹死者都有的幸福。

"'停下来思考不是我们的职责，我们的职责是游，是沉没……'因为片刻的思考就会发现这次旅程的空虚无聊。'没关系，'我听见有人说，甚至在他们咽下最后一口气的时候，'夜海之旅或许是荒谬的，但我们在这里游，顶着浪头，向前向上奋力，朝着一个也许并不存在的彼岸；即使存在，也永远游不到。'有头脑的游者，他们又说，只有两种选择：放弃努力，沉下去一了百了；或是接受这荒谬的事实，没有目的没有动力，只为着游泳本身，游下去，同时向同在海上同在黑夜中的同伴表示同情。两种选择我都无法接受。如果连假想中的彼岸也不能给漫海漂浮的死者一点意义，却空谈为游而游，在我看来，这简直有些下流了。我继续游，完全出于盲目的习惯和本能以及对淹死的无端恐惧，它们压过了对旅程的害怕。时而，我伸手拉一把邻伴，和大家一起欢呼，将先驱的勇气和力量借着波浪传给别人，但这样做只是我出于本性不愿太显眼。在自己的航线上奋臂划行，坚信自己的优越和独立，毫无愧疚地超过身边的人，无视良知全心求乐——对于这样的游者，我无法谴责，有时我甚至在心里羡慕他们，鄙视自己软弱，不能学他们的样。但在更冷静一些的时刻，我对自己说，他们这种自由和自我负责，正是我摒弃的。在这种毫无意义的处境里，他们的做法比延续传统模式更加荒谬。自杀的人、背叛的人、看穿悖论的人——在这次劫数难逃的旅程中，乐观者和悲观者都一样——我终于只有朝他们摇摇头，叹口气，越过一具又一具他们的尸体。这里有我的朋友、敌人和兄弟；有蠢人、圣者和野蛮人——以及别的不知名的小人物，成千上万的尸体。我羡慕他们所有人。

"可笑又可悲的是，我发现了适者生存这一信条的可憎可厌和空虚无聊（适应，在我眼中，就是生存的能力，这是一种天赋，目的只是为了活下来，为此却需要强力、欺骗和冷酷无情），自己却将成为唯一的幸存者和适者！这信条不仅令人厌恶，而且完全错误：命运把好人和庸人一同淹死，又像支持真正的适者一样支持不适应的。夜海之旅因而显得不仅嗜杀和无聊，而且任性。

"'你只游一次。'那么，还伤什么脑筋？

"'除非淹死，你是到不了彼岸的。'鬼话！

"当我们等着开始旅程时，一位同伴——就是那位转着古怪念头的愤世者，他第一批就淹死了——和我们扯些古怪的想法。他爱扯的一个怪论是，上帝确实存在，也确实创造了我们和我们游于其中的夜海，但却是漫无目的的，甚至没有意识到。事实上，他无意间创造了我们，抛置在这场搏斗中，他自己根本不知道我们的存在。另一个怪论是，他知道我们在这里，可并不在乎我们会怎样，因为他（不管是否自愿）定期要造一些同类的海洋和游者。在痛苦的时候，比如他快淹死时，我的朋友甚至声称，我们的造物主巴不得我们从未被造出来过，我的朋友说，确实有个彼岸，能至少拯救一些人，为此奋斗正是我们的职责——但为了一些我们无法得知的原因，造物主竭力要阻止我们到达那方乐土，完成我们的使命；简单说，正是我们的天父，在设置险阻并谋害我们。对于造物主的秉性，那家伙的猜想同样与传统观念格格不入，让人恼火。他说，很可能，上帝自己就根本不会游；他是个怪胎，兴许连尾巴也没有；他又蠢又恶毒，没有感觉，骄傲自大，再不就是睡着了正做着梦。他为我们安排了结局，送我们上路，我们耗尽心力追求，而这一结局却很可能是不道德的，甚至下流的。等等等等，那小子的怪念头和粗鲁的想象层出不穷。我真疑心他那么早完蛋，是因为他的无耻大胆激起了某几个游者的义愤。

"然而，在其他心境里（他和我一样，受情绪和心境支配），尤其当我们的热烈讨论转向乐此不疲的话题：天命和不朽时，他在我眼中变得严肃起来。这时，他的长篇大论，虽然一样地怪诞，却变得严肃和含混。他还在逗我们，但他的热情冲淡了他的玩笑。他声言，他不满于种种流行的来世观，因为它们一律自称普遍有效。信徒们凭什么认为所有淹死的人都要在旅程尽头接受审判，非信徒也不例外？他发誓说每个人的命运都是永恒的死亡。事实上，他怀着变态的快感设想，每个造物主在他从事创造的一生中创造了上千个彼此不相连的海洋，每个海洋都和我们这一个一样，塞满上百万的游者，几乎每一瞬间，都有一个海洋和它的游者消亡得无影无踪，或是出于偶然，或是出于恶意的安排（地地道道的多元论，他想象中有上百万上百亿的天父，在他们自己的夜海中游泳）。不过，他承认，在每一千个夜海中，可能会有一个夜海，在它的两亿五千万游者中，有一个（就是说，两千五百亿游者中有一个）将获得真正的不朽。个别情况下，这比例可能稍高些，大多数时候则要低得多。在他看来，既然游者按熟练程度分许多档次，包括根本不会游、未踏上旅程就淹死的和其他为淹死而生的游者，那么上帝们也完全可能分成好多类，从无能的上帝——不会造物的造物主——到特别多产的以及介乎中间的种种。可他又得意地否定在造物主的生产效率和造物主的秉性以及我们这些产品的质量之间有什么必然联系。

"他那套疯狂的念头，我还可以细细说上半天（他就这么细细说着），像什么其他夜海里的游者并不一定要和我们同属一类。说起来，造物主们自己就可能分属不同科目；我们的这一个造物主可能自己就无法不朽，我们不仅是他的密使，而且体现着他的不朽：我们在全体的死亡之后，经升华演变，延续着他的和我们自己的生命。即便这个我看来毫无意义的变相不朽，他认为也是相对的、偶然的、视具体消亡情况而定（是人为还是偶然）。他喜爱的一个假说是：造物主和游者互相创造了彼此——不管怎么说，他们的数目是这么大——而那个'不朽链'可能在轮回了一次次后中断，也就是说，'不朽'只是不断轮回的化身，这轮回本身也有起点和终点。另一种可能，他说，轮回里又套着轮回，可能有限也可能无限，譬如说，造物主在其中游泳并创造了我们和夜海的那个更大的夜海，又可能是出自某个更大的造物主之手，这样一环套一环。我的朋友甚至认为，连时间也是相对我们的体验而言的，谁又知道呢，也许就在我们每一下扑打中，不计其数的微型海洋和游者和他们整个的永恒已经在更小的时间层次上逝去：我们自己，我们的创造者，我们的创造者的创造者，同样又存在于某个超级的游者的扑打之间。

"自然，我和别人一样，冲着这些疯话哈哈大笑。那时我们很年轻，对前途的事只有点模糊的概念。我们幼稚地认为，夜海之旅是个很大的英雄的壮举。对它的意义和价值我们从不怀疑；是的，有些人会沉没在途中，这无疑是件遗憾的事，但任何一场竞赛的胜利都会有一些失败者，而我像所有人一样，坚信自己是优胜者。我们挤在一起，焦急地等待出发，到夜和海的现实中展现我们的青春活力，没有人在乎去哪里，为什么去。我们放任那个怀疑论者胡说，完全是因为把他视作一件古怪的、无足轻重的吉祥物。当他死在第一批大屠杀中时，没有人在意。

"哪怕现在，我也不赞赏他的所有观点——但我不再嘲笑他。可怕的经历磨蚀尽了我的信念，也磨蚀尽了虚荣、信心、兴致、仁慈、希望、活力，所有的东西，留下的只有单调的恐惧，几丝悲哀和麻木的毅力。我想起了他的这些幻想，因为我越来越怀疑自己将成为所有游者中唯一的幸存者，成为这死亡之旅、这时代谎言的唯一幸存者。这个疑心，加上近来海面的变化，使我感到没有什么是不可能的，哪怕是我那个伙计最荒谬的幻想。我在绝望中反倒定了心，期待着我生命中的转折。

"很可能我已丧失了理智。出发伊始的大屠杀，漩涡的吞噬，剧毒的潮水，大海的翻腾，恐怖的奔逃、反抗、杀戮、集体自尽；堆积如山的事实告诉我没有人能在这场旅程中逃生，尚且不说我已遭受的痛苦和疲惫。经历了这一切尚能心智健全，简直是奇迹。我因此断定，海面此时出现的恬静，前方不远处渐露端倪的巨大物体和隐约的歌声和召唤，都是我的幻觉和紊乱的精神状态……

"也许，我已经淹死了。显然我不是为这场艰苦的旅程而造的；也许，我早在刚出发时就死掉了，此刻正在永恒的安息中想象这次夜海之旅。无论如何，我不再年轻，我们这些饱经风霜、万念俱灰的老游者，原是最容易做梦的。

"有时，我想我就是我淹死的朋友。

"这些设想退去后，我开始相信，'她'不仅存在，而且正在前方不远处安抚着海洋，把我引向'她'。忽然间，我记起朋友最疯狂的念头：我们的终点（成千上万的夜海中只有一个有终点）根本不是彼岸，像大家想象的那样，而是一个神秘的生灵。它的形象只有用矛盾的和含混的话才能形容。它和我们游者完全不同，是我们完美了的形体；我们的死亡是我们的解脱和再生，同时也是我们旅程的终点、中点和起点；新的世界和这个充塞着挣扎的游者的夜海没有共同处，那是无声无息、无边无垠的一片空间，充盈在自己体内，却又在某种意义上完全依赖于命运的恩赐；把某个夜海的幸存者送到那里（虽然这个可能性几乎为零）……'她'！'她'，我这样称呼那个生灵，也就是说，不是'他'。我摇摇头，这事太荒诞了；我和自己说话，好在这难堪的黑夜中保持理智。'她'不存在！你不存在！我冲自己咆哮：聆听和召唤的不是别的，正是死神！淹死，然后所有的海洋都会归于平静……

"听着：我的朋友坚持说，每一种创造体系中，都有两类创造者，相反相成，一个造就海洋与游者，另一个造就笼罩海洋的夜和等待在旅程尽头的结局；前者造就了命运，后者造就了归宿（两者一样的多产，三心二意，无动于衷，漫不经心）。对于夜海之旅的目的——但不是游者和创造者的目的——我的朋友只能用些抽象的词形容：圆满、变形、矛盾的统一，种类的超越。我们哈哈大笑，于是他耸耸肩，承认对此并不比我们懂得更多。他说这又可笑又枯燥，也许还有些下流。'那个命定的英雄，'他有些不高兴地说，'也许就是你们中间某个人，他将完成旅程，到"她"身边。当然，造化安排一切，你无能为力。'他声称，他自己连试都不想试；他厌恶这整个一件事儿。他说我们最好将他的话当做个蹩脚的故事忘了，尽管扑腾去，飞溅去，高兴一点；我们很快就会淹死。虽然他也不知道自己是怎么知道的，不知道为什么要告诉我们，不知道那个英雄和'她'，彼岸和游者，融合为一个两者都是又两者都不是的新生命后会发生什么，但是他知道自己没错。他很赞成我的看法，若是这一神奇的结合完全忘却了夜海之旅的可怕经历，那么它所得到的不朽也是可悲的。更可悲的是，他接着想象说，在付出这么多生命后，英雄与'她'的结合不过造就另一个夜海的造物主。如果这样——他相信是的——仁慈的人应该拒绝合作，真正的英雄是自杀者，而英雄中的英雄是那个在'她'面前拒绝不朽的游者，这样他至少可以结束一个灾难的回忆。

"我们百般取笑他。出发的时候到了，我们扑入水中，向往着光荣的历险，扑腾、歌唱、咒骂、挣扎，说服自己，救助同伴，彼此争杀，创造规则、故事和关系，放弃努力，继续奋斗，末了，依旧都困守在这黑夜里，濒于死亡。零零落落几个疲惫不堪的游者还在嘎声嘶叫'向前啊！向上啊！'，像是一个痛苦的回声。然后他们也沉默了——显然是葬身在刚才一个可怕的浪头下了。终于，精疲力竭，满心绝望的我也放弃了努力，不再扑腾，任由激浪将我带走；浮也罢，沉也罢，我再也不游了。突然间，奇迹般地，海面平静了！咆哮的浪潮变得温暖、和顺，像一阵快乐之浪，就这样托着我向前——这时候，我郁郁不乐地忆起了死去的朋友的教海。

"我没有受骗，这新的感觉是她的杰作；这充沛我的欲望，是她的魔力在起作用。我不再清醒，一时间我真想高喊：'爱！'扑向'她'身边，接受超度。我已经死了，这个被热情控制的家伙不是我，我是那个坚决摒弃和誓绝夜海之旅的人！我……

"你心中充沛着爱。'来吧！''她'轻唤我，我身不由己。

"你，听我说。我不知道你是谁，我将化为你的一部分。趁这最后几分真我，我恳求你听我说。支撑我的不是爱！不是。虽然'她'的魔法使我迫切唱出违心的话，虽然我马上可能因为亵渎而淹死，但我一定要说出真相。使我渡过这可怖的海洋的是一个希望，来自我那死去的可怜的朋友的一个希望：你的意志也许比我更坚强，但通过精神的专注，我可以在你的薪火之中掺入一份我的私人遗产，那就是我的可怕的回忆和反抗的决心。不管这念头有多离奇，我这样梦想：我融身的那个新生命（或者，必要的话，我和'她'的合身）在其言行中将多少反映我的沉思，哪怕经过了曲解或极端化。假如真的这样，你能为我做我无法做的事么：结束这毫无意义的野蛮的游戏！再不要听'她'歌唱！憎恨爱！

"依然活着！漂浮着，燃烧着。再见了，我不再抱别的希望，我曾指望因为大胆的亵渎淹死在岸边。难道（我的老朋友笑了），真的只有最冥顽的反对者才能从黑夜中逃生么？然而连这一念头也是理智。已经没有理智了，只有无知无觉的爱，无知无觉的死亡。不管谁来为我的沉思代言：勇敢些，胜过你的作者！结束夜海之旅！别再干了！请将我抛弃，当我抛弃自己，否认自己，投向'她'的怀抱，那个歌声的召唤……

"爱！爱！爱！"

解放大地的美，
孵育人间的梦想，
人类劳苦功烈，
然而诗意地栖居在大地上。

The **voice**
人类的声音
of human being

【德国】黑塞
米尚志 译

旅行的欲望①

时值隆冬，一个惯坐书斋的人，忽然对自己的日常行为产生价值怀疑："读并非必要读的书，写并非必要写的文章，而且怀着并非必要的思想。"生活的瞬间爆发出小小的幻灭感。何以解忧，唯有旅行。书斋外面的世界充满了生机和诱惑，大地在呼唤旅人，刺激着人的"求知欲望和体验欲望"，"这种欲望远比我们强大"，这是一种"危险的欲望：无畏地思索，彻底让世界翻过来，对所有事情、所有人都能做出回答"。古人常说"人生如旅"，这是在认可人生的宿命之后，对珍惜生命的庄重提醒。每一个活在世上的旅人，都渴望着穷尽世间的珍奇和奥秘，这是一个生命最原始的冲动。

黑塞（1877~1962），德国作家，后入籍瑞士。1946年获诺贝尔文学奖。代表作《荒原狼》《玻璃球游戏》。

时值隆冬。天空不是飘雪，就是刮燥热的风；忽而冰封大地，忽而遍地泥泞。田间的路无法行走了，我和邻居的地方已经隔绝。在寒冷的清晨，湖面上升腾着白色烟雾，湖水四周结出一圈光洁易碎的薄冰。可是，待到燥热的风一吹，湖水便又翻起深色波浪，顿时活跃起来；对着东方，它又会像在春天阳光明媚的日子，变得蔚蓝蔚蓝的。

我坐在暖烘烘的书斋里，读并非必要的书，写并非必要的文章，而且怀着并非必要的思想。不过，总得有人阅读年复一年创作和出版的作品。只因无人想读，所以我就读。我这样做，半是出于兴趣和友情，半是为了使自己在读者和书堆之间充当评论者和替罪羊的角色。实际上，许多书写得很好，充满智慧，值得一读。尽管如此，我也会怪自己多此一举，觉得自己所要追求的目标完全是错误的。

我常常去卧室呆一会儿。那儿的墙上挂着一张很大的意大利地图。我的眼光贪婪地扫视波河和亚平宁山脉，穿过托斯卡纳的绿色山谷，掠过沿海地图黄色的

---

① 选自李荫华、张介眉主编《当代世界名家随笔》，上海教育出版社，1998年版。

和蓝色的海滩海湾，斜扫西西里岛，最后迷失了方向，眼光一闪，落在科孚岛上，到了希腊。亲爱的上帝，这许多许多的地方彼此离得多么近啊！人们很快就可以到处游逛一遍。我兴奋地吹着口哨，回到书斋，读并非必须读的书，写并非必须写的文章，进行并非必须的思考。

去年，我旅行六个月，前年旅行五个月。其实，这对一个一家之父、园丁和乡下人来说够多了。前不久，我在旅途中病倒在异国他乡，动了手术，在床上躺了一段时间。回到家里，我觉得应该是——虽不能说是永远，但可以说很长时期内——安静下来，享受家庭生活之乐的时候了。可是，身体还在日渐消瘦，疲劳尚未消除，我与书打交道和写作，还没有几个星期，心又开始动了。有一天，太阳似乎又充满青春活力，把灿烂的光芒洒在公路上；一只深黑色小船，扬起雪白的大帆，荡漾在湖水上。我不由得想到人生的短暂。突然间，一切决心、愿望和认识又统统化为乌有，唯一留下的是强烈的无法满足的旅行欲望。

啊，真正的旅行欲望不是别的，它无异于这样的危险欲望：无畏地思索，彻底让世界翻过来，对所有的事情、所有人都能做出回答。它靠计划、靠书本不会得到满足，它要求的东西更多，它要求付出更大代价。满足它是需要呕心沥血的。

燥热的西风掠过深色湖水，吹过我窗前。它没有目的，没有目标，然而却带着激情呼啸而过。它不断消耗自己，它不能抑制，无法满足。真正的旅行欲望，任何认识与经历都满足不了的求知欲望和体验欲望，亦是如此不能抑制，无法满足。这种欲望远比我们强大，远比任何锁链坚实。它控制了谁，它就想一再要求谁作出牺牲。不是有人疯狂追逐金钱，追逐女人喜欢，追逐达官贵人宠信，竟然发展到敢冒最大风险和不惜自我毁灭的地步吗？现在，我们怀有旅行欲望的人，追求的是：了解和亲眼看看母亲大地，和她融为一体，全部拥有和彻底奉献无法拥有、无法追求、只能幻想、只能渴望的东西。也许我们的这种追求和激情，与赌徒、奸商、唐璜①式人物以及到处钻营者的追求没有多大区别和好不了多少。但是，面对黄昏，我觉得我们的追求较之他们的追求更美好，更有价值。每当大地呼唤我们，每当回归之路招呼我们漫游者回家，每当床榻示意我们不知疲倦的人休息，我总觉得，一天的结束绝对不意味着告别和畏惧屈从，而是让人怀着感激之情，贪婪地品味最深的体验。我们对大地无处不感到好奇：南美洲，未发现的南海海湾，地球的南北极，还有风、江河、闪电、山崩——然而，我们对死，对最后和最勇敢地经历的死，更是感到无限好奇，因为我们知道，在所有的认识和经历中，唯独我们乐意为之奉献出生命的认识和经历才能是理应获得和令人满意的。

----

① 唐璜：原为西欧传说中的虚构人物，后为著名的文学形象，浪荡子的象征，先后出现在莫扎特歌剧和莫里哀、梅里美、拜伦、萧伯纳等的作品里。

【俄国】车尔尼雪夫斯基

美是生活①

关于美是什么的话题，从来就是众说纷纭。我们可以先认定一些最基本的常识，比如说："美是生活。"或者，我们还可以把美学的争论落实为现实的体验，把话题再缩小一点，尝试着明白一个观点：生活是美。这样，我们可能会更尊重生活、尊重自己。

车尔尼雪夫斯基（1828~1889），俄国革命家、思想家、作家。作品有《生活与美学》《怎么办》等。

一、美是生活

美的事物在人心中所唤起的感觉，是类似我们当着亲爱的人面前时洋溢于我们心中的那种愉悦。我们无私地爱美，我们欣赏它，喜欢它，如同喜欢我们亲爱的人一样。由此可知，美包含着一种可爱的、为我们的心所宝贵的东西。但是这个"东西"一定是一个无所不包、能够采取最多种多样的形式、最富于一般性的东西；因为只有最多种多样的对象，彼此毫不相似的事物，我们才会觉得是美的。

在人觉得可爱的一切东西中最有一般性的，他觉得世界上最可爱的，就是生活；首先是他所愿意过、他所喜欢的那种生活；其次是任何一种生活，因为活着到底比不活好：但凡活的东西在本性上就恐惧死亡，恐惧不存在，而爱生活。所以，下这样一个定义：

"美是生活"；

"任何事物，我们在那里面看得见依照我们的理解应当如此的生活，那就是美的；任何东西，凡是显示出生活或使我们想起生活的，那就是美的。"

在普通人民看来，"美好的生活""应当如此的生活"就是吃得饱，住得好，睡眠充足；但是在农民，"生活"这个概念同时总是包括劳动的概念在内：生活而

---

① 选自北京大学哲学系美学教研室编《西方美学家论美和美感》，商务印书馆，1980年版。标题为编者拟。

不劳动是不可能的，而且也是叫人烦闷的。辛勤劳动却不致令人精疲力竭那样一种富足生活的结果，使青年农民或农家少女都有非常鲜嫩红润的面色——这照普通人民的理解，就是美的第一个条件。……上流社会的美人就完全不同了：它的历代祖先都是不靠双手劳动而生活过来的；由于无所事事的生活，血液很少流到四肢去；手足的筋肉一代弱似一代，骨骼也愈来愈小；而其必然的结果是纤细的手足——社会的上层阶级觉得唯一值得过的生活，即没有体力劳动的生活的标志；假如上流社会的妇女大手大脚，这不是她长得不好就是她并非出自名门望族的标志。

对于人，什么是最可爱呢？生活，因为我们的一切欢乐、我们的一切幸福、我们的一切希望，只与生活关联；对于生物来说，畏惧死亡、厌弃僵死的一切、厌弃伤生的一切，乃是自然而然的事情。所以，凡是我们发现具有生的意味的一切，特别是我们看见具有生的现象的一切，总使我们欢欣鼓舞，导我们于欣然充满无私快感的心境，这就是所谓美的享受。

对于人，最亲切最可爱的莫过于人和人的生活。现在，让我们看看所谓"美"，人的"美姿"这东西，我们将见到，我们在人的身上发现美的，就是把愉快的、丰富的、充沛的生活表现出来的一切。

二、自然界中的美是生活的暗示

根本无须详加证明：在人看来，动物界的美都表现着人类关于清新刚健的生活的概念。在哺乳动物身上——我们的眼睛几乎总是把它们的身体和人的外形相比的——人觉得美的是圆圆的身段、丰满和壮健；动作的优雅显美，因为只有"身体长得好看"的生物，也就是那能使我们想起长得好看的人而不是畸形的人的生物，它的动作才是优雅的……

同时，也无须详说：对于植物，我们欢喜色彩的新鲜，茂盛和形状的多样，因为那显示着力量横溢的蓬勃的生命。凋萎的植物是不好的；缺少生命液的植物也是不好的。

此外，动物的声音和动作使我们想起人类生活的声音和动作来；在某种程度上，植物的响声、树枝的摇荡、树叶的经常摆动，都使我们想起人类的生活来——这些就是我们觉得动植物界美的另一个根源；生气蓬勃的风景也是美的。

美是生活，首先是使我们想起人以及人类生活的那种生活——这个思想，我以为无须从自然界的各个领域来详细探究，因为构成自然界的美的是使我们想起人来（或者预示人格）的东西，自然界的美的事物，只有作为人的一种暗示才有美的意义。所以，既然指出人身上的美就是生活，那就无须再来证明在现实的一切其他领域内的美也是生活，那些领域内的美只是因为当做人和人的生活中的美的一种暗示，这才在人看来是美的。

但是必须补充说，人一般的都是用所有者的眼光去看自然，他觉得大地上的美的东西总是与人生的幸福和欢乐相连的。太阳和日光之所以美得可爱，也就因为它们是自然界一切生命的源泉，同时也因为日光直接有益于人的生命机能，增进他体内器官的活动，因而也有益于我们的精神状态。

太阳的光所以美，是因为它使整个大自然复苏，使大地上一切生命的根源都盎然富有生气；我们不但想到这点，我们自己也体验到这点，因为，在白昼、在阳光中比在寒夜、在黑暗里，我们倍觉得生气勃勃、愉快、有力、清醒。白昼的光，自然界的生机的源泉，恩泽万物，也使我们的生活温暖，没有它，我们的生活便暗淡而悲哀，阳光是美得令人心旷神怡的。旭日初升，大自然带着一股清新朝气的力量苏醒起来，我们也苏醒了，所以日出是愉快而绝美的；所以我们欣赏落日，往往黯然伤神，仿佛是同生活告别，在临别的时光，依依不舍，回味一下白昼生活的一切欢愉、一切盛况。一切光辉灿烂的东西总令人想起太阳，而且沾得太阳一部分的美。

在自然界中，只有动物最能使我们联想到人和人的生活，因此我们在动物身上也要比在其他一切自然物上发现更多的美和畸形。马是最美的动物之一种，因为马有蓬勃的生命力。……一句话，我们所喜爱于动物的是适度的丰满和形象的匀称。……我们总觉得鱼类不太美，因为它们没有哺乳动物所有的这样肖似人形的曲线形象，也没有鸟类所有的这样美丽的颜色。但是鱼的运动就显得很美了：鱼游得多么敏捷而从容不迫。动作敏捷、从容，这在人的身上是令人陶醉的，因为这只有在生得好而且端正的条件下才有可能；生得不好的人既不可能有良好的步伐，也不可能有优美的动作，因此，动作的敏捷与优美，是人体端正和匀称的发展的标志，它们无论在什么地方都令人喜爱的，所以燕子的飞翔有不可言传之妙，有羊奔马驰之美。

三、现实美高于艺术美

艺术再现现实，并不是为了消除它的瑕疵，并不是因为现实本身不够美，而是正因为它是美的。印画不能比原画好，它在艺术方面要比原画低劣得多；同样，艺术作品任何时候都不及现实的美或伟大；但是，原画只有一幅，只有能够去参观那陈列这幅原画的绘画馆的人，才有机会欣赏它，印画却成百成千份地传播于全世界，每个人都可以随意欣赏它，不必离开他的房间，不必从他的沙发上，站起来，也不必脱下身上的长袍；同样，现实中美的事物并不是人人都能随时欣赏的，经过艺术的再现（固然拙劣、粗糙、苍白，但毕竟是再现出来了），却使人人都能随时欣赏了……艺术作品的目的和作用也是这样。它并不修正现实，并不粉饰现实，而是再现它，充作它的代替物。

人决不能把物体的轮廓用手描绘得或甚至想象得比我们在现实中所见到的更好；理由我们已经在上面说过了。想象决不能想出任何一朵比真的玫瑰更好的玫瑰；而描绘又总是不及想象中的理想。有些物体的颜色，绘画能够表现得很好，但是有许多物体的颜色却非绘画所能传达。一般说来，黑暗的颜色和粗糙的色度，绘画表现得较好；浅淡的颜色较坏；阳光照耀着的物体的色彩最坏；描绘正午天空的蔚蓝、晨曦和夕阳的玫瑰色与金黄色，也总是不成功的。

艺术创作低于现实中的美的事物，不只因为现实所引起的印象比艺术创作所引起的印象更生动，从美学观点来看，艺术创作也低于现实中的美的事物，正如低于现实中的崇高、悲剧和滑稽的事物一样。

四、美随着时代向前发展

每一代的美都是而且也应该是为那一代而存在：它毫不破坏和谐，毫不违反那一代的美的要求；当美与那一代一同消逝的时候，再下一代就将会有它自己的美、新的美，谁也不会有所抱怨的。……今天能有多少美的享受，今天就给多少；明天是新的一天，有新的要求，只有新的美才能满足它们。

【法国】罗丹

美是性格和表现①

承认"自然是美的"并不难,难的是肯定"一切都是美的"。艺术家的眼光从这里开始超越常人。罗丹这句话人们已是耳熟能详:"对于我们的眼睛,不是缺少美,而是缺少发现。"如何去发现美呢?罗丹接下来这句话更有启发性:"美,就是性格和表现。"如果你捕捉到"自然"本身的"性格",你就发现了"美";把它真实地表现出来,就创造出艺术中的美。雕塑家中的罗丹,诗人中的波德莱尔,都是化现实之丑为艺术之美的著名圣手。

罗丹(1840~1917),法国最具原创才能的雕塑家。

一、自然总是美的

你不要忘了我最喜欢的一句箴言:"自然总是美的。"能了解自然向我们指出的,这就够了。

我服从"自然",从来不想命令"自然"。我唯一的欲望,就是像仆人似的忠实于自然。

模铸仅仅是表现外形;而我,则特别注重于表达心灵——心灵当然是"自然"的一部分。

二、美是性格和表现

在艺术家看来,一切都是美的,因为在任何人与任何事物上,他锐利的眼光能够发现"性格",换句话说,能够发现在外形下透露出的内在真理;而这个真理就是美的本身。

在艺术中,有"性格"的作品,才算是美的。

---

① 选自北京大学哲学系美学教研室编《西方美学家论美和美感》,商务印书馆,1980年版。标题为编者拟。

所谓"性格"，就是，不管是美的或丑的，某种自然景象的高度真实，甚至也可以叫做"双重性的真实"；因为性格就是外部真实所表现于内在的真实，就是人的面目、姿势和动作，天空的色调和地平线，所表现的灵魂、感情和思想。

因此对伟大的艺术家来说，自然中的一切都具有性格——这是因为他的坚决而直率的观察，能看透事物所蕴藏的意义。

自然中认为丑的，往往要比那认为美的更显露出它的"性格"，因为内在真实在愁苦的病容上，在皱蹙秽恶的瘦脸上，在各种畸形与残缺上，比在正常健全的相貌上更加明显地呈现出来。

既然只有"性格"的力量才能造成艺术的美，所以常有这样的事：在自然中越是丑的，在艺术中越是美。

在艺术中，只有那些没有性格的，就是说毫不显示外部的和内在的真实的作品，才是丑的。

在艺术中所谓丑的，就是那些虚假的、做作的东西，不重表现，但求浮华、纤柔的矫饰，无故的笑脸，装模作样，傲慢自负——一切没有灵魂、没有道理，只是为了炫耀的说谎的东西。

美是到处都有的。对于我们的眼睛，不是缺少美，而是缺少发现。

美，就是性格和表现。

而且，"自然"中任何东西都比不上人体更有性格。人体，由于它的力，或者由于它的美，可以唤起种种不同的意象。

美只有一种，即宣示真实的美。当一个真理，一个深刻的思想，一种强烈的感情，闪耀在某一文学或艺术的作品中，这种文体、色彩与素描，就一定是卓越的；显然，只有反映了真实，才获得这种优越性。

【奥地利】里尔克

冯至 译

论"山水" ①

在人类的眼里，自然"山水"到底是什么呢？古希腊人"过于自美"，山水只是人表现自身的"舞台"；基督教时代，人为来世而活着，山水当然不属于尘世，好风光归于天堂，恶环境仿如地狱；文艺复兴时期，山水成为人的感情的寄托；后来，"人从自然中走出"，山水自身就是独立的存在，而人，也就还原为万物之一。译者冯至先生认为：里尔克"这篇短文内容的丰富，是抵得一部艺术学者的专著的"。这话没有夸张。

关于古希腊的绘画，我们知道得很少；但这并不会是过于大胆的揣度，它看人正如后来的画家所看的山水一样。在一种伟大的绘画艺术不朽的纪念品陶器画上，周围的景物只不过注出名称（房屋或街道），几乎是缩写，只用字头表明；但裸体的人却是一切，他们像是担有满枝果实的树木，像是盛开的花丛，像是群鸟鸣啭的春天。那时人对待身体，像是耕种一块田地，为它劳作像是为了收获，有它正如据有一片良好的地基，它是直观的、美的，是一幅画图，其中一切的意义，神与兽、生命的感官都按着韵律的顺序运行着。那时，人虽已赓续了千万年，但自己还觉得太新鲜，过于自美，不能超越自身而置自身于不顾。山水不过是：他们走过的那条路，他们跑过的那条道，希腊人的岁月曾在那里消磨过的所有的剧场和舞场；军旅聚集的山谷，冒险离去、年老充满惊奇的回忆而归来的海港；佳节继之以灯烛辉煌、管弦齐奏的良宵，朝神的队伍和神坛畔的游行——这都是"山水"，人在里边生活。但是，那座山若没有人体形的群神居住，那座山岬，若没有矗立起远远入望的石像，以及那山坡牧童从来没有到过，这都是生疏的——它们不值得一谈。一切都是舞台，在人没有登台用他身体上快乐或悲哀的动作充实这场面的时候，它是空虚的。一切在等待人，人来到什么地方，一切就都退后，把空地让给他。

基督教的艺术失去了这种同身体的关系，并没有因而真实地接近山水；人和

① 选自里尔克《给一个青年诗人的十封信》，三联书店，1994年版。

物在基督教的艺术中像是字母一般，它们组成有一个句首花体字母的漫长而描绘工妍的文句。人是衣裳，只在地狱里有身体；"山水"也不应该属于尘世。几乎总是这样，它在什么地方可爱，就必须意味着天堂；它什么地方使人恐怖，荒凉冷酷，就算作永远被遗弃的人们放逐的地方。人已经看见它；因为人变得狭窄而透明了，但是以他们的方式仍然这样感受"山水"，把它当做一段短短的暂驻，当做一带蒙着绿草的坟墓，下边联系着地狱，上边展开宏伟的天堂作为万物所愿望的、深邃的、本来的真实。现在因为忽然有了三个地方、三个住所要经常谈到：天堂、尘世、地狱——于是地域的判定就成为迫切必要的了，并且人们必须观看它们，描绘它们：在意大利的早期的画师中间产生了这种描画，超越他们本来的目的，达到完美的境界；我们只想一想皮萨城圣陵①中的壁画，就会感觉到那时对于"山水"的理解，已经含有一些独立性了。诚然，人还是想指明一个地方，没有更多的用意，但他用这样的诚意与忠心去做，用这样引人入胜的谈锋，甚至像爱者似的叙说那些与尘世、与这本来被人所怀疑而拒绝的尘世相关联的万物——我们现在看来，那种绘画宛如一首对于万物的赞美诗，圣者们也都齐和唱。并且人所看的万物都很新鲜，甚至在观看之际，就联系着一种不断的惊奇和收获丰富的欢悦。那是自然而然的，人用地赞美天，当他全心渴望要认识天的时候，他就熟识了地。因为最深的虔心像是一种雨：它从地上升发，又总是落在地上，雨是田地的福祉。

人这样无意地感到了温暖、幸福和那从牧野、溪涧、花坡以及从果实满枝、并排着的树木中放射出来的光彩。他如果画那些圣母像，他就用这些宝物像是给她们披上一件氅衣，像是给她们戴上一项冠冕，把"山水"像旗帜似的展开来赞美她们；因为他对于她们还不会备办更为陶醉的庆祝，还不认识能与此相比的忠心：把一切刚刚得到的美都贡献给她们，并且使之与她们溶化。这时再也不想是什么地方，也不想天堂，起始歌咏山水有如圣母的赞诗，它在明亮而清晰的色彩里鸣响。

但同时有一个大的发展：人画山水时，并不意味着是"山水"，却是他自己；山水成为人的情感的寄托、人的欢悦、素朴与虔诚的比喻。它成为艺术了。雷渥那德②就这样接受它。他画中的山水都是他最深的体验和智慧的表现，是神秘的自然律含思自鉴的蓝色的明镜，是有如"未来"那样伟大而不可思议的远方。雷渥那德最初画人物就像是画他的体验、画他寂寞地参透了的命运，所以这并非偶然，他觉得山水对于那几乎不能言传的经验、深幽与悲哀，也是一种表现方法。无限

---

① 皮萨（Pisa），意大利城市；圣陵（Campo Santo）建于1278年至1283年。

② 雷渥那德·达·芬奇（Leonardo da Vinci，1452~1519），意大利文艺复兴时期的画家、雕刻家兼建筑家。《蒙娜丽莎》（Mona Lisa）是他的名作。

广泛地去运用一切艺术，这种特权赋予这位许多后来者的先驱了；像是用多种的语言，他在各样的艺术中述说他的生命和他生命的进步与辽远。

还没有人画过一幅"山水"像是《蒙娜丽莎》深远的背景那样完全是山水，而又如此是个人的声音与自白。仿佛一切的人性都蕴蓄在她永远宁静的像中，可是其他一切呈现在人的面前或是超越人的范围以外的事物，都融合在山、树、桥、天、水的神秘的联系里。这样的"山水"不是一种印象的画，不是一个人对于那些静物的看法；它是完成中的自然，变化中的世界，对于人是这样生疏，有如没有足迹的树林在一座未发现的岛上。并且把山水看做是一种远方的和生疏的，一种隔离的和无情的，看它完全在自身内演化，这是必要的。如果它应该是任何一种独立艺术的材料与动因；因为若要使它对于我们的命运能成为一种迎刃而解的比喻，它必须是疏远的，跟我们完全是另一回事。在它崇高的漠然中它必须几乎有敌对的意味，才能用山水中的事物给我们的生存以一种新的解释。

雷渥那德·达·芬奇早已预感着从事山水艺术的制作，就在这种意义里进行着。它慢慢地从寂寞者的手中制作出来，经过几个世纪。那不得不走的路很长远，因为这并不容易，远远地疏离这个世界，以便不再用本地人偏执的眼光去看它，本地人总爱把他所看到的一切运用在他自己或是他的需要上边。我们知道，人对于周围的事物看得是多么不清楚，常常必得从远方来一个人告诉我们周围的真面目。所以人也必须把万物从自己的身边推开，以使后来善于取用较为正确而平静的方式，以稀少的亲切和敬畏的隔离来同它们接近。因为人对于自然，在不理解的时候，才开始理解它；当人觉得，它是另外的、漠不相关的，也无意容纳我们的时候，人才从自然中走出，寂寞地，从一个寂寞的世界。

若要成为山水艺术家，就必须这样；人不应再物质地去感觉它为我们而含有的意义，却是要对象地看它是一个伟大的现存的真实。

在那我们把人画得伟大的时代，我们曾经这样感受他；但是人却变得飘摇不定，他的像也在变化中不可捉摸了。自然是较为恒久而伟大，其中的一切运动更为宽广，一切静息也更为单纯而寂寞。那是人心中的一个渴望，用它崇高的材料来说自己，像是说一些同样的实体，于是毫无事迹发生的山水画就成立了。人们画出空旷的海、雨日的白屋、无人行走的道路、非常寂寞的流水。激情越来越消失；人们越懂得这种语言，就以更简洁的方法来运用它。人沉潜在万物的伟大的静息中，他感到，它们的存在是怎样在规律中消除，没有期待，没有急躁。并且在它们中间有动物静默地行走，同它们一样担负着日夜的轮替，都合乎规律。后来有人走入这个环境，作为牧童、作为农夫，或单纯作为一个形体从画的深处显现：那时一切矜夸都离开了他，而我们观看他，他要成为"物"。

在这"山水艺术"生长为一种缓慢的"世界的山水化"的过程中，有一个辽远的人的发展。这不知不觉从观看与工作中发生的绘画内容告诉我们，在我们时代的中间一个"未来"已经开始了：人不再是在他的同类中保持平衡的伙伴，也不再是那样的人，为了他而有晨昏和远近。他有如一个物置身于万物之中，无限地单独，一切物与人的结合都退至共同的深处，那里浸润着一切生长者的根。

【美国】弗罗姆

蒋芒 译

占有和存在之区别①
——以诗为例

看见一朵花美丽，就想把它采摘在手，这是占有；只是凝神欣赏它，这是存在。占有者摧毁了花的美，存在者将花的美与人心中的美共存于世。所以人生在世，应该"多存在，少占有"。以人为中心的社会多行"存在"主义，以物质为中心的社会多持"占有"主义。私有制极大地刺激了人的占有欲，物质文明的现代社会，人的灵魂已被异化为物质。

弗罗姆（1900~1980），心理学家、社会评论家。原籍德国，后入籍美国。作品有《逃避自由》等。

占有或存在的二者择一，并不能使健康的人类悟性得到启发。对我们来讲，占有似乎是生活中很正常的事；为能生活，我们必须有东西才行，我们要有东西，是因为它们能给我们带来快乐。在一个以占有和不断更多地占有为最高准则的社会里，人们总是说，一个人"价值百万"，怎么会出现占有和存在的二者择一呢？反过来说，存在的原有本质就在于占有之中，即谁一无所有，谁也就不存在。

然而，生活的大师们却在占有和存在之间的选择上看到了他们各自世界观的中心问题。佛陀教导：谁想登临人类进程的最高境界，他就不可以贪图占有。耶稣说："力挽生命者，自取灭亡；为了我而失去生命者，将获得其生。争得了全世界，却失去了自我并要忍受苦难，这于人何益？"（路加福音9，24f）艾克哈特大师云：一无所有，持虚和"空"，无蔽自身之我，此乃获取精神财富和力量之前提。马克思指出，奢侈是同贫困一样沉重的包袱，因此我们的目标只能是：多存在，少占有。

这种区分，多年来一直萦绕在我脑际之中。我借助已有的精神分析学的方法，通过对个体以及群体的具体研究，去寻找这种区分的经验基础。我获得的结论大体如此：存在和占有的区分，以及生之爱和死之爱的区分，它们共同构成人类生存的决定性问题；人类学和精神分析的经验资料表明：占有和存在是人的体

---

① 选自刘晓枫主编《人类困境中的审美精神——哲人、诗人论美文选》，东方出版中心，1996年版。

验的两个基本的不同形式；它们在一定阶段上均强弱不同，决定了众多个体性格的不同和社会性格的不同类型。

为进一步说明占有的生存方式和存在的生存方式两者间的区别，我想在此引用内容同一的两首诗，以作为例子。已故的铃木大拙在他《论禅宗佛学》（1960）的讲演中曾引用过这两首诗。一首是日本诗人松尾芭蕉（1644~1694）的俳句，另一首是英国19世纪诗人丹尼生的诗。两个人所描写的是相同的经历：对他们在漫步中看到的花的反应。丹尼生在诗中写道：

> 裂开的墙缝中有一朵花，
> 我把你从墙上摘下，
> 连根捧在我的手中。
> 小花呀——假如我能明白，
> 你，连同这些根，以及这一切，
> 我就能知道，何为上帝，又何为人。

松尾芭蕉的俳句是：

> 我凝神观注，
> 矮篱上
> 荠菜花开放。

两首诗的差别很显著。丹尼生对花的反应夹带着占有花的愿望。他是"连根"将花摘下。他对花的兴趣，导向了他置花于死地，同时他的理智在猜想，花或许能够帮助他知晓上帝的和人的自然。在这首诗中，丹尼生可以和西方的科学家相比，他们也是通过肢解生活来寻找真理的。

松尾芭蕉对花的反应完全是另一个样子。他不想采摘它，他丝毫不触动它。为"看"花，他是"凝神观注"。

为此，铃木大拙写道："显然，当他注意到矮树篱中那个不显眼的东西时，他正在沿公路漫步。他靠近了它，仔细加以观看，并发现那东西不过是一枝野生的植物。它不具任何意思，并常被那些过路人所不注意。一个单纯的事实，描写它的诗，除了最后两个日语读作'Kana'的音节或许有一点韵味以外，看不出有什么特殊的诗情。那种常与名词、形容词或副词连在一起的小品词，表达了一定的感受：欣赏、赞美、痛苦或欢乐。这种小品词有时在转译中可以通过一个感叹号十分确切地再现出来。上面那首俳句就是以这样一个感叹号来结束全诗的。"（1960年版，第1页）

为了理解人和自然，丹尼生必须拥有花，且是通过摧毁来占有它。松尾芭蕉则是想看，他不仅仅是要观看，他而且想和花融为一体，成为一者——赋予它以生命。

丹尼生和松尾芭蕉的区别明显地表现在歌德的一首诗里：

找 到

我在森林中，
独步漫游，
不寻觅什么，
只顾行走。

忽见阴影下
一朵小花，
似星斗闪烁，
频频秋波。

我欲摘下它，
但闻哀语：
我该折断？
该枯萎？

我连同小根
掘出土来，
携它一起到
花园屋旁

重新种植在
静谧之处，
它枝叶繁盛，
永持娇颜。

歌德是在无目的的漫步中，被那朵闪烁的小花激起他的注意的。他流露了与丹尼生相似的冲动，即想去采摘小花。所不同于丹尼生的是，歌德意识到那样将意味着毁灭小花。对他来说，花是如此生机勃勃，以至他觉得花在和他对话，在提醒他。于是，不同于丹尼生以及松尾芭蕉，歌德采取了另一种解决办法。他把花从土中挖掘出来，然后又种植它，让它继续生存。

在丹尼生同花的关系上，人们看到了占有方式或拥有欲望方式的特点。这里的拥有不是指对物质的拥有，而是指对知识的拥有。松尾芭蕉以及歌德同花的关系，表现出了存在的方式的特点。"存在"在这里是指一种生存方式，如此生存的人们不占有东西，并且渴求不占有东西，而是满怀喜悦，创造性地运用自己的能力，以及与天合一。

歌德，这位富有激情的生活代言人，反对使人机械化、反对肢解生活的斗士。他用了大量的诗篇，为存在，为反对占有做了辩护，并在他的《浮士德》里戏剧性地展现了占有和存在之间的冲突，里面的靡菲斯特就是占有的化身。他有一首短诗，把存在的质刻画得纯朴无比：

财　产

我知道，没有什么是属于我的，

除了那想从我的灵魂中

畅流出来的思想，

以及由亲亲的命运

叫我充分享受的

每一寸大好时光。

值得注意的是，存在和占有的区别，同东西方思想的区别是不相等同的。存在和占有的区别更像是两个社会精神之间的区别，一个社会以人为心，另一个社会围绕物质旋转。占有倾向是西方工业社会中的人们的特征，在这种社会里，对金钱、名誉和权势的贪欲，成了生活的主调。那些相比之下异化得不厉害的社会，如中世纪社会或祖尼印第安人社会或非洲某些还未被"进步"传染到的种族的社会，他们有他们自己的松尾芭蕉。而日本人则或许再经过工业化的几代后又有他们的丹尼生。并不是西方人不能理解诸如大乘佛学之类的东方制度（如C·G·容恩所说），而是现代人不可能去理解那个建立在私有制和占有欲之上的社会之灵魂。事实上艾克哈特大师和松尾芭蕉或大乘一样难以理解。然而艾克哈特和佛学实际上却只是同一种语言的两个方言。

【德国】韦伯

于晓 译

《新教伦理与资本主义精神》导言①

马克斯·韦伯（1864~1920），德国社会学家、哲学家。一生致力于考察"世界诸宗教的经济伦理观"，雄心勃勃地探讨世界诸主要民族的精神文化气质与该民族的社会经济发展之间的内在关系。他对中国研究的结果是写了一本《儒教与道教》，被西方汉学界誉为中国学研究的"伟大的外行"。代表作有《新教伦理与资本主义精神》《经济、诸社会领域及权力》等。本篇是"导论"的节选，广泛而简要地从科学、史学、艺术、建筑、政府组织系统、资本主义等方面，比较了东西方文明的差异，其着眼点在于"理性"的有无，导致了两种文明的分野。再往前推，则是西方新教伦理导出资本主义精神和理性的资本主义。

一个在近代的欧洲文明中成长起来的人，在研究任何有关世界历史的问题时，都不免会反躬自问：在西方文明中而且仅仅在西方文明中才显现出来的那些文化现象——这些现象（正如我们常爱认为的那样）存在于一系列具有普遍意义和普遍价值的发展中——究竟应归结为哪些事件的合成作用呢？

唯有在西方，科学才处于这样一个发展阶段：人们今日一致公认它是合法有效的。经验的知识、对宇宙及生命问题的沉思，以及高深莫测的那类哲学与神学的洞见，都不在科学的范围之内（虽然一种成系统的神学之充分发展说到底仍须归到受希腊文化影响的基督教之名下，因为在伊斯兰教和几个印度教派中仅只有不成系统的神学）。简单地说，具有高度精确性的知识与观测在其他地方也都存在，尤其是在印度、中国、巴比伦和埃及；但是，在埃及以及其他地方，天文学缺乏古希腊人最早获得的那种数学基础（这当然使得这些地方天文学的发达更为令人赞叹）；印度的几何学则根本没有推理的证明，而这恰是希腊才智的另一产物，也是力学和物理学之母：印度的自然科学尽管在观察方面非常发达，却缺乏实验的方法，而这种实验方法，若撇开其远古的起始不谈，那就像近代的实验室一

---

① 选自马克斯·韦伯《新教伦理与资本主义精神》，三联书店，1987年版。有删节。

样，基本上是文艺复兴时期的产物；因此医学（尤其是在印度）尽管在经验的技术方面高度发达，却没有生物学特别是生化学的基础。一种理性的化学，除了在西方以外，在其他任何文化地域都一直付诸阙如。

在中国，有高度发达的史学，却不曾有过修昔底德的方法；在印度，固然有马基雅维里的前驱，但所有的印度政治思想都缺乏一种可与亚里士多德的方法相比拟的系统的方法，并且不具有各种理性的概念——不管是在印度（弥曼差派①）的所有预言中，还是在以近东最为突出的大规模法典编纂中，或是在印度和其他国家的法律书中，都不具有系统严密的思想形式，而这种系统严密的形式对于罗马法以及受其影响的西方法律这样一种理性的法学来说，却恰是必不可少的。像教会法规这样一种系统结构只有在西方才听说过。

艺术方面也同样如此，其他民族的音乐听觉或许要比我们更为敏锐，至少也不会比我们更弱。各种复调音乐在世界各地都一直存在；多种乐器的合奏与多声部的合唱在其他地方也都一直就有；我们所有的那些理性的音程，早就为人所知并且还被计算过；但是，理性的和谐的音乐（不管是多声部音乐还是和声），是以三个三度叠置的三和弦为基础的全音程构成的；我们的半音和等音（不是在空间意义上的，而是在自文艺复兴以来的和声的意义上的），我们以弦乐四重奏为核心的管弦乐队以及管乐合奏组织，我们的低音伴奏，我们的记谱系统（它使谱写及演奏现代音乐作品成为可能，并由此使这些作品得以留存），我们的奏鸣曲、交响曲、歌剧，以及最后，作为所有这些之表现手段的我们的基本乐器如风琴、钢琴、小提琴等等——所有这一切，都只有在西方才听说过，尽管标题音乐、音诗、全音和半音的变化，在不同的音乐传统中早已作为表现的手段而存在着。

在建筑方面，尖顶拱门在其他地方也都一直被用作为一种装饰手段，在古代、在亚洲，都是如此；尖顶拱门和对角拱形的拱顶相结合，这在东方大概也不会不知道。但是，合乎理性的使用哥特式拱顶作为分散压力和覆盖所有结构空间的手段，并且突出地把它作为建构雄伟建筑物的原则、作为扩展到诸如我们中世纪所创造的那些雕塑和绘画中去的一种风格的基础，这却是其他地方都没有的。我们的建筑学的技术基础确实来自东方。但是东方却没有解决圆顶问题，而且也缺乏那种对于一切艺术都具有经典意义的理性化类型（在绘画中就是合理地利用线条和空间透视）——这是文艺复兴为我们创造的。印刷术是中国早就有的；但是，只是为了付印而且只有通过付印才成其为作品的那种印刷品（尤其是报纸和期刊），却只是在西方才得以问世。一切可能类型的高等教育机构在中国和伊

---

① 弥曼差派（School of Mimamsa），古代印度哲学一派，"弥曼差"（Mimamsa）的意思是考察、探究。该派维护《吠陀》经典的权威地位以及传统的祭祀仪式。又被称为"前弥曼差派"，以与"后弥曼差派"（即"吠檀多派"）相对。——中译注

斯兰世界一直都有，其中的某些机构甚至在表面上与我们的大学（或至少学院）颇为相似；但是，一种理性的、系统的、专门化的科学职业，以及训练有素的专业人员，却只有在西方才存在，而且只有在西方才达到了它今日在我们的文化中所占据的主导地位。这首先适用于训练有素的行政人员——他们成了现代国家和西方经济生活的支柱。行政人员形成了一种类型，这种类型从前只是被人偶然地设想过，但却远远不会想到这类人现在对于社会秩序所具有的重要性。当然，行政人员，即使是专业化的行政人员，乃是绝大多数不同的社会中久已有之的一个组成成分；但是，任何国家、任何时代都不曾像近代西方这样深切地体会到，国家生活的整个生存，它的政治、技术和经济的状况绝对地、完全地依赖于一个经过特殊训练的组织系统。社会日常生活的那些最重要功能已经逐渐掌握在那些在技术上、商业上，以及更重要的在法律上受过训练的政府行政人员手中。

封建阶级的政治集团和社会集团的组织系统自来都是相同的。但是，西方意义上的朕即国家式的封建等级国家甚至也只是在我们的文化中才有。由定期选举的议员组成的议会，以及由民众领袖和政党领袖充任向议会负责的部长而组成的政府更是我们特有的。尽管从操纵权势、控制政治权力这种意义上讲，类似于政党这样的组织当然在世界各地都一直就有。事实上，国家本身，如果指的是一个拥有理性的成文宪法和理性制定的法律并具有一个受理性的规章法律所约束、由训练有素的行政人员所管理的政府这样一种政治联合体而言，那么具备所有这些基本性质的国家就只是在西方才有，尽管用所有其他的方式也可以组成国家。

这也同样适用于我们现代生活中最决定命运的力量——资本主义。获利的欲望，对营利、金钱（并且是最大可能数额的金钱）的追求，这本身与资本主义并不相干。这样的欲望存在于并且一直存在于所有的人身上，侍者、车夫、艺术家、妓女、贪官、士兵、贵族、十字军战士、赌徒、乞丐均不例外。可以说，尘世中一切国家、一切时代的所有的人，不管其实现这种欲望的客观可能性如何，全都具有这种欲望。在学习文化史的入门课中就应当告诉人们，对资本主义的这种素朴看法必须扔得一干二净。对财富的贪欲，根本就不等同于资本主义，更不是资本主义的精神。倒不如说，资本主义更多的是对这种非理性欲望的一种抑制或至少是一种理性的缓解。不过，资本主义确实等同于靠持续的、理性的、资本主义方式的企业活动来追求利润并且是不断再生的利润。因为资本主义必须如此：在一个完全资本主义式的社会秩序中，任何一个个别的资本主义企业若不利用各种机会去获取利润，那就注定要完蛋。

【德国】雅斯贝斯

邹进 译

做一个精神贵族①

　　每一个大学生都应该是一个精神贵族，"是敢拿自己来冒险的个人"。大学教育为他展示人类精神的广阔空间，召唤他挑战自我，证明自我，激发他最大的潜能和最高远的理想，让他找到自己"安身立命之根"，并为此苦心劳骨、上下求索，这样，他就可能成为民族的精英——时代的"精神贵族"。这样的青年，"每一个人都可以感觉到自己被召唤成为最伟大的人"。这是被称作"当代人类精神生活导师"的雅斯贝斯对大学和大学生的期望。

　　大学也是一种学校，但是一种特殊的学校。学生在大学里不仅要学习知识，而且要从教师的教诲中学习研究事物的态度，培养影响其一生的科学思维方式。大学生要具有自我负责的观念，并带着批判精神从事学习，因而拥有学习的自由；而大学教师则是以传播科学真理为己任，因此他们有教学的自由。

　　大学的理想要靠每一位学生和教师来实践，至于大学组织的各种形式则是次要的。如果这种为实现大学理想的活动被消解，那么凭组织形式是不能挽救大学生命的，而大学的生命全在于教师传授给学生新颖、符合自身境遇的思想来唤起他们的自我意识。大学生们总是潜心地寻觅这种理想并时刻准备接受它，但当他们从教师那里得不到任何有益的启示时，他们便因感到理想的缥缈和希望的破灭而无所适从。如果事实果真如此，那他们就必须经历人生追求真理的痛苦和磨难，以此寻得理想的亮光。

　　由于众多大学并存的现象，造成了毁灭真正学术的趋势，因为学术研究为了拥有读者，只好投大众所好，而大众往往只顾及实际的目的、考试以及与此有关的东西。受其影响，研究工作也只限于那些有实际用途的东西上。于是，学术就被限制在可了解、可学习的客体范围内，本来应是生存在永无止境的精神追求中的大学，这时也变成了普通的学校。

———————————

　　① 选自《大学活叶文库》第一辑，华东师范大学出版社，1998年版。标题为编者所拟，原题《大学的观念》。

　　一般学校要和大学分开,普通学校总是把知识全盘交给学生,而大学则无此义务。大学教育的目的在于,从意志力极强而且具备足够条件的人之中挑选出一些人来受大学教育。实际上,报考大学的是一大群高中毕业、具有一定知识的普通人。因此挑选人才的工作要由大学自己来完成。选择的标准在于:具有追求真理的意愿和准备为之而接受任何牺牲的精神,以及对精神世界孜孜不倦的追求,但这在事先却无法从将进入大学学习的高中生身上看出来。具有这种天分的人是极少数,无法顾及他们是怎样分散在各阶层之中,但是这种天分可以间接鼓励和引发出来。按照大学的理想,高等学校的教学应首先顾及这部分人。真正的学生会在为精神发展不可少的困难和错误之中,从大学广阔的学术天地里,靠着他的选择和严格的学习找到自己发展的路。

　　真正的大学生能主动地替自己订下学习目标,善于开动脑筋,并且知道工作意味着什么。大学生在交往中成长,但仍保持其个性,他们不是普通人,而是敢拿自己来冒险的个人。这种冒险既是现实的又必须带有想象力。同时,这也是一种精神上的升华,每一个人都可以感觉到自己被召唤成为最伟大的人。

　　按照苏格拉底式大学的理想,没有权威,平等的关系也应存在于教授和学生之间,但是和这种关系并存的是彼此间严格的要求。在这里到处都存在着自我选择、自我证明的精神贵族。我们共同生活的大前提是,彼此均向各自的最大潜能及理想挑战。悠闲舒适的气氛是我们的敌人。我们对超越我们的事物怀有深切的渴望。

　　对于那些以其生活来要求我们的伟人,我们对他们的爱戴激奋着我们。但是,所有的关系仍保持着苏格拉底式的方式,没有任何人是不会犯错误的权威,不论面对着何等伟人,独立和自由仍然是真理。这一点点的真理也是实在的内容。精神贵族的意思是每一个人对自己严格要求,并非表示高过他人和要求他人。大学里每一位成员、教授及学生的基本意识是,他要努力工作好像被召唤去做最伟大的事业一样,但另一方面则始终承受着不知自己能否成功的压力。因此最好的态度是以这种想法来反省自己,严于律己,同时也不必过分期待等到外界的承认。

　　精神贵族与社会贵族迥然相异,精神贵族是从个别阶层中产生的,其本质特征是品德高尚、个体精神的永不衰竭和才华横溢,因此精神贵族只能是少数人。大学的观念应指向这少数人。不论何处,精神贵族都是珍品。而进入大学学习的年轻人便是全国民众中的精神贵族。

　　精神贵族与精神附庸的区别在于:前者会昼夜不停思考并为此形销体瘦,后者则要求工作与自由时间分开；前者敢冒风险，静听内心细微的声音，并随着它的引导走自己的路，而后者则要别人引导，要别人为他订下学习计划；前者有勇气正视失败，而后者则要求在他努力之后就有成功的保证。

在我看来，全部教育的关键在于选择完美的教育内容和尽可能使学生之"思"不误入歧路，而是导向事物的本源。教育活动关注的是，人的潜力如何最大限度地调动起来并加以实现，以及人的内部灵性与可能性如何充分生成；质言之，教育是人的灵魂的教育，而非理智知识和认识的堆积。通过教育使具有天资的人，自己选择决定成为什么样的人以及自己把握安身立命之根。谁要是把自己单纯地局限于学习和认知上，即便他的学习能力非常强，那他的灵魂也是匮乏而不健全的。

【美国】布鲁姆

缪青 宋丽娜 译

大学生在寻找什么①

　　一个人为什么要上大学呢？上大学不外乎读书、吃饭、谈恋爱？上大学只是学好一门专业知识，以便进入社会找个好工作？除了这些，一所理想的大学对于一个成长中的青年意味着什么呢？爱因斯坦曾说："教育应当使所提供的东西让学生作为一种宝贵的礼物来领受，而不是作为一种艰苦的任务要他去负担。"所以，"用专业知识教育人是不够的。通过专业教育，他可以成为一种有用的机器，但是不能成为一个和谐发展的人。"那么，这种"宝贵的礼物"是什么呢？布鲁姆认为，就是"经典名著"——那些承载着文明和传统、使学生从"只相信此时此地的事物"的狭隘视野汇总跳跃出来的、把他们由只懂"追求完美肉体"提升为追求"完美心灵"的、帮助学生与伟大的思想建立"友好联系"的、促使他们去热爱和追求智慧的"好书"。这才是大学生值得去寻找的东西，这是让他终身受用的礼物。

　　布鲁姆（1930~1992），美国社会学家。著作有《巨人与侏儒》等。

一

　　对于一个十几岁初次离开家门，行将踏上通才教育征程的青少年来说，今天一所一流的高等学府将给他以怎样的印象呢？他有四年的时间去自由地发现自己——他步入到一个空间中，以往贫乏的知识荒漠被他逐渐抛在了身后，而获得学士学位后那种乏味的专业训练尚未来临。在短短的四年中，他必须了解，在以往他所知晓的那个小小的世界之外还存在着更为广阔的天地，亲自领略它的乐趣，充分汲取知识的营养，以支撑自己去征服那片注定要穿越的知识荒漠。只要他想要获取任何高水准的生活，他就必须这样去做。如果他的选择不仅仅限于那些当时流行的或者是职业发展所提供的内容，而是关注那些能够使他自身全面

---

　　① 选自《大学活叶文库》第一辑，华东师范大学出版社，1998年版。标题为编者所拟，原题《学生与大学》。

发展的选择，那么大学生活是令人神往迷醉的，他可以成为自己所期望成为的一切，去观照和思索自己的种种选择。对于一个美国人来说，大学岁月的重要性是怎么估计也不会过分的。它们是使他文明开化的唯一途径。

二

我十五岁第一次看到芝加哥大学时，就有一种感觉：我发现了自己的生活。在此之前，我从没看见过或注意到这样一种建筑物。它显然是为了某个更为崇高的目的存在，而不仅仅是出于功利或需要，也不仅是为了提供栖息之所或制造产品和买卖货物之地。它是为了一种自为的东西而存在。我的一种朦胧的渴望突然在外部世界得到了反响。

毫无疑问，组成芝加哥大学的是一群仿哥特式的建筑物。我在上学期间得知它们是仿制品，而且哥特式也不对我的口味，但是它指向一条路，这条路通向伟人会面的地方。在那里你可以见到你平时很少见到的一类人，没有他们，你既不能认识自己的能力也不会明白作为人类的一分子是多么美好。模仿遥远土地和时代的风格表明：修筑这些建筑物的人意识到自己缺乏这种风格的内涵并且尊敬它。这是一个最沉溺于实际生活的民族向沉思生活表达的敬意。这些受人鄙视的百万富翁在市中心建起这座似乎完全是献身于美国目标的大学，其实是在向他们自己一贯忽略的东西致敬。这也许是因为他们意识到自己曾失落了什么，或者只是因为他们生活的目标太不明确，或者也可能是为了扬扬名满足一下虚荣心（以什么方式满足虚荣心足以说明他是什么人）。

对我来说，这群建筑物给人的希望全都没有落空。从我成为该校学生的那一刻起，我就认为应当用全部时间来思考这样一个问题：我是什么。这个问题使我着迷，尽管它从来不是一个合适的研究课题。我上高中时看见许多年长些的男女青年走进州立大学，学习如何做博士、律师、社会工作者、教师，以及在我生活的那个小圈子里受人尊敬的其他种种职业。大学生活是长大成人的一个组成部分，但是它并不是人们向往的一个转变时期，其实它也未必是一个转变时期。谁也不相信还存在着闻所未闻的严肃目的，或者还存在着一种研究人的目的并决定其优劣的方法。说简单些，哲学只是一个字眼，文学是一种娱乐方式。这种想法是我们的中学及其气氛造成的。但是一所好大学应该有另一种气氛；它告诉我们，有一些问题应该被每一个人思考，但是在日常生活中却没有人问也不可能有答案。它提供自由探索的空气，不允许不利于或者妨碍自由探索的东西存在；它给出重要与不重要之间的区别；它保护传统，不是因为传统就是传统，而是因为传统提供在极高的水准上进行讨论的模式；它蕴含奇迹，预示在分享奇迹中产生的友谊。更重要的是，这里有真正伟大的思想家，他们是理论生活存在的活的证明，他们的动机不会流于低俗，虽然人们以为低俗的动机是无所不在的。他们有权威，但不是来自权力、金钱或家庭，而是来自能够赢得尊敬的天赋。他们相互之间、他们与学生之间的关系使人们看到一个以真正的共同利益为宗旨的团体。大学是一个以理智为基石的国家的神殿，是奉献给纯粹理性的。它在人们心中唤起崇敬之情，只有那些将自身与平等自由观念融为一体的人才会产生这种感情。

岁月告诉我，所有这一切只存在于我年轻而热情的想象之中，而且比想象中的还要少。这些学院的发展宗旨比我预料的更加暧昧；发生不同观点的争执时，它们的内在比外表更为虚弱。但是我确实看到了真正的思想者，他们为我打开了新的天地。我喜爱的书教给我存在的意义，它们伴随着我一生中的每时每刻。假如命运没有在一个伟大时刻把我放到一所伟大的学府里去，我不会看到这么多，做到这么多。我有人们梦中向往的老师和同学；我有可以共享友谊的朋友，彼此可以触及灵魂深处，我们是心中存有共同利益的朋友。当然，所有这些都与生活中必然包含的软弱与丑陋混在一起。但它们并没有勾销人的卑俗，相反却指出卑俗的存在。大学使我感到的失望——它毕竟只是内容的载体，在原则上这些内容是与之可分的——从未使我怀疑过它给予我的不是我所能得到的最好的生活。我也从未想过大学是为它周围社会服务的一个部门；正相反，我始终认为社会是为大学服务的。我祝福一个宽容而不泯灭童心的社会，这种童心的玩耍态度又可以造福于这个社会。爱上大学并不是件蠢事，因为只有通过它，你才可以看到事情的可能性。如果没有大学，所有理性生活的美好结果都会跌回原始泥泞中，永远不能脱身。

三

60年代所有激进主义的目的就在于催着我们加速向前，而不要问我们走向哪里。是平等主义的自我满足把大学课程表中不符合当时情绪或趣味的课程全部砍掉。现在时髦的说法是，60年代虽然有过头的行为，但还是产生了许多好的结果。可是，我看不出那个时期对大学产生了任何有利的影响，我看到的只有十足的灾难。据说它好就好在"更大的开放""少些刻板""摆脱权威"等等——但是，这些东西没有什么实际内容，也没有说明人们需要大学教育做些什么。60年代，我是康奈尔大学若干个委员会的成员，不断而且徒劳地投票反对取消一项又一项要求，过去的核心课程被取消了。一位比较文学教授——他是最新巴黎时尚的不懈引进者，解释说这些要求没有用，而且使人厌烦。我承认他说得不错，随后，他对我不情愿放弃这些要求表示惊讶。我解释说，我不情愿放弃它们是因为它们的存在提醒起知识统一的时代，固执地告诉人们说如果你要受教育就要先理解一些东西。不拿出新的你就无法换下旧的。但是显然，60年代的教育改革就是这么做的。这么做的后果由语言研究的衰落情况可以看得十分清楚，在所有人文学科中情况也同样严重，甚至更加严重。如果没有新因素即将出现，批判旧的就没有意义；所谓的开放就是"各干各的事"，唯一允许的是"成长"和"自我发展"，在美国意味着社会上普遍的粗俗风气要压倒大学温室中生长的娇嫩的幼芽，而这幼芽需要理性的滋养。

改革就是默认要削平所有的尖子，并且导致整个美国教育结构的崩溃。这一点各派人士都看到了，现在他们都在谈论"返回基础"的需要。教育结构的崩溃从60年代大学的言论和行为上看得很清楚。比糟糕的老师和自我放纵更严重的是权威性的理性和榜样的消失。有最高楷模的存在才能使众人向上努力。如果现在我们加倍努力再加上政治斗争，也许有可能恢复过去的读、写、算三会标准（three R's），但是找回被抛弃的哲学、历史和文学知识就不那么容易了。在美国这块土地上，没有产生新的伟大理论和艺术冲动来取代西方的遗产，因此只有传统能够使我们与它们保持接触。然而传统不是火车的轨道，你可以一会儿驶上去一会儿又离开。和传统连接的链条一旦断裂就难以重新接通。对于学者头脑中的真实学问及其意义，我们的直觉与感知能力都已丧失。在美国，从任何意义上说都已找不到贵族和神甫——高层次学术传统的天然传人。在我们的政治原则中还可见到那些最伟大的思想，但是它们从未体现在、从未活在哪一群人的心灵里。这些伟大思想的故乡就是大学，而60年代的罪恶就是对这块圣地的侵犯。

四

60年代后期，当我最初注意到大学生读书兴趣下降时，我开始对上我课的年轻大学生问第一个问题：什么书真正对他们有价值。对这个问题，大多数人无言以答，困惑不解。书就是伙伴的概念对他们来说是陌生的。像布莱克大法官那样时时把一本揉得破烂的《宪法》揣在口袋中的事情，已经不是他们认为值得仿效的榜样了。他们不从印刷字符中寻求劝告、激励或欢乐了。如今，在大学生的不太高尚的气质中，已经没有狄更斯那样的气韵，他曾给我们很多人留下了令人难忘的伪君子、乐天派等人物典型，有了这些人物典型，我们增强了我们的观察力，使我们能够在辨别人的类型时找到细微的差别。复杂的感受才使人能够那样直率地说："他是斯克罗奇①式的人物。"如果没有文学，就不可能有这样的观察，精微的比较技巧也会失去。我们的大学生的心理迟钝现象是令人吃惊的，因为他们只

---

① 斯克罗奇是狄更斯小说《圣诞欢歌》中的一个吝啬的老商人。

是靠大众心理学知道人是什么样的,以及人的各种各样的动机。随着我们几乎全靠文豪才有的那些有关人的理解动摇了,由于缺乏人可以是多种多样的认识,人们变得更为相像了。当今那种替代真正多样性的拙劣表现,就是染发的五光十色和其他不向观察者表明其内涵的外表差异。

教育的欠缺引起的直接后果是,大学生寻求到处可得的启迪,不能辨别什么是精华,什么是糟粕;什么是见识,什么是宣传。大学生多半转向描写圣雄甘地或托马斯·莫尔①之类的电影,他们成为那些使人感兴趣的道德精神的猎获物——这些形象大多用来推动当前的政治运动和唤起人们对于伟大的简单化的理解和追求——或者,转向迎合他们的私下愿望和邪念,使他们感到自命不凡。关于离婚和性别作用的电影,《克莱默夫妇》堪称富有时尚特征之作;但是,对于一个不能将电影《安娜·卡列尼娜》或《红与黑》作为自己欣赏品味的一部分的人,他不能感觉生活中正在缺少什么,不能感觉一种真实的呈现和一种意识扩张的表现之间的区别,不能感觉无聊的伤感和高尚的情操之间的差异。随着电影声称把它们自己从文学暴虐中解放出来,那些严重虚假的电影已经变得令人无法忍受的无知和造作。当代生活和它的高度严肃的文化之间是有距离的。这种严肃的东西是大学生最为需要的,能够帮助他们不沉溺在渺小的欲望之中和发现什么是最重要的,而这种距离在如今只熟悉现代生活的电影中是找不到的。这样,学生不读好书既减弱了他们的观察力,又增加我们的最致命的倾向——只相信此地和此时的事物。

阻止上述倾向的唯一办法,就是竭力促进那些抱着探索未知事物的强烈愿望上大学的人的教育;这些人不多,他们忧虑探索不到未知事物,忧虑为探索的成功而需要的自身精神修养不足。我们已经远离那样的时代了,在那时整个传统可向所有大学生灌输并在后来得到有效运用。只有那些愿意冒险,并且随时准备相信那些看起来难以置信的事物的人现在才适合在书本世界中探索。当然,这种欲望一定要发自内心。

五

几年来听过学生对我所提出的喜欢读什么书的问题作出的同样回应之后,我开始问学生第二个问题:谁是他们崇拜的英雄。这一次,又是良久的沉默,并且难得听到下文。为什么谁都应该有崇拜的英雄?人应该就是他自己,不应该以异己的模子塑造自身。在此,下述积极的意识支持着青年人:他们缺少英雄崇拜是成熟的象征。他们择定了自己的价值观念。托尔斯泰在《战争与和平》一书中

---

① 托马斯·莫尔(1478~1535),英国政治家,人文主义学者,著有《乌托邦》等,因遭诬陷被杀。

描述安德烈公爵，此人在普鲁塔克①的名人传记著作中受到教育，由于崇拜拿破仑使他自己异化了。但是，我们往往会忘记安德烈的确是一个高尚的人。他的英雄渴望使他具有心灵的光彩，从而使他周围的资产阶级的琐碎、空虚和自私自利的心灵相形见绌。一般而言，民主原则不承认伟大，并想要人人在没有遭到令人不快的对比时感到浑身舒服。在我们看来，对英雄的蔑视不过是对上述原则的进一步歪曲。大学生究竟可以从自身什么方面去得出他们认为是为自己设定的目标呢？从崇拜英雄中解放出来只意味他们没有什么方法抵制广为流行的"角色典型"。他们不是正在被居鲁士、忒修斯、摩西或罗慕路斯②所吸引，而是不知不觉地把周围的医生、律师、商人或电视人物的角色表演出来。按现实情况来说，大学生有着关于完美肉体是什么的浓厚情趣，而且不断地追求完美肉体。但是，因为得不到文学的指导，他们不再有什么是完美心灵的想象，所以也不渴望有完美心灵。他们甚至想象不出有这样的东西。

六

看来，唯一真正能够解决问题的方案，也就是那个几乎普遍为人们所拒斥的方法，是阅览"经典名著丛书"③的方法。运用这种方法，通才教育意味着让学生去阅读那些一致公认的各种经典著作。我完全理解而且实际上也赞同不要对"经典名著丛书"过分崇拜。它是非专业性的，浮泛的；它促使一个自修者获得一种没有根据的自满自足；人们不可能仔细地阅读丛书的每一部著作；如果你只限于阅读"经典名著丛书"，你就决然不可能了解什么书堪称是伟大著作，因为你无从将它们与普通书进行比较；而且，人们也没有什么方法去确定谁将能决定什么样的书才算经典名著，选择它们需要什么样的标准；这些书的编写是围绕着既定目标的，而不是着眼于方法：整个编撰活动含有某种平庸的传播福音的味道，与追求完美高尚的情趣大相径庭；丛书给人以一种虚假的切近伟人思想的感受；总之，理由还可以列举很多。但有一点可以肯定：每当经典丛书出现于整个课程的核心部分，学生就为之感奋，获得满足，他们觉得自己独立地完成了一些事情，他们从这所大学学到了某些在其他地方学不到的东西。这种独到的体验和生活本身就具有深远意义，使他们重新看待并尊重学习本身。学习名著丛书的意义在于，人

① 普鲁塔克（约46~119），希腊历史学家，传记作家，以《名人传》著名。

② 居鲁士是波斯政治家和阿契美尼德王朝的开国君主；忒修斯是希腊神话中的雅典王子，曾进入克里特迷宫斩妖除怪；摩西是《圣经》中传说率领西伯来人摆脱埃及人奴役的领袖；罗慕路斯是传说中的罗马城建立者。

③ 由美国著名教育家哈钦斯主编的一部分包含从荷马到弗洛伊德共74位哲学家、文学家、史学家、科学家的443部名著共54卷的丛书，编者试图通过其内容体现西方文化传统并用以进行通才教育。

们会认识到,经典著作——对我们这些不熟谙历史之辈极为重要;熟悉人类究竟面临哪些重大问题,只要这些问题依然存在;在最低限度上,熟悉各种处理和解决这些问题的理论模式;还有,或许是最为重要的,在人们共有的体验和思想基础之上,建立这些思想之间的友好联系。教育课程如果可以建基在明智地利用经典名著基础之上的话,将是深入学生心田的捷径。他们从学习奥勒留①或者康德的道德律令之中所得到的乐趣和感激之情,将会是无限的。

七

在人们重温柏拉图和莎士比亚的著作时,他们将比其他任何时候生活得更加充实,更加美满,因为阅读经典作品将使人置身于无限深蕴的本质存在,使人忘掉他们短暂纷杂的现实生活。永恒完整的人性不仅过去存在,而且永远存在,在某种程度上我们能够伸展自己探寻的指尖触摸到它,这样做将不断完善我们那不完满的人性,它的种种缺憾常常使我们难以忍受和宽待。在那些经典著作中的客观的实在的美依然令人赏心悦目。我们必须在今日学生们心田上的那块不大友好的田野上,小心翼翼地保护和培植那些伸向这些伟大思想的幼苗。尽管时过境迁、环境变化,我们的人性依然如旧,因为在今天我们仍然面临着同样的各种问题,如果它们有什么变化的话,那也只是在外表方面,人类仍然有着紧迫的需要去解决它们,哪怕我们的知悟和力量或许正在衰退。

在读完了柏拉图的《对话录》之后,一位认真思索的学生陷入了深深的悲哀之中,他说已经不能想象那种神奇的雅典人的气氛能够重现了,那个时代的人友好和睦、富有教养、朝气勃勃,珍视相互间的平等关系,他们既文明开化又富有自然情感,聚会在一起畅谈他们的理想和追求的意义。但是我认为,这样的生活和体验总是可以接近和达到的。实际上这场富于戏剧性的对话恰恰发生在一场可怕的战争期间,当时的雅典已经注定要陷落了,阿里斯托芬和苏格拉底至少已经预见到这意味着整个希腊文明的陷落。但是面对如此险恶的政治环境,这些学者并没有陷于文化的绝望,他们纵情于对自然的欢乐,恰恰证明了人类最优秀的生存能力,证明了人独立于命运的驱使,不屈从于环境的胁迫。那位悲天悯人的学生没有见过苏格拉底,但他在柏拉图有关苏格拉底的书中见到了他,这或许更好;这位学生身旁不乏有识之士,他朋友众多,拥有一个国家,人们可以幸福地自由地聚集在一起,随意讨论他们的理想和追求。在这样的对话中,在任何柏拉图式的对话中,其精深的底蕴几乎在人类任何地方任何时代都可以再现。这位学生与他的朋友们也可以在一起追古叙今。当然这需要深思熟虑才能真正理解,正是

---

① 奥勒留(121~180),罗马皇帝,著有以道德和宗教问题为主要内容的哲学著作《沉思集》。

这种永不满足的思索才是它的全部底蕴之所在。

八

在所有自相矛盾的虚伪的社团和群体中，人之间真正的社团存在于那些不懈地追寻真理的人之中，存在于那些富有才智和潜力的有识之士之中。从理论上讲，他们希望了解所有的人。但在实际上这种社团只拥有极少量的人，他们是真正的朋友，正像柏拉图对于亚里士多德，虽然两个人在认识善的本质方面持有相反的意见。他们对于善的共同思索将两个人紧密联系到了一起；他们之间的不同观点恰恰证明了彼此之间的相互依赖，以便全面地理解善。当他们共同关注善的问题时，两个人的心灵已经决然相通了。按照柏拉图的说法，这是朋友之间唯一真正的友情，是唯一真实的共同利益。正是在这里，人们极力寻找的相互间的联系和理解才真正建立起来了。

我现在仍然相信，只要给予适当的理解，今天的大学依然是我们这个时代人类社团和友情会聚的场所。无论人类社会怎样发展变化，我们的思想发展和政治进步与大学有着密不可分的联系，它们对我们的服务卓有成效，人类事物的存在使它们得以发展。不过对于所有这一切，尽管需要我们做出不懈的努力，我们决不应忘记，苏格拉底本人并不是教授，他却被雅典人置于了死地，而人们热爱和追求智慧的传统之所以能够得到延续，部分的是由于他个人的范例。这是今天的人们必须认真看待的，我们必须铭记这一段历史，从而思索和知晓怎样才能维护和捍卫学术研究和大学教育。

【英国】柯林伍德

何兆武 张文杰 译

一切历史都是思想史①

历史是什么？是一大堆出土文物之类的历史资料吗？是权威名人对历史的评定吗？柯林伍德认为，那种一味堆砌史料或名人证词的治史方法只不过是"剪刀加糨糊"的玩意，并不是真实的历史。"一种自然过程是各种事件的过程，一个历史过程则是各种思想的过程"，所以，"一切历史都是思想史"，"都是在历史学家自己的心灵中重演过去的思想"。既然"历史的知识是关于心灵在过去曾经做过什么事的知识"，那么，作为普通读者，是否也可以说，我们每个人，在重演过去的思想的时候，就都有了一份自己的历史？

柯林伍德(1889~1943)，英国哲学家、历史学家，作品有《历史的观念》《艺术原理》等。

历史学的定义。 我认为，每一个历史学家都会同意：历史学是一种研究或探讨。它是什么样的探讨，我还不去过问它。问题在于，总的说来它属于我们所称的科学，也就是我们提出问题并试图作出答案所依靠的那种思想形式。重要之点在于认识，一般地说，科学并不在于把我们已经知道的东西收集起来并把它用这种或那种方式加以整理，而在于把握我们所不知道的某些东西，并努力去发现它。耐心地对待我们已经知道的事物，对于这一目的可能是一种有用的手段，但它并不是目的本身。它充其量也只不过是手段。它仅仅在新的整理对我们已经决定提出的问题能给我们以答案的限度内，才在科学上是有价值的。这就是为什么一切科学都是从知道我们自己的无知而开始：不是我们对一切事物的无知，而是对某种确切事物的无知——如国会的起源、癌症的原因、太阳的化学成分、不用人或马或某种其他家畜的体力而抽水的方法。科学是要把事物弄明白，在这种意义上，历史是一门科学。

历史学是作什么用的？ 我的答案是：历史学是"为了"人类的自我认识；

---

① 选自《大学活叶文库》第六辑，华东师范大学出版社，1998年版。

大家都认为对于人类至关重要的就是，他应该认识自己：这里，认识自己意味着不仅仅是认识个人的特点，他与其他人的区别在于，而且也要认识他之作为人的本性：认识你自己就意味着，首先，认识成为一个人的是什么；第二，认识成为你那种人的是什么；第三，认识成为你这个人而不是别的人的是什么。认识你自己就意味着认识你能做什么；而且既然没有谁在尝试之前就知道他能做什么，所以人能做什么的唯一线索就是人已经做过什么。因而历史学的价值就在于，它告诉我们人已经做过什么，因此就告诉我们人是什么。

自然的过程可以确切地被描述为单纯事件的序列，而历史的过程则不能。历史的过程不是单纯事件的过程而是行动的过程，它有一个由思想的过程所构成的内在方面；而历史学家所要寻求的正是这些思想过程。一切历史都是思想史。

但是历史学家怎样识别他所努力要发现的那些思想呢？只有一种方法可以做到，那就是在他自己的心灵中重新思想它们。一个阅读柏拉图的哲学史家是在试图了解，当柏拉图用某些字句来表达他自己时，柏拉图想的是什么。他能做到这一点的唯一方法就是由他自己来思想它。事实上，这就是当我们说"理解"了这些字句时，我们的意思之所在。因此，面前呈现着有关尤里乌斯·恺撒所采取的某些行动的叙述的政治史家和战争史家，乃是在试图理解这些行动，那就是说，在试图发现在恺撒的心中是什么思想决定了他要做出这些行动。这就蕴涵着他要为自己想象恺撒所处的局势，要为自己思想恺撒是怎样思想那种局势和对付它的可能办法的。思想史，并且因此一切历史，都是在历史学家自己的心灵中重演过去的思想。

只有在历史学家以他自己心灵的全部能力和他全部的哲学和政治的知识都用之于——就柏拉图和恺撒的情况分别来说——这个问题时，这种重演才告完成。它并不是消极屈服于别人心灵的魅力之下；它是积极的，因而也就是批判的思维的一种努力。历史学家不仅是重演过去的思想，而且是在他自己的知识结构之中重演它；因此在重演它的，也就批判了它，并形成了他自己对它的价值的判断，纠正了他在其中所能识别的任何错误。这种对他正在探索其历史的那种思想的批判，对于探索它的历史来说绝不是某种次要的东西。它是历史知识本身所必不可少的一种条件；对于思想史来说，最完全的错误莫过于假定，史家之作为史家仅只是确定"某某人思想着什么"，而把决定"它是否正确"留给另外其他的人。一切思维都是批判的思维，因此重演过去思想的思想也就是在重演它们之中批判它们。

现在就很清楚，为什么历史学家习惯于把历史知识的领域限于人事了。一个自然过程是各种事件的过程，一个历史过程则是各种思想的过程。人被认为是历史过程的唯一主体，因为人被认为是在想（或者说充分地在想，而且是充分明确地在想）使自己的行动成为自己思想的表现的唯一动物。人类是唯一真正的思想的动物这一信仰无疑地是一种迷信；但是，人比任何其他的动物思想得更多、更连续而更有效，而且是他的行为在任何较大的程度上都是由思想而不是由单纯的冲动和嗜欲所决定的唯一动物——这一信仰或许是很有根据的，足以证明历史学家的这条单凭经验行事的办法是正当的。

不能由此推论说，一切人类的行动都是历史学的题材；而且历史学家们也确实同意它们并不都是。但是，当他们被问到，历史的和非历史的人类行动之间的区别是怎样加以划分时，他们就有点茫然无措不知怎样来回答了。从我们现在的观点看来，我们可以提出一个答案：只要人的行为是由可以称之为他的动物本性、他的冲动和嗜欲所决定的，它就是非历史的；这些活动的过程就是一种自然过程。因此，历史学家对于人们的吃和睡、恋爱，因而也就是满足他们的自然嗜欲的事实并不感兴趣；但是他感兴趣的是人们用自己的思想所创立的社会习惯，作为使这些嗜欲在其中以习俗和道德所认可的方式得到满足的一种结构。

因此，历史学就并不像它常常被错误地描写成的那样，是连续事件的一篇故事或是对变化的一种说明。与自然科学家不同，历史学家一点也不关心各种事件本身。他仅仅关心成为思想的外部表现的那些事件，而且是仅仅就它们表现思想而言才关心着那些事件。归根到底，他们只关心着思想；仅仅是就这些事件向他展示了他所正在研究的思想而言，他才顺便关心着思想的外部之表现为事件。

历史的知识是关于心灵在过去曾经做过什么事的知识，同时它也是在重做这件事；过去的永存性就活动在现在之中。因此，它的对象就不是一种单纯的对象，不是在认识它的那个心灵之外的某种东西；它是思想的一种活动，这种活动只有在认识者的心灵重演它并且在这样做之中认识它的时候，才能被人认识。对于历史学家来说，他所正在研究其历史的那些活动并不是要加以观看的景象，而是要通过他自己的心灵去生活的那些经验；它们是客观的，或者说为他所认识的，仅仅因为它们也是主观的，或者说也是他自己的活动。

【美国】斯塔夫里阿诺斯

走向适于生存的世界的生命线①

　　"我们发展了技术力量来建立一个新世界，但是我们没有形成一种社会能量来创造一个值得人们在其中生存的世界。"人类的天性并不是你死我活的竞争，而是和谐共存。人类发展到今天，全球性的供过于求的局面已经形成，"我们不再被迫追求一种人不为己，天诛地灭的政策"，"战争和征服几乎不再是致富之道"，人类完全有机会和有本钱来寻找一条合理的共存之路。全球性的强刺激的物质文明正把人类推向一条狂热的自我消耗的不归路，社会制度和宗教意识的篱墙又阻碍着彼此的诚意沟通，今天，我们已迫切需要划定一条适合生存的世界的人类生命底线。

　　斯塔夫里阿诺斯，美国当代史学家，以全球史观撰写的《全球通史》《全球分裂》引人瞩目。

　　所有社会都在不同程度地寻求他择性的社会制度。这是一项痛苦而艰巨的事业，只有在经受了一种更为痛苦的现状的压力之后才会从事这项事业。这种痛苦使人越来越难以忍受，因为技术——人脑卓越而辉煌的产物——从最初就一直处于这种状况：被运用多少就被滥用多少。

　　似乎面临绝望境地的人类取得了无与伦比的成功，这归功于对技术的运用。四五百万年以前，我们作为弱小的、相对来说还很稀少的，又显然是没有防御能力而局限在非洲大陆的生物，首次出现在地球上。今天，我们是这个星球上无可争辩的主人，并且正在开始把我们的影响扩展到周围的宇宙空间。我们的成就几乎公然蔑视了想象力。100万年以前，我们只有大约12.5万人，而今我们的人口总计为50亿。我们已经从最初在非洲的家园扩散开来，如今居住在整个地球上。我们开始时是食物的采集者和猎取者，把棍棒和石块作为觅食的工具。今天，我们的工具是计算机和宇宙飞船。我们利用蒸汽、矿物燃料、电、核能甚至太阳，使

———————
　　① 选自《成长》第三辑，山东画报出版社，2001年版。

它们成为补充人力的能源，而我们的早期祖先却只能使用人力。我们不仅已成为这个行星的球面的主人，而且我们也正在研究宇宙外层空间和细胞内层空间的秘密。

我们人类已经在地球这颗行星上取得了极其巨大的成就，但是我们也为自己的成就付出了高昂的代价，其原因可以在我们运用技术的方式中找到。技术上惊人的发展往往用来使少数人获益而使大多数人遭殃。农业的出现代替了食物采集。采集食物的人组成了公元前8000年的一切人类社会，可是到了公元前1500年时，只有10%的人靠采集食物为生。同样，先进的农业和冶金术，随着城邦组织和纳贡文明的产生，把世界各地的人类群体分成有土地和无土地的，统治者和被统治者，占支配地位的男子和处于从属地位的女子。在第三个重大社会形态资本主义社会时期发生的西方工业化，以及随之而来的海外扩张，都影响到所有的少数民族。这些少数民族要么被灭绝了（塔斯马尼亚人和加勒比人），要么被大批杀死，余下的被封闭起来（美洲印第安人和澳大利亚土著居民），要么被拐卖而沦为奴隶（非洲人）。甚至在欧洲内部，东部的农民被农奴制的枷锁束缚住了，而在西部，他们由于圈地运动而失掉了土地，被迫在城市中谋求职业或者作为契约奴仆而移居他乡。由于目前高技术资本主义具有强大的力量和活力，使得这一进程加速和强化了，这种情形一直延续至今。各块大陆上的农民都在被迫加速迁徙他乡。军事技术仍然被用作一种国家政策的手段，正如两次世界大战的浩劫和发生在世界各地的大量地区性冲突所表明的那样。

从我们对过去所进行的全面评述中，我们得出这样的结论：我们发展了技术力量来建立一个新世界，但是我们没有形成一种社会能量来创造一个值得人们在其中生存的世界。尽管技术是我们的独特创造，但我们目前正面临着驯服技术这一极为艰难的任务。阿拉伯神话里的妖怪既已出来就没法再把他塞进瓶子里去了，因此，渴望那种简单的旧石器时代的生存方式必然是一种浪漫式的对现实的逃避。相反，我们的任务是推进社会形式，使之能够促成技术的使用，给大多数人都带来好处，这种社会形式善于滋养我们生存的星球而不是摧毁它。

我们既已对过去千万年来的历史记载有所了解，就不难理解许多卓越的思想家对于正在进行的这项任务之实现的可能性所表示的怀疑态度。罗素说："人类将在思考之前灭绝。"看一看只在过去的100年间就有数百万人不必要地死去，一位历史学家想要驳倒罗素论点的正确性是困难的。但这不是问题的全部。对人类过去历史的分析，沿着消极的方面探索，会揭示出许多积极的内涵。尽量客观地评估过去留给我们的遗产以了解今天，并为未来做好准备，这是必要的。有三种遗产可以被清楚地识别出来，他们源自三种重要的社会形式：旧石器时代的血族群，纳贡文明以及近代的资本主义社会。

旧石器时代留给我们的遗产是十分重要的，因为这一时期在我们的历史中持续的时间比其他时期要长得多，并且这一时期很有说服力地表明人类并不是生来就注定永远是自私的和具有侵略性的。正如上文所表明的那样，旧石器时代的祖先们能够战胜恶劣的自然环境和食肉兽而生存下来，是因为他们那种合作性的社会制度把基本的性行为和采集食物的活动转化为互相联结的而不是导致分裂的活动。人科动物发展成为无往而不胜的人类，就是因为人具有在复杂的社会结构中互相分享甘苦的能力。

旧石器时代祖先所实行的合作性公社制为其能够生存下来做出了十分重要的贡献，这一事实显然与我们当前为了生存而做的努力有联系。它告诉我们，过去历史上所发生的事并不是人类不可避免的结果，而是人类社会不可避免的结果；而人类建成的各种社会结构也能在适当的条件下被人类改变。我们根本没有被人们想象出的那种天生的缺点所困扰——这些天生的缺点驱使人类做出不人道的行为。相反，我们共同分享一种辉煌而有益的旧石器时代的遗产和模式。科学家们目前正在发展他们称作"人类需要理论"的思想，这种思想认为，"主张人性从根本上讲是个人主义的，充满了竞争与侵略的意识，这是完全错误的；从生物学角度来讲，我们的天性恰恰与此相反。一个社会内部产生冲突，几乎总是因为那种同邻人结成联盟的基于生物学的需要被这种或那种社会排列组合所阻挠"①。

这并不是说我们应该想象自己试图乘上时间的飞车，把我们带回5000年前历史的初始时期就不回来了。相反，它暗示了为什么经济学家罗伯特·海尔布罗纳在他那本《探求人类前景》的书中要充满信心地说出以下这些话（否则的话这本书将是很沉闷的）："在揭示那度过漫长历史之后幸存下来的'原始'文化的过程中，我们可以找到对于未来的人类唯一最重要的实际教训。……为个人的成功而努力，尤其是为物质利益目标而努力，这很可能让位给这种情况，即接受一种共同组织、制定的任务。"②

我们的第二种遗产来自从事农业革命的纳贡文明。这种农业革命又转过来引起了技术的飞跃，使生产力相应地有了大幅度的提高。由此产生的剩余产品被国家的鞭子——收税官掠夺一空。这些收税官有司法系统和军事系统的官僚机构做后台。他们的掠夺行为表明了贯穿全部历史的各种文明都必须付出的沉重的社会代价，包括性别歧视、阶级分化和战乱频仍。但是，同时也产生了积极的结果，

---

① 玛丽·E·克拉克："作为人类普遍需要的意义的社会联盟"，见约翰·伯顿编《人类需求理论与防止冲突》（圣马丁，即将出版）。为进一步展现这一观点，见生物学家玛丽·克拉克的必要的多学科的研究《阿莉阿德尼之线：寻求新的思维模式》（圣马丁，1989年）。

② 海尔布罗纳《探求人类前景》（诺顿，1974年），第140页、141页。

首先，产生了与文明连在一起的文化成就，体现在宗教、文学、学术、艺术和工艺方面，我们直到今天还在享受这些成就。

重要的地域性文明繁荣了几千年，直到被西方资本主义国家的优越的技术和活力所压倒才衰败下去。然而，这些文明的基本特征仍然留存下来，并且正在重新宣告自己的存在。这一现象解释了一些长期沉睡的民族目前正在觉醒的状况，如西班牙的巴斯克人、高加索的亚美尼亚人、苏联中亚地区的穆斯林人以及美国和法国的凯尔特人。在美国和非洲，伊斯兰教目前成为发展最迅速的宗教，这也是很有代表性的例子。纳贡文明对今天的世界来说，比起仅仅引起人们对古董的兴趣来，能给人以更多的启示。埃及记者穆罕默德·海卡尔写道："被封闭起来的民族主义加强了自己的力量，为了他们的未来而不是他们的过去而奋战到底。"[①]这场战斗正在进行中，顽强地凭借纳贡文明留下的遗产而进行下去，并且，看来很可能成为持久战，渗透到各个方面。

我们的第三种遗产来自资本主义传统——这一传统带来自生的、加速发展的技术突破，目前正在抵达高技术的顶峰，这种高技术第一次使建立一种各方都得益的社会成为可能。这一成就的重要意义怎么说都不过分。以前的各种社会全都是一方得益引起另一方受损的社会，在那种社会中，只有有限的自然财富可资利用，而许多竞争者都想索取自然财富并为之而争夺，无论在一国内部或国与国之间都是如此。罗马帝国命令其人口的80%在土地上劳作以勉强养活全体居民。即使在情况最好的时候，罗马的各个城市似乎也只有三个星期免于饥饿状态。这就是那种一方得益引起另一方受损的情况，一方的需求者得多了，只是因为另一方的需求者得少了。

今天，这种状况——至少在理论上——已经以惊人的方式被颠倒了，因为财富的主要来源不再是自然资源，而是自文明开始以来就被增值积累起来的科学知识和技术技能。容易得到的称心东西从其潜存的意义上来说，不再是有极限的，我们也势必不再陷入那种一方受益引起另一方受损的竞争中。我们不再被迫追求一种人不为己，天诛地灭的政策。这样的政策在过去可能是有用的，古代亚历山大大帝在近东地区，西班牙征服者在新大陆以及英国富翁在印度，他们在那里得到的大量财产都表明这种政策是有用的。然而，今天，战争和征服几乎不再是致富之道，德国和日本在第二次世界大战期间及战后都发现了这一点。我们目前面临的问题不是像古代后血族社会所面临的问题那样，人们为了从有限的好东西中攫取最大的一份而不得不拼命。相反，现在是一种全球性供过于求的情况。长期的产品过剩，尚未利用的能量，为阻止大量外国产品到本国来寻求市场而制定的众多公开及暗中的贸易限制，这些都证实了全球性的供过于求。

---

① 《纽约时报》，1980年2月4日。

　　根据上述对于人类历史的考察，目前全球性的供过于求，可以被看做是回归到旧石器时代血族社会可以贮藏充足食物的状况。1万年以来，我们现在拥有这样的物质基础：可以重新贮藏充足的食物，只是这种境况是我们自己创造的，不是大自然提供的。血族关系使得自由地而且共同地利用旧石器时代充足的食物贮藏成为可能。目前首要的问题是：我们能否构建这样的社会关系，使得今日对充足的食物贮藏之利用可以同血族社会中利用自然界充足的食物贮藏同样自由。

　　这个问题该怎样解答还不清楚。不稳定的原因之一来自这种自相矛盾的状况，即正如空前的生产力是资本主义遗产中的主要收益一样，空前的消费也是资本主义不可避免的必然结果。生产和消费的螺旋形发展开始于18世纪，那时工业革命在生产力方面的量的飞跃使得消费的不断上升成为必需。消费的代价迎合了市场的鞭子，其作用与早期国家的鞭子一样是掠夺性的。然而，资本主义技术的生产力与纳贡文明的生产力相比具有完全不同的规模，相应地，与国家的挥鞭人相比，市场挥鞭人的效率也是完全不同的。这种"不同"是如此明显，因而，随着生态的退化和社会的腐化愈来愈频繁加剧，问题便被提出来了。《习性》一书的作者们宣称："自有历史迹象以来，人类一直互相不和。但是，现代性给我们提供了以往多少个世纪所无法相比的规模更大的摧毁力。社会生态不仅毁于战争、灭绝种族的屠杀以及政治压迫。社会生态同样也毁于维系人类相互联合的微妙纽带之遭受破坏，使人们陷于恐惧和孤独的境地。除非我们开始修补破损的社会生态，否则我们将在自然生态大破坏远未到来之前就毁掉我们自己，这一点被人们认清已有一段时间了。"[1]

　　社会学家提出的难题被这一事实解决了，即市场挥鞭人以使自己永存的方式实施这一基本方针——"非利润即死亡"，或者"非生产更多的东西即死亡"。甘地已经注意到这一方针具有内在的自我毁灭性："大地的供应完全可以满足每个人的必需，但不能满足每个人的贪欲。"甘地的这一中肯的意见无意中得到了埃克森公司一位高级职员的支持，他断言，1989年3月阿拉斯加石油的溢出是"文明的代价"[2]。当然，文明要求代价，几千年来，我们和我们的祖先一直在为此付出代价。然而，由于资本主义的高技术和市场的鞭子是如此有能力，这种代价也相应地变得沉重起来。它变得如此沉重，以致"灭绝种族的屠杀"这种可怕的说法被更为不祥的"毁灭一切"和"毁灭地球"的说法所代替。人类及其故乡地球的未来都处于危急的境地，臭氧层空洞，向土地、海洋和大气中倾泻有毒垃圾，这样一类大破坏不能再继续作为"文明的代价"而被轻率地撇在一边，不予考虑。

　　人类发展的进程已经达到了这样的时刻，此时，人们不能再忽视人类的基本

————————

① R.N.贝拉等《习性》（哈珀与罗，1985年），第284页。

② 转引自R.纳尔逊《在阿拉斯加，文明在油船上搁浅》，见《洛杉矶时报》，1989年4月6日。

法则了，比如人类存在的目的这一问题——是否人类本身像人类的经济情况那样就要崩溃了。每一种社会的首要目标都必须是满足人的基本需要——食、住、健康、教育——因此人们总是优先考虑提高经济效益的问题，直到满足了这些需要为止。但是，一旦这些需要满足了之后，经济效益是否应该不顾个人、社会以及生态所付出的代价而继续处于被优先考虑的地位？人们对这一根本问题尚未进行应有的思考，结果，由于人们的疏忽，一种愚蠢鲁莽的消费主义和实利主义正在全世界蔓延开来。由于这种趋势的全部含义是显而易见的，人们便开始对这种趋势的含义和应该怎样对付这些问题进行辩论。在即将到来的今后几十年中，全世界所有的民族都将不得不面临这些问题，并将参与这场辩论。顺着本地区的客观条件和历史文化传统，将会有许许多多的看法在争论中慢慢形成。

【法国】纪德

冯寿农 张弛 译

《人间的食粮》①（2则）

纪德（1869~1951），法国作家，1947年因"他以无所畏惧的对真理的热爱，并以敏锐的心理学洞察力，呈现了人性的种种问题与处境"而获诺贝尔文学奖。纪德28岁时写作了散文诗集《人间的食粮》，这是一本"教你对你自己比对这本书更感兴趣，进而对一切其他事物比对你自己更感兴趣"的奇书。它讴歌感官和欲望，鼓动诱惑的芬芳和个人的献身，刺激你在最强烈的感受和最丰富的经验中获得新生。自作品问世以来，已成为几代青年心醉的读物。

触摸大地的娇容

纪德的观点正好与佩索阿相反，他主张亲自去感受一切："不先经过感受的任何知识在我看来都是无用的。"开放你所有的感官，去听、去看、去嗅、去尝这美丽的世界，去触摸大地的娇容，去尽情历练你的人生，让世间"一切美都蒙上我的爱，因我的爱而显得绚丽多彩"。

光从书本上读到海滩的沙里是柔软的，在我看来还不够；我还想用我赤着的脚去感受这一点⋯⋯不先经过感受的任何知识在我看来都是无用的。

在这世间，我从未见过任何柔美的东西，而不希望我的柔情立即去抚摸它的。大地的多情的娇容，你的表面繁花盛开的景象令人赞叹。啊！深藏着我的希望的景色！徜徉着我的探索的辽阔的原野！溪流上合拢的纸莎草铺成的小径！河面上弯垂的芦苇！林中的空地的入口；树叶的缝隙间露出的平川，预示着无限的前景！我曾漫步在岩石与植物构成的通道上。我曾目睹春天的进程。

万象滔滔流动

从这天起，我感到我生命的每一瞬间都具有由一种绝对难以名状的天赋所

---

① 选自张英伦主编《世界著名文学奖获得者文库·法国卷·人间的食粮》，中国工人出版社，1992年版。

产生的新鲜的滋味。我就这样生活在几乎无休止的强烈惊愕之中。我很快就达到了陶醉的状态，而且以晕头转向地行走为乐了。

当然，凡我遇到的唇边的笑靥，我都想亲吻；脸颊上的血，眼睛里的泪，我都想痛饮；树枝伸给我的果实，我都想大嚼。每到一家旅店，饥饿就向我招呼；在每一眼泉水前，口渴都等待着我——在每眼泉水前，口渴都别具一格——我真想用别的字眼形容我的下列欲望。

在一条道路展现的地方，行走的欲望；

在树荫相邀的地方，休息的欲望；

在深水岸边，游泳的欲望；

在每张床沿，做爱或睡眠的欲望。

我曾大胆地把手伸向每一件事物，而且自信对我欲望中的每一对象拥有权力。（再说，纳塔纳埃尔，我们所祈望的远不是占有，而只是爱。）啊！但愿万物在我面前都放射出虹彩；一切美都蒙上我的爱，因我的爱而显得绚丽多彩。

塑造你自己

不要信赖书本，不要听从导师，不要做跟别人相同的事，不要说跟别人相同的话，不要写跟别人相同的文章，"只有你感到自身独具、别处皆无的东西，才值得你眷恋。"（这种东西到哪去找？）"既急切又耐心地塑造你自己，把自己塑造成无法替代的人。"（这就更难了，但总会有人去尝试。）

纳塔纳埃尔，现在，抛掉我这本书吧。从我的书中解脱出来吧，离开我吧。现在，你扰得我心烦，缠住我不放。往昔我对你过分的爱还萦绕我的心头。我已倦于佯装教育人了。我何时说过要你变成我的样子呢？——正因为你不同于我，我才爱你；我爱的只是你身上与我不同的东西。教育！——除了我本身，我还能教育谁呢？纳塔纳埃尔，要我如实相告吗？我不断地反躬自省。我自诲不倦，我向来只根据自己所能为来自我评价。

纳塔纳埃尔，抛掉我的书吧；不要在这书中寻求满足，也不要相信你的真谛能由他人代你找到，而且，这正是你的奇耻大辱。倘若我为你找来食品，你反而不饿了；倘若我为你铺好床笫，你反而不困了。

抛掉我的吧，须知这只是面对生活所呈现的千姿百态的一种。寻求你自己独特的生活方式吧。别人能做得跟你同样好的事情，你就不必去做；别人能说得跟你同样好的话，你就不必去说；别人能写得跟你同样好的文章，你就不必去写。

只有你感到自身独具、别处皆无的东西，才值得你眷恋。啊！既急切又耐心地塑造你自己，把自己塑造成为无法替代的人。

【美国】富尔格姆

李杭育 陈平 译

《我需要知道的一切》① (3则)

富尔格姆,当代美国作家,他的一本小册子《我真正需要知道的一切,都在幼儿园学过》,被称为"人人都喜爱的书"。当代作家写当代文明生活,机智、幽默和哲理都不难得,难得的是如此充满温情;写出琐事上的卓识也不难,难得的是大道理,小声说。

信 条

全书开宗明义第一篇,我的信条:"我真正需要知道的一切,即怎样生活,怎样做事和怎样为人,我都在幼儿园里学过。"富尔格姆一点也没有哗众取宠,他所说的只是返璞归真。文明越发展,社会就显得似乎越难驾驭;人越年长,就越喜欢接受各种奇谈怪论。作为日常生活的哲学家,富尔格姆举重若轻地挑明:无论社会还是个人,我们要过上正常合理的生活,其实只需要遵守那些最基本的规则,而这些规则,人人都在幼儿园里学过。

好多年了,每当春天,我都给自己规定作业,写出个人信念的表白:一篇信条。在我还年轻些的时候,这样的表白写跑了好多纸张,总想包罗所有的根本性的东西,一个也不放过。那些话听上去就像是最高法院的文件摘要,仿佛单凭几句话就能打发掉全部存在意义上的麻烦似的。

这信条在最近这些年里是越写越短了——有时带点儿玩世不恭,有时搞得稀奇古怪,有时则又是平淡无味——不过我还是一直这么干着。最近,我只用一张纸几句话就交代了我的个人信念,并且充分理会到那种天真的理想主义的所指。

这里的启示是我在一个加油站里顿悟到的。我给我的旧车加灌了超品级、高

---

① 选自罗伯特·富尔格姆《我需要知道的一切……》,浙江文艺出版社,1991年版。

抗爆性汽油，可这老家伙却消受不了还安顿不得——一路的噼噼啪啪，当着道口就熄火抛锚，下坡时又嘭嘭地放炮。我知道是怎么回事。我的头脑和意念也每每与此相仿。太多的知识高度膨胀，叫我犯上了面对存在的困惑症——一味地嘀嘀咕咕，当着人生的选择关口踌躇不前，要么就是知道得太多，要么也可能是知道得还不够。这样检点过盘算过的人生，自然是不轻松了。

当时我意识到自己已经明白了，过一种有意义有滋味的生活，最最需要的是些什么——那并非混沌不辨的一团。我知道它，而且久久地理会着它。生活中也过着它——好吧，那是另一码事，对吗？下面是我的信条：

我真正需要知道的一切，即怎样生活，怎样做事和怎样为人，我都在幼儿园就学过。智慧并不在高等学府的大山顶上，倒是出自主日学校①里孩子们玩的沙堆中。下边就是我学到的东西：

有东西大家分享。

公平游戏。

不打人。

交还你捡到的东西。

收拾好你的一摊子。

不要拿不属于你的东西。

惹了别人你就说声对不起。

吃东西之前要洗手。

便后冲洗。

热甜饼和冷牛奶对你有好处。

过一种平衡的生活——学一些东西，想一些东西，逗逗乐，画画画，唱唱歌，跳跳舞，玩玩游戏，外加每天干点活。

每天睡个午觉。

当你们出门，到世界上去走走，要注意来往车辆，手拉手，紧挨一起。

要承认奇迹。别忘了聚苯乙烯培养皿里的那粒小不点的种子：它的根往下生，茎叶往上长，没有人真正知道这是怎么回事或者为什么，而我们大家也都差不多是这么回事。

在那杯皿里的金鱼、老鼠、小白鼠甚或那粒种子，它们都会死去。我们也会。

再就是记住迪克们和琼们②的识字课本，以及你从那上面学到的头一个字——所有字里最大的那个**瞧**。

---

① 教会办的只在星期日授课的儿童学校，以教授宗教内容为主。

② 迪克和琼为英美国家男孩和女孩最常见的名字。

你需要知道的任何东西都在上边那些条条里。金规矩①，爱，和起码的卫生。生态学、政治学、平等观念以及健康的人生状态。

拿上边的任何一条，推衍到老练、通达的成年期中，实践于你的家庭生活，或者你的工作，或者你的社区，或者你的生活圈子，都行。它贴近真实，清晰明了并且坚实可靠。想想这样一个世界，它将许愿给我们大家——整个的世界——每天下午三点钟都有小甜饼和牛奶，然后盖上我们的毯子睡一觉；或者，要是所有的政府都奉行这么个基本政策，交还它们捡到的东西和收拾好它们自己的一摊子。

这仍然是个忠告，不论你们年纪多大——当你们出门，到世界上去走走，最好还是手拉手，紧挨一起。

捉迷藏

捉迷藏的游戏中，总是藏得最好的那个小孩被伙伴们"废在那儿了"。大人不玩捉迷藏的游戏了，可大人更深地把自己藏起来，故意让别人找不到。上帝也是捉迷藏的好手。儿童游戏——人际交往——人神沟通，三个层面巧妙勾连，引人入胜。人啊，别藏起来了。"来入伙呀，不管你在哪。这是个新游戏。"

十月里的一个周末傍晚，在这早早蒙上的干巴巴的黑影里，街坊孩子们正玩着捉迷藏。多久了，从我捉迷藏那会儿算起？30年，也许更久些，我还记得是怎么玩的。假如受到邀请，我能马上就成为这游戏里的一个角色。大人们不玩捉迷藏了，要玩也不是为了开心，横竖都不是，真没劲。

你可见过你的街坊孩子里面有哪个总是玩得那么高明，没人能找着他的？小时候我们可对付过这样的。找了一阵之后，我们就放弃他只管自己走掉，把他弃在那儿了，管他是在哪呢。早晚他会露面，恼火透了，因为我们不再接着找他。而我们，也会倒打一耙，怪罪他这会儿没照规矩玩。要让我们找，你就该躲着嘛，我们会说。而他则会说这是躲和找，不是躲和放弃！接着我们会全体扯着嗓子嚷嚷，谁立的规矩啦，谁在乎谁啦，管它怎的怎的这啦那啦，还有什么我们下回不和他玩儿啦，要是他连这都搞不通，那谁还稀罕他啦，诸如此类的一大堆。躲呀，找呀，然后是吵嘴。但不管是什么下一回他又会躲得很好。他很可能还会躲在某个老地方，尽管我明明知道。

① 语出《圣经》，是西方人的一条基本的行为准则，其内容是要求人们像希望别人像对待自己那样去对待别人。

正写到这儿，街坊孩子们的游戏就做开了，而且有个小孩就躲藏在这院儿里的一堆树叶下，正巧是在我的窗户下边。他在那儿有一会儿了，别的一个个全被找着了，他们也就丢下他回大本营去了。我想去他们的大本营告诉他们他躲在哪儿。我还想点燃那堆树叶逼他出来。最后，我只是朝窗外大喝一声："看见你啦，小家伙！"这下可吓着他了，大概还尿了裤子，还哭上了，跑回家去告诉他妈妈。有时候真不容易弄清楚怎么做才算是帮助了别人。

去年，我的一个熟人发现自己得了晚期癌症。他是个医生，知道自己活不久了，他不愿让他的家人和朋友们因为他而痛苦不安，他就一直保守秘密，就这么死了。人人都说他多么勇敢，默默地承受着他的痛苦，不对任何人诉说，如此等等。但在私下里，他的家人和朋友们却抱怨说他们很生气，因为他不需要他们，不信赖他们的力量。还有特别刺痛他们的是，他竟不说一声再见。

他躲得太好了。对暴露的担心会让他一直呆在那游戏①里。捉迷藏，成人式样的了。渴望躲藏，需要让人寻找，害怕被暴露搞得心慌意乱。"我不需要别人了解。""人们会怎样想呢？""我可不想打搅任何人。"

比玩捉迷藏好，我更喜欢那种被称作沙丁鱼的游戏。在沙丁鱼里，代表它的那个人离开大伙儿去躲藏起来，随后每个人都各自分头去找他。当你找到了他，你也就入了他的伙，同他一起躲在那儿了。用不了多久，一个个纷纷躲藏到一起来了，大伙儿挤在一堆里，像一窝小狗似的。又过了一会儿，先是这个吃吃地笑出了声，接着那个又哈哈大笑，结果就一个不落地全都找着了。

中世纪的神学家们竟也拿捉迷藏的字眼来描写上帝，称他为潜逃者。要我说，我倒觉得上帝是个会玩沙丁鱼的，而且也会是那样地暴露出自己，就像在沙丁鱼里所有的人都一个不落地被找着了——借助那尽情尽兴地发自一处的朗朗欢笑。

"喔嘘，喔嘘，牛儿们，出圈啦。"孩子们来到大街上大声喊着，而这叫唤的本身又像是在通报："来入伙呀，不管你在哪。这是个新游戏。"我这么说，针对所有那些躲得太好的人。看见你啦，小家伙！喔嘘，喔嘘，牛儿们，出圈啦。

动物园

"动物园有助于让你的脑袋超脱一下现实。"看看狮子先生所过的优裕生活，如果需要"样品人"，我坐在笼子里想来也不错的。可是小女孩奇怪长颈鹿的模样："它干吗是这样？"长颈鹿们不在乎，只有人会在乎，要问个究竟，他会"叮叮咣咣地摇撼着存在之笼的铁栏杆，冲着石头和星

---

① 双关语，"游戏"的另一层意思是对勇气的"考验"。

星叫喊："它干吗是这样？"最终我并不愿意关在动物园里享福，人和动物的分野就在于——人要追问生存的意义。成人的理性思维加上孩子般惊人的想象力，产生了这样大巧若拙的文字。

圣迪戈有座带铁笼子的动物园和一个野生动物公园——人称是世界之最。身为一个热衷此道的动物园迷，我最近在那地方泡过一天。动物园对成年人很有益处——它们让你的大脑离开一会儿现实。

比方说，你可曾仔细端量过长颈鹿不曾？长颈鹿怪模怪样，不像是真的东西。假如那儿是个天堂，而我又去了那儿（对这两点都别下大赌注），不过是个假如，去了之后，我想要打听的一件事，就是有关长颈鹿的。

在那动物园里，站在我边上的小女孩问她妈咪的那个问题也正是我要问的："它干吗是这样？"妈咪可不知道。长颈鹿知道它这副长相是为了什么吗？或者，它在乎吗？或者它还考虑过它在天地万物中的地位吗？长颈鹿长着一条27英寸长的黑舌头，却没有声带。长颈鹿什么也不会说。它只管一味去长颈着。

除了长颈鹿，我还见到一头袋熊，一头鸭嘴兽和一头猩猩。怪模怪样的。那猩猩看上去正好像是我的伍德叔叔。伍德叔叔也很够怪模怪样的。他本该划归动物园，那是他妻子说的。叫我纳闷的是，要是搞些个样品人弄到动物园去，那会是个什么景儿。

我一边琢磨着最后那个设想，一边望着那群狮子。一位狮先生和六位狮女士。看来似乎一种真正惬意、美妙的生活是在动物园里过着的。这群狮子太能生育了，以至于动物园只好给每一头母狮都放置了宫内避孕器。狮子们成天就只是吃吃食，睡睡觉，搔搔痒儿，过过不带后果的性生活。动物园提供食物、住所、医疗保障、老年保险和丧葬费用，这样的待遇。

我们人类把自己作为唯一有理性、能思考的动物而存在的这一点看得很重要，并宣称："不经反省的生活是不值得过的。"[①]可我冲着长颈鹿、狮子、袋熊和那长着鸭嘴的什么家伙享受的那份待遇，我想我也不妨去过过那种不必反省什么的生活。动物园哪天需要我了，我倒愿意为它开个头。我当然够得上做某个濒危物种的一员。反省我的生活，这事儿有时可真是累赘，真够烦人的。

想不到吧，你和你的孩子们从一个宽敞、舒适的笼子旁经过，那儿满地是乱丢的烟蒂，法国白兰地酒瓶和吃剩下的牛排的骨头——而笼子里，在太阳下打着盹的，竟是老富尔格姆，还有躺在他周围的六个漂亮女伴。你的孩子指点着说："它干吗是这样？"我呢，会打着哈欠，睁开一只眼，说："谁在乎呢？"就像我前边说过的，动物园有助于让你的脑袋超脱一下现实。

---

① 古希腊哲学家苏格拉底的名言。

　　狮子、长颈鹿、袋熊以及其他的动物，全都行其所行，是其所是。不知是让什么给硬弄进这笼儿里来，过上这浑浑噩噩的生活。可当个人，他是要知晓，要在乎，要问个究竟的。叮叮咣咣地摇撼着存在之笼的铁栏杆，冲着石头和星星叫喊："它干吗是这样？"并且根据传来的回声确定这是在监狱里还是在宫殿里。这便是我们所行的和我们所思的，这便是为什么动物园是个挺不错的观光去处，而我又不愿住到那儿去的道理。

【英国】卡内蒂

沙儒彬 罗丹霞 译

《耳证人：五十种性格》① (3则)

　　一贯标新立异的卡内蒂特别关注反常的人类世界，他的讽刺小品文集《耳证人：五十种性格》，精确地描述了"五十个怪人"，用解剖刀一般冷静的语言和超现实主义的奇妙想象雕刻出五十种极端性格，蕴褒贬于白描之中，不着一字，尽得风流。

舔名人

　　所谓"舔名人"，不妨把它转名为"追星族"或"马屁精"，他们的行为可谓异曲同工。本篇纯用夸张手法，极尽嘲讽之能事。

　　舔名人知道什么是好东西，远在一千公里处他就能闻到。他不辞劳苦来到他要舔的名字的附近。坐汽车或乘飞机，这如今都便当得很，这份劳苦不算大，但应该指出，假如有必要，他也会付出更大的气力。他的欲望形成于看报时，报上不登载的，他不觉得好舔。要是一个名字经常上报甚至上标题，他的欲望就变得无法遏制，于是他赶快启程上路，如果他自有足够的路费，那就好办了；可如果他没有，他就问人借并用他伟大计划将带来的荣耀来偿还，只要谈到这件事，他总能给人制造深刻印象，"我得舔某某"，他说，听上去有如从前要去发现北极的味道。

　　他很善于突然到达，不论他是否引他人为据，听上去都像他快渴死一般。可能有人出于对名字的欲望竟致渴死，这使名字感到光荣：这个大千世界，一个沙漠；它，唯一的井。因此它表示同意接待舔名人，不过总要首先详细地诉说它缺乏时间。说得重一点，它在相当不耐烦地等待他，它把自己最好的部位给他布置好，它彻底清洗但只是清洗这一部位，然后擦得锃亮，舔名人一来就眼花了。在这期

---

　　① 选自卡内蒂《五十个怪人》，湖南人民出版社，1988年版。

间，他的欲望有增无减，他毫不掩饰，他厚颜无耻地走近并抓住名字。等他长久而彻底地舔了它之后，他就给它拍照。他没什么话要说，他可能结巴着说些听起来类似敬仰的话，但没人上他的当，大家全知道。他只追求一点：他的舌头那么的一舔。"用本人的这个舌头。"过后他宣告道，他伸出舌头来，领受着任何别的未曾被它舔过的名字都不曾得到的殊荣。

悦男瑰丽女

> 写一个自恋的女子，用一个特别的手势将她定格："她站在那儿，缓缓举起胳膊"，"她沉默着让人凝凝地观看"。人称"腋光女士"。她像稻田里的诱蛾灯，静静地在那里发光，醉心于她的腋光的男人不过是不请自来的飞蛾。

悦男瑰丽女是朵曲线花，她喜欢站姿。她站在那儿，缓缓举起胳膊，然后以经过好好排练的姿态一直高举着，等大伙儿目眩得闭起眼时，她稍快地让它下垂。然后，她望着远方，旁若无人，旋转180°，更缓地举起另一只胳膊，神思恍惚地摆弄着其整洁不亚于腋窝的发型。

她一言不发，难道还用得着说什么来增添她的瑰丽吗？她沉默着让人凝凝地观看。在私生活里她叫做腋光女士，从前有过一个名字像这样恰如其分吗？无论她在哪里，在人群中抑或在家中，她不厌其烦地站着——好一个身段！——时而举其左胳膊，时而举其右胳膊。这里应该强调指出，她在家里甚至独自站在镜前时都是如此。

她为自己做这一切，她亲口说过；这是她唯一流传下来的一句话，故而管她叫悦男瑰丽女需要很多僭越。白天她很从容，她可以站着不停地享受她高举的胳膊的美姿。夜晚较为难办，她不常梦见自己，可她却不愿忘掉自己。所以她睡不安稳，她睡在灯光下。她偶尔睡醒并从床上滑下来——她立即就看见了自己，就已胳膊高举，腋窝发光，并已望着远方。然后她还算得上平静地再回去睡觉。如果她还不满意，那就轮到另一只胳膊了。

许多男人醉心于她的腋窝，那有什么可怪的呢？可她全都不理不睬；她是不可侵犯的。男人曲解她的瑰丽，那能怪她吗？一件东西为了自己而存在，可他们却把它跟自己联系起来。悦男瑰丽女身段如此，难道是她的过错不成！她得保护她的肤色，可恋爱却只会损害它，完美不归某个人所有而且需要距离，而唯有这才是她望着远方的原因。

腋光女士独自生活，狮子狗和猫她都不能容忍，因为它们终究不可能领会她到底是什么人物。对她来说完全不可想象的是有个得为他弯腰的孩子。即使她举起他来，他也缺乏能力看清她，更何况要他懂得她身上发光的部位呢！她注定得孤身生活，她坚强地忍受着她的命运，没有任何人在任何时候从她嘴里听到过悲叹哀诉。

书迷鬼

这是一种有文字癖的人，不放过每一本生僻的书，不遗漏每一点新知识，他的强烈的求知欲使他无所不知，但他最终忘记了自己为什么而求知。他的自我消失在无穷的文字堆里，以致他宁愿爱一个女子的书信，也不爱这个女子。

书迷鬼看所有的书，无论什么书都可以，只要难懂就行。他并不满足于人人谈论的书；他看的书应该是罕见的而且已被人们忘却、不易找到的。他为一本无人知道的书而找上一年之久，这样的事曾发生过。要的书总算找到了，于是他一口气读完。弄懂并记住，往后便永远可以引用它。他17岁时看上去已经和现在47岁时一模一样。书读得越多，他改样儿越少。任何用字眼儿来袭击他的尝试都归于失败，他各方面的知识都同等丰富。由于总有些他还不知道的，所以他从未感到无聊。但他绝不说出他不知道的是什么，免得别人在读书上抢了先。

书迷鬼看上去跟一个为防失物而从不打开的箱子一样。他不敢谈起他的七个博士学位。而是只提及三个。一年拿一个新博士头衔对他来说轻而易举。他待人友好并且喜欢说话，为了自己能有机会说，他也给别人留下说话的余地。如果他说，"这我不知道"，可以断言他就要作出一个既详细又内行的报告。他行动很快，因为他一直寻找着新的倾听他的人。任何一个听过他演讲的人，他都不会忘记——在他心目中的世界是由书和听者组成的。他十分赞赏别人的沉默，而他自己只有临作报告前才沉默一会儿。本来就没人想跟着他学到点什么，因为他只想让自己知道那么多这样那样的事儿。他激起人们的怀疑，可绝不是因为他的报告在内容上从不重复，而是他从不对同一个听者重复。如果他说的不总是新的话题，那就是怪事了。他公平对待他的一切知识，他什么都认真。人们愿付出高昂的代价，只为了能发现他是否有一个比其他更为扎实的知识。他为自己像老百姓一样有睡觉的时间愧疚。

数年后再见到他时，人们说十分好奇并且渴望最终识破他的某个骗局。但全是空想——他虽然谈着完全不同的事，但他甚至连每个音节都是一如往昔。在那期间，有时他结婚了，有时他离婚了。女人们消失了，没有一回不是犯了错误了。他佩服那些刺激他而使他超过他们的人，一旦超过，他就把他们扔到废铁堆里去。他从不曾在没有读完所有有关某个城市的书之前去访问这个城市。城市适应他的知识；它们印证他先行读到的一切，不可预读的城市似乎没有。

当傻瓜走近时，他老远就笑起来。一个女人要是想跟他结婚，最好给他写信并且在信中询问他。如果她的信够频繁，他就迷恋她并永远让她就这样子不断地用书信来给他做伴。

【意大利】卡尔维诺

肖天佑 译

《帕洛马尔》①（3则）

  卡尔维诺（1923~1985），意大利后现代主义代表作家。作品有《分成两半的子爵》《树上的男爵》《寒冬夜行人》《隐形的城市》《帕洛马尔》等，每一部作品都呈现不同面貌，尤其是幻想小说和神话寓言，想象力丰富得令人诧异。英国作家罗什第曾说："当意大利爆炸，当英国焚烧，当世界末日来临，我想不出有比卡尔维诺更好的作家在身边。"被人这样钟爱的作家有福了。

  《帕洛马尔》是他的绝笔之作。小说人物帕洛马尔是一个喜爱深度观察和哲学思辨的知识分子，他有许多奇特的念头，却往往与现实格格不入。小说人名取自美国加州帕洛马天文台那台世界上直径最大的天文望远镜，喻人对身边的琐屑事物做"大倍数放大观察"，以获取奇妙的人生体验。从文体看，与其说它是一本小说，不如说是一本哲理散文合集，属于当代流行的"混合文体"的写作实验文本。

裸胸的女人

  海滩上一位晒日光浴的少妇让帕洛马尔烦恼不已：文明人不能观看女子的裸胸，于是高视阔步；可是我故意不看，说明"我正想到它是袒露的"，"这种看法本身就是不礼貌的、落后的"。那么远远看去，女子的乳房与海滩的风景构成一幅和谐的画面，这下可以心安理得了吧？还是不妥，"这不是把人降低到物的水平上"，"重犯了大男子主义的陋习"，"低估了女人乳房的价值"，变得假正经了吗？还是坦然地看吧，日光浴是健康的、值得鼓励的。于是他目光中表示出"不含有任何私心的鼓励态度"，向少妇走去……谁知"那少妇一跃而起，披上衣服，喘息着仓皇逃遁"。嗨，好人难做呀。

---

① 选自卡尔维诺《帕洛马尔》，花城出版社，1992年版。

帕洛马尔先生沿着冷僻的海滩漫步，偶尔遇上几位游客，一位年轻的夫人袒胸露臂躺在沙滩上沐浴日光。帕洛马尔先生谨小慎微，把视线投向大海与天际。他知道，遇上类似情形，当一个陌生人走近时，女人们会急忙抓衣掩体。他认为这不好，原因是这样会打扰那位安然自得沐浴日光的少妇；过路的男人也会感到内疚；这等于间接承认妇女不得袒胸露臂这条禁忌；如不完全按照礼俗行事，人们不仅得不到自由，做不到坦率，反而会行不能无虑、言不能由衷。

因此，当他远远看到晒得黑里泛红的裸露的女性上身时，便急忙仰起头，使他的目光落在虚空之中，并像个文明人那样，不让目光逾越环绕人身四周的无形的界线。

他边走边思考。当他的视野里已没有任何东西，可以自由转动眼球时，他这样想道：我这样做，是卖弄自己的决心，也就是说，我支持了禁止看女人乳房的习俗，或者说我在她的胸膛和我的眼睛之间安置了一副心理上的乳罩，让那鲜嫩的、诱人的胸膛散发的闪光不得进入我的视野。总而言之，我这不看的前提是，我正想到它是袒露的。这种看法本身就是不礼貌的、落后的，为此我感到不安。

帕洛马尔先生散步转来，再次经过那位女士身边。这次他把视线投射到自己前面的景物上，不多不少仅仅看到海边的浪花、拉上海滩的船只、铺在沙滩上的毛巾被、丰满的乳房及颜色略暗的乳头、弯弯曲曲的海岸以及灰色的雾气和天空。

——喏——他自鸣得意地边走边想道——我成功地把女人的乳房与周围的景色完全协调起来，使我的目光像天空中海鸥的目光或海水里无须鳕的目光那样，不至破坏这自然的和谐。

——这样做对吗？——他继续想道——这是不是把人降低到物的水平上，把人看成物？把女性的象征也看成物，难道不过分吗？我是不是重犯了大男子主义的陋习？这种世代相传的陈规陋习是否已在我头脑里生根？

他转过身来往回走，现在他把目光毫无选择地投向海滩，当这位少妇的胸膛进入他的视野时，他感到自己的视线中断了，停止了，偏离了。他的目光一触到那紧绷绷的皮肤便往后缩，仿佛对它那与众不同的柔韧性和特殊价值感到吃惊。目光在空中停留片刻，再谨慎小心地沿着乳房的曲线并保持一定距离绕行一周，然后才若无其事地继续自己的行程。

——我想，我的观点是十分清楚的——帕洛马尔先生心里说——不会引起误解。然而，我目光的这种运动会不会被理解成一种傲慢的态度，理解成低估女人乳房的价值，就是说有意冷落它，把它置于一旁放在括号内呢？喏，我这不又在老调重弹，与千百年来那些假正经和把性欲视为淫乱的人一样，尽量把女人的乳房隐蔽起来……

　　这种说法是违反帕洛马尔先生的美好心愿的。他虽然属于老一辈,曾把女性裸露的乳房与性生活联系在一起,但是他欢迎风俗习惯中的这一转变,因为这是社会思想开放的结果,同时也因为他觉得女性的这一形象使他感到愉快。他希望在他的目光中表示出来的恰恰是这种不含有任何私心的鼓励态度。

　　他来个向后转,并迈着坚定的步伐向那在阳光中沐浴的少妇走去。现在他的目光敏捷地扫向周围的景物,最后将极其崇敬地停留在少妇的胸膛上,并与少妇的裸胸一起珍惜与感激周围的一切。珍惜与感激这里的阳光,这里的蓝天,这里被风吹弯的松树和被风吹积起来的沙丘,珍惜与感激这沙滩、礁石、海藻和云雾,珍惜与感激围绕着这光芒四射的乳房旋转的整个宇宙。

　　这种态度应该能够使那位孤独的沐浴者感到放心,应该能够使她免于臆断。然而,当他刚刚走近一点时,那少妇一跃而起,披上衣服,喘息着仓皇逃遁,一边还生气地晃着肩膀,仿佛在逃避一个色鬼的纠缠。

　　——陈腐的习惯势力阻挠人们正确对待这些最开明的思想——帕洛马尔先生痛苦地得出结论说。

一公斤半鹅油

　　帕洛马尔先生在一家食品店购物的时候,一边东张西望,一边胡思乱想:这里的每一件罐头食品都曾经是活物呀,可是那些顾客对它们多么冷漠,一点也不被这些美味佳肴所吸引(人对食物没有了审美感觉,人的欲望不再有审美价值了),只把它们当做自己身上的肉(人被物化了),他们没有一个配得上这些商品。只有像他这样尊贵的人才配享用这些食品。可是,"尽管他真挚地热爱肉冻,肉冻却不爱他。"肉冻感觉到,他的目光正把它们由食品店的商品变成博物馆的藏品(这世界真荒诞)。多思善感的帕洛马尔先生试图置身于社会生活的旁边,考评人们的日常行为。他的老派的审美观是可爱的,在现实中却是可笑的。他对食物的审美欲望,被急于售出的食品和自己的辘辘饥肠联手背叛。

　　鹅油罐头的玻璃瓶上贴着手写的标签:"肥鹅肢两件(一腿一翅)、鹅油、盐、花椒。净重:一公斤半。"玻璃瓶里那厚厚的松软的白色鹅油仿佛吸收了周围的嘈杂声;帕洛马尔先生的脑海里模模糊糊的回忆使他仿佛看清了这两件已经炼成油脂的鹅的肢体。

　　帕洛马尔先生正在巴黎一家肉店里排队。现在正好是节日期间,但这家店铺即使在非节日期间也是顾客盈门，因为它是巴黎这个地区闻名的食品商店之一。这些年来由于商业萧条，税率增加，消费者的收入降低，现在又是经济危机，这个地区的老店铺一个一个地被相继挤垮，被一些毫无个性的超级市场所代替。

帕洛马尔先生一边排队，一边观察罐头瓶。砂锅炖肉（一种由扁豆、肥肉和鹅油为主料的炖肉），他在自己头脑中尽量搜寻对这种罐头的记忆，却怎么也回忆不起来，无论是味觉记忆还是文化知识都未能帮他的忙。然而这种罐头的名称、外观和观念都吸引着他，引起他瞬时的幻想。啊，不，不是味觉的幻想，那是爱的幻想：一位美女从一座鹅油山中冉冉升起，红润润的皮肤沾满了鹅油；他想象自己踏着鹅油走向她，拥抱她并和她一起沉入鹅油之中。

他把这种荒唐的想象驱出头脑，然后抬起头望着天花板上悬挂的一串串香肠。这些意大利式色拉米香肠，使他想起了民间游戏——悬赏杆[①]。商店大理石货架上陈列的商品琳琅满目，都是人类文明与艺术的结晶。那一块块野味馅饼包含着野生动物的大腿或翅膀，凝聚着各式各样的美味。那灰中透红的野鸡冻上面，按照名门望族的纹章图案与文艺复兴时期家具上的雕饰，摆着两只鸡爪，这是为了强调罐头的真实来源。

透明胶袋里装的黑孢块菌，一粒粒清晰可见，宛若丑角皮埃罗服装上的扣子或大谱表中的音符。它们一簇簇排在一起，装点着由炖肥肝、腊肠、肉羹、肉冻和香肠组成的斑驳陆离的花坛；一头头洋蓟装饰得犹如一尊尊奖杯。黑孢块菌的黑色图案成了主导，把众多的食品联结在一起，并把它们衬托得更加绚丽，其作用犹如化装舞会上的黑色礼服。

顾客们或阴郁，或沉闷，或面带愠色在货架之间穿行；身穿白大褂的中年女售货员迅速疏导他们。顾客们的提包仿佛黑魆魆的大口，把光彩夺目的夹着鲑鱼肉、涂着蛋黄酱的面包片吞咽下去。当然，每一位顾客，不论是男是女，都知道自己要买什么，毫不迟疑地选购自己的食品，迅速地拆除那一堆堆夹馅千层饼、白色布丁、脑髓香肠……

帕洛马尔先生多么希望在他们的目光中看到一点反应，证明他们被这些美味佳肴所吸引。然而，他们的面孔和动作都显得烦躁不安，匆匆忙忙，像那种性格内向、神经紧张、患得患失的人。他觉得这些人中没有一个称得上是庞大固埃[②]式的人物，没有一个配得上橱窗里和柜台上陈列的这些商品。这些既无欢乐又不年轻的人却很贪婪，因为在他们与这些食物之间有种根深蒂固的、世代相沿的联系，因为这些食物与他们的肉体同一，是他们身上的肉。

---

① 民间在盛大节日期间举行的娱乐活动。先在广场上竖木杆，杆上涂油脂或肥皂，杆顶悬挂奖品（一般是当地美食），由竞争者爬到杆顶摘取。

② 法国著名小说家拉伯雷的巨著《巨人传》中的主人公。

他发现自己有一种类似忌妒的感觉，真希望这些瓶瓶罐罐中的鸭肉、兔肉能对他而不是对别人表示欢迎，把他看成唯一有权享受它们的人，享受大自然与人类文明世世代代给予人们的这些赏赐。大自然与人类文明的赏赐不应该落到这些愚昧无知的人手中！他的心情无比激动，这难道不正好说明他才是高贵的人，幸运的人，唯一有权享受这些源源不断来自外部世界的丰盛食品的人吗？

他环视四周，期望闻到各种食物的香味，可他什么香味也未闻到。各种美味佳肴在他头脑里唤醒的是各种模糊的、难以相互区分的回忆，而他的想象力又不能把这些回忆与眼前这些形象和名称联系起来。他不禁自问，他的美食感是否仅仅是思想上的、美学上的、象征性的呢？也许这是因为，尽管他真挚地热爱肉冻，肉冻却不爱他。这些食品感觉得到，他的目光正把它们变成人类文明的历史，变成应交给博物馆的收藏物。

帕洛马尔先生非常希望队伍能前进得快些。他知道，如果他在这家商店多待几分钟，他自己也将变成一个无知的人，被人遗弃的人，无权享受这些食品的人。

一只不配对的布鞋

帕洛马尔先生在东方旅游时，从地摊上买回一双不配套的布鞋。于是痴想："也许现在那个国家另有一个人穿着一双大小不一的鞋走路呢。"或许，由于产量过多，要把另一双不配套的布鞋售出，要等几百年。也许，有人"在几个世纪以前曾跛足而行"。于是，富有同情心的帕洛马尔先生"继续穿着这双布鞋吃力地走着，以慰藉他的这位已不存在的伙伴"。这位伙伴也许从来就没有存在过，只是帕洛马尔先生对人间过于多情而已。

卡尔维诺自白："当一个人感到压抑时，他写寓言；当一个人不能清晰地表述思想时，他写寓言，且藉寓言以表达。"有时候，写作寓言类似智力游戏，只要念头有趣，引人遐思，就值得一写。

帕洛马尔先生在东方某个国家旅游时，从集市上买回一双布鞋。回到家里试穿时，发现一只鞋比另一只大，穿上它直往下掉。他回忆起那个年迈的摊贩蹲在集市上小棚内，面前乱七八糟摆着一堆各种号码的布鞋，他看着老人从鞋堆里翻出一只与他的脚相当的布鞋并递过来让他试，然后又在鞋堆里翻找并把这只不配对的鞋递给他，他试也没试就买下了。

帕洛马尔先生心里想道："也许现在那个国家另有一个人正穿着一双大小不

一样的鞋走路呢。"他仿佛看见一个瘦小的身影在沙漠上一瘸一拐地行走，脚上有只鞋大得多，走一步都要掉下来，或者小得把他的脚都挤变形了。"也许他现在也正想着我，希望遇见我同我交换呢。我们之间的关系比较大部分人际关系来要具体得多、明确得多。然而，我们却永远也不会相遇。"为了向这位不知姓名的难友表示同情，为了牢牢记住他们之间的这种极为罕见的互补关系，让这个大陆上的跛行反映到另一个大陆上去，帕洛马尔先生决定永远穿着这双不配对的布鞋。

帕洛马尔先生在思想中一直这么想，但是他知道事实并非如此。批量生产的布鞋源源不断地补充着那个集市商贩的货摊，鞋堆里的那两只不配对的鞋将会永远留在那里。只要这个年迈的摊贩不卖光自己的全部库存（也许这些库存永远也卖不完，他死后他的买卖和存货会转给他的儿子，儿子再交给孙子），那么他只需在鞋堆里翻拣几下就能找到一只鞋与另一只鞋配对。只有像他帕洛马尔这样粗心的顾客才会出现这种差错，但是，要使他这一差错的后果反映在这个古老集市的另一位顾客身上，可能需要几百年的时间。世界上任何统一体的分解过程都是不可抗拒的，但是它的后果却被大量的也许是无穷无尽的新的对称、组合与配对所掩盖而迟迟不能被人发现。

他的这个差错可能不可能修正了从前的一个差错呢？他的粗心会不会不仅没有造成混乱反而恢复了原来的秩序呢？帕洛马尔先生心想："也许那个摊贩非常清楚他的行为，他把这只不配对的鞋给了我，从而消除了在那堆鞋中隐藏了几百年、自他的祖辈在这个集市开业以来就一代一代遗传下来的不平衡呢？"

那位不知姓名的难友也许在几个世纪以前曾跛足而行。那么，帕洛马尔先生与他同样跛足而行，中间不仅隔着两大洲，而且相距几个世纪呢。尽管时间过去很久了，帕洛马尔先生并不因此而对他缺乏同情心，他继续穿着这双布鞋吃力地走着，以慰藉他的这位已不存在的伙伴。

【法国】罗兰·巴特
孙乃修 译

符号帝国·筷子①

　　符号学大师罗兰·巴特（1915~1980）游了一趟日本，发现这个国家到处是充满象征意义的"符号"，于是心情愉快地写下一本文化研究的小册子《符号帝国》。新意迭出，分析独到，文风独创，颇资借鉴。西方人初次用筷子，不免新奇，但要说出那么多道道来，让惯用筷子的东方人大吃一惊，这种本领非符号学家不备。不过，没下过厨房的罗兰·巴特还是被自己的眼睛蒙骗了，他认为筷子不像西方的刀叉那样野蛮，"食物不再成为人们暴力之下的猎物，而是成为和谐地被传送的物质。"他没听过孔夫子的名言"君子远庖厨"，不知道东方人喜欢把野蛮的事情藏起来干。

　　在曼谷的水上市场，每一位小贩都坐在一只一动不动的小木舟上，卖着数量极少的食品：谷粒、几只鸡蛋、香蕉、椰子、芒果、甜辣椒（且不说那些叫不出名字的东西）。从他自己到他那些商品，包括他的那只小舟，每一件东西都很小。西方的食品常常堆得高高的，极力夸张声势，摆弄得很有气派，这些食品总是显得沉甸甸、气昂昂，不仅数量多，而且很丰饶；而东方的食品则恰恰相反，往往趋向于细小琐屑的物品：黄瓜的将来不在于它体积的增大或长得厚墩墩，而是在于它的分割，在于切成精细的小块，正如这首俳句所讲的那样：

　　　　切成薄片的黄瓜
　　　　汁液流淌
　　　　拖住了蜘蛛的腿

　　小的东西和能吃的东西有一种趋同性：东西小巧是为了能够吃，而东西的能吃是为了实现它们小巧的本质。东方人的食物与筷子之间的那种和谐性不仅仅具有功能性、工具性；食物被切碎，是为了能够被这两根细木棍夹住，而筷子的出

---

　　① 选自罗兰·巴特《符号帝国》，商务印书馆，1996年版。

现则是因为食物被切成细小的碎块；这同一种活动，这同一种形式，超越于这种质料及其用具之上，那就是分割。

筛子除了把食物从盘子中送到嘴里（诚然，这样讲很不恰当，因为这也是手指和叉子的作用），还有另外一些功用，这些功用是它们自身所独具的。首先，一只筛子——正如它的形状所足以说明的那样——有着一种指示功能：它指向食物，指明要吃的那小块东西，通过这种选择的动作使它获得存在，这种选择的动作具有一种引导作用。因此，筛子不是按照一种机械性程序——在这种程序中，人们只能受着限制去一点一点地吃着那盘菜——去夹取，而是指明它所选中的东西（因此是此时此地选中的这个而不是那个），把一种随意性、把某种程度的散漫而不是一种秩序引入食物的摄取过程中来：不管怎么说吧，总之是一种具有智慧的活动，而不再是机械性的操作。两根筛子结合起来的另外一种功用，就是夹取菜肴的碎块（不像我们用叉子那样去刺）；夹取，这个词太硬了一些，太有侵略性（这个词对于那些狡黠的小姑娘、外科医生、女裁缝以及有着敏感气质的人来说太不客气了）；因为食物从未受到过任何一点比把它夹起来移动时用的力更大的压力；筛子的姿态由于它自身的那种质料——木头或漆——而变得更为轻柔，这里面有着一种母性的气质，这种准确、细致、十分小心的动作正是用来抱孩子的那种细心劲儿；这种力量（就这个词的操作意义而言）不再是一种推进力；从这里，我们看到用餐方面的一整套动作；这从厨师所用的长筛子可以看得很清楚，这长筛子的用处不是用餐，而是准备食物：这种用具不用于扎、切，或是割，从不去伤害什么，只是去选取，翻动，移动。为了把食物分开，两只筛子（第三种功用）必须分离，叉开，合拢，而不是像我们的餐具那样切割和刺扎；它们从不蹂躏食物：要么把食物慢慢地挑开（例如对待青菜），要么把食物分离开（例如对待鱼、鳗等），因而重新发现质料本身所具有的天然缝隙（这样，筛子就比刀子更接近于手指的作用）。最后一项也许是筛子的最可爱的一种功用，它像两只手那样交叉在一起运送食物，但与钳子却又不同，它们在米饭里轻轻移动，然后把米饭团送到嘴里，或是（用所有东方人的那种古老的动作）像一只勺子那样把白布丁从碗中送到唇边。在所有这些功用中，在所有这些动作中，筛子都与我们的刀子（及其用于攫取食物的替代品——叉子）截然相反：筛子不用于切、扎、截、转动（这都是很有限的动作，都是为食物烹调做的准备工作：卖鱼的人为我们剥掉活鳗鱼的皮，通过初步的献祭，把食物屠宰完成）；由于使用筛子，食物不再成为人们暴力之下的猎物（人们需要与肉食搏斗一番），而是成为和谐地被传送的物质；它们把先前分开来的质料变成细小的食物，把米饭变成一种奶质物；它们具有一种母性，不倦地这样一小口一小口地来回运送，这种摄食方式与我们那种食肉的摄食方式所配备的那些刀叉是截然不同的。

【法国】普鲁斯特

张小鲁 桂裕芳 译

《追忆似水年华》① （4则）

普鲁斯特（1871~1922）一生写作都在追求一件事情：寻找失去的时间。他说："我要在作品里描写人们在时间中占有的地位比他们在空间中占有的微不足道的位置重要得多。"时间毁坏一切，而记忆拯救一切。超常敏感的普鲁斯特发明了一种回忆过去的方式——他让时间具备了立体感，在潜意识中超越时空不断交叉重现已逝的岁月，在事物后面唤醒人的声、色、嗅、味、触全部真实的基本感觉。他做到了自己所追求的"在我们的记忆中寻找失去的乐园，那唯一真实的乐园"。因而，普鲁斯特被人誉为"第一位成功地将现代小说引向诗化境界的小说家"。法国著名传记作家莫洛亚这样评说："伟大的小说家通过一个人的一生和一些最普通的事物，使所有人的一生涌现在他笔下。""所以他的书一旦问世，便成为人类的圣经之一。"

《追忆似水年华》，直译就是"追寻失去的时间"。这里选了小说中的个别经典片段和他的散文随笔中主题相近的一些篇章，归于同一个总题，不再一一注明。

恍若月光

月光是个魔术师。在白天那明亮清晰的世界里，我们的思绪却常常含混模糊；可是月光缓缓出现了，在它幽静朦胧的苍白光辉笼罩下，我们的内心隐秘却汩汩流淌，那么忧伤，那么明媚。

夜幕降临，我来到自己的卧室。在黑暗中无法看见天空、田野和太阳下闪烁的大海使我忧心如焚。然而，一打开门，我便发现屋里的光线宛如夕照。透过窗

---

① 前三则选自《普鲁斯特随笔集》，张小鲁译，海天出版社，1993年版。第四则选自《外国现代派作品选》，袁可嘉、董衡巽、郑克鲁选编，上海文艺出版社，1993年版。

户，我看见房屋、田野、天空和大海，确切地说，我仿佛"在梦中重温"它们。温柔的月亮把它们唤回到我的面前而不是仅仅把它们指给我看。月光把一种无法驱散黑暗的惨淡光辉播洒在它们的幽影之上，犹如一种遗忘浓浓地罩住它们的外形。我一连几个小时凝视着在我心中默然的朦胧迷人而又苍白的回忆，白天，这些东西以它们的呐喊、它们的声音或它们的嘈杂使我快乐或者痛苦。

爱情溢然消逝，遗忘的门槛让我胆战心惊；然而我往日的所有幸福、所有忧愁仿佛都在月光底下悄悄地注视着我，而它们在我心里本来早已平息，有点暗淡、模糊，近在咫尺却又远在天边。它们的沉默令我感动，它们的疏远和暗淡使我陶醉在忧伤悲哀和诗情画意之中。我情不自禁地凝视着这内心深处的月光。

内心深处的日落

日升月落的宏大景象会让人感动甚至迷醉，而比它更叫人狂喜的是"智慧这种博大而又忧郁的拥抱"，那种来自内心深处的伟大日落，那种思潮澎湃的想象和创意，那种洞察到世间奥秘的瓜熟蒂落的智慧。人因创造而伟大，处于创造状态的人们，才会有幸迎接"内心深处的日落"。

如同大自然一样，智慧也有其自身的景象。经常使我欣喜若狂直至流泪的日出和月光对深受感动的我从未超越智慧这种博大而又忧郁的拥抱。在傍晚时分的散步之时，这种拥抱在我们的心灵中泛起高低起伏的波涛，宛如海面上熠熠生辉的夕阳。于是我们在黑暗中加快步伐。一只比骑兵更快的可爱动物加快了奔跑的速度，让人目不暇接，心醉神迷，我们颤颤巍巍，满怀信任和喜悦把自己交付给汹涌澎湃的思潮。我们最好是掌握并且操纵这些思潮，可我们感到越来越难抵御它们的控制。我们怀着深情走遍昏暗的田野，向被黑夜笼罩的橡树，向庄严肃穆的乡村，向制约我们、让我们陶醉的冲动的证人致意。抬起眼睛仰望天空，我们不无感慨地在仍然为告别太阳而激动的云层之间辨认出我们思想的神秘反照。我们越来越快地隐没在田野之中。狗跟随着我们，马载着我们，朋友不声不响，有时我们身边甚至没有任何有生命的东西。我们脖领上的花朵或发热的手中欢快转动的手杖至少从目光和眼泪中收到了来自我们狂喜的忧郁贡品。

过去爱情中眼泪的来源

逝去的爱情为什么会让我们流泪？因为后悔、遗憾、背叛、痛苦、失落、绝望？或者仅仅是对逝去的东西的习惯性感伤？普鲁斯特表达了一种新的视点：由于明确地预见到爱情的必然逝去而流泪。这是正在恋爱中的人流泪的原因，相对而言，爱情逝去后的眼泪不过是事后的反复证实而已。可是，即便注定泪流满面，人们依然义无反顾地追寻爱情，去吞食这裹着糖衣的苦药。人会老，爱会麻木，然而地老天荒的爱情引力却永存于世，"在我们的痛苦前面略微展示了它那深邃而又奇异的宏大前景以及它那迷人的悲痛……"。

小说家或他们的主人公对自己逝去的爱情的追溯在读者看来十分感人肺腑，不幸的是这种追溯非常矫揉造作。我们将逝去的爱情的博大与我们目前的绝对冷漠相对照，成千上万个细枝末节——言谈中再次提到的一个名字，抽屉中重新找到的一封信，甚至碰见某个人，或者进而言之，他事后的心得——使我们意识到一部艺术作品中如此让人苦恼，饱含泪水的对照，我们冷静地在生活中进行这种对照恰恰就是因为我们的现状就是冷漠和遗忘。我们的爱人和我们的爱情最多只能给我们以美学享受，烦恼和痛苦的官能随着爱情一起消亡。这种对照带来令人心碎的忧郁只是一种精神真实，同时也会变成一种心理现实，假如一个作家将之置于他要描写的激情的开头而不是结尾的话。

其实当我们开始恋爱时，我们的经验和我们的智慧——不顾我们富于情感的心灵，甚至爱情的永恒幻想的反对——经常告诫我们，有朝一日我们也会对我们赖以为生的这个精神上的爱人无动于衷，正如我们现在对除此之外的所有一切无动于衷……我们听到她的名字不会感到一种肉体的痛苦，看到她的笔迹也不会发抖；我们不会为了在街上遇见她而改变我们的行程，即使碰到她我们也不会惊慌失措，我们将不带幻想毫无狂热地占有她。于是这种明确的遇见让我们流泪，尽管我们始终热衷于如此强烈的荒唐预感；而爱情，即将像无比神秘而又哀伤的奇妙早晨降临到我们身上的爱情，在我们的痛苦面前略微展示了它那深邃而又奇异的宏大前景以及它那迷人悲痛……

（以上三则张小鲁 译）

小玛德兰点心

"小玛德兰点心"是《追忆似水年华》一书中被人津津乐道的片段。在喝茶时，一块佐茶的"小玛德兰点心"在口中的感觉，悄悄唤醒了童年的记忆，伴随而来的不仅仅是味觉，而是长期被封存的过去的好时光。一块小点心，成为打开回忆大厦的钥匙。味觉带来的联想，解冻了意识之流。在"解冻"之前，人物精细品味的心理探寻过程，写得有声有色。

性灵生活

242

　　多少年来，除了我临睡前的那些戏剧性场景以外，孔布雷①对我已经不存在了，但有一天，那是在冬季，我回家的时候，母亲见我冷，建议我破例喝一点茶。我拒绝了，随后不知出于什么原因又改变了主意。母亲让人端上一块叫做小玛德兰的、圆鼓鼓的小点心，那模样，仿佛是在带凹槽的圣雅克贝壳②里焙制出来的。我对着那阴郁的白天和即将来临的烦恼的明天正愁眉不展，立刻机械地舀了一勺茶，里面有泡着的点心，一起送到唇边。当这口带着点心屑的茶一碰到我的上颚，我便猛然一惊，注意到在我身上发生了奇妙的事情。一种美妙的快感侵袭了我，使我超脱了周围的一切，而我却不知道快感由何而来。它立即使我对人世的沧桑感到淡漠，对人生的挫折泰然处之，将生命的短暂看做过眼云烟，如同爱情，它使我充满一种宝贵的本质；或者说，这种本质不是在我身上，它就是我。我不再感到自己庸庸碌碌，可有可无，生命有限。这种强烈的欢乐是从哪里来的？我感到它和茶及点心的味道有关，然而它却远远超过了味觉，而具有迥然不同的性质。这欢乐从何而来？它意味着什么？到哪里抓住它？我喝了第二口，感觉和头一次相似，喝了第三口，感觉较轻于前次。我该停下来，饮料的效力似乎在减退。很明显，我所寻求的真理不是在饮料中，而是在我身上。饮料唤醒了我身上的真理，但它并不认识真理，它只能无限地、逐渐由强转弱地重复这一见证，我不知道如何解释这个见证，但我至少希望能再次得到它，完全占有它，然后探求出最后的说明。我放下茶杯，求助于我的智能。应该由它来找出真理。但怎样找呢？每当智能对自身茫然不解时，便产生了严重的困惑；这时，作为探索者的智能处在一片漆黑之中，而它必须去寻找，但它已知的一切将对它毫无用处。寻找？不只是寻找，而是创造。智能面对着的是某些远未成形的东西，只有智能能够意识到它们，然后发掘出来。

　　于是，我又开始思索这种陌生的状态是怎么一回事，它并没有证实任何逻辑推理，只是带来了幸福感，真实感，而在这种现实面前，其他的现实统统销声匿迹。我试图使这种状态再度出现。我的思想回到我喝第一勺茶的一刹那。我又体验到同样的状态，但未得到新的启示。我要求我的智能再作努力，再一次捕捉逃遁的感觉。为了使这种捕捉的激情不受干扰，我排除一切障碍，一切杂念，我掩耳不听隔壁房间里的声音，全神贯注。但我绞尽脑汁而一无所获，于是我便与刚才的办法相反，强迫我的智能松弛片刻，让它想些别的事，然后集中全力作最后的尝试。我再一次为它扫清道路，让它再一次面对滞留在我嘴边的第一口茶的余味，我感到自己身上有个东西在震颤，在移动，在往上升，仿佛它在万丈深处被拔上来；我不知道这是什么，但是它慢慢地上升；我体验到阻力，我听见它在穿越

　　① 孔布雷：作者度过少年时代假期的小城镇。

　　② 圣雅克是西班牙朝圣的名地。朝圣者胸前或帽上佩挂一种梳形大贝壳。

途中引起的嘈杂声。

无疑，在我的心灵深处跳动的，一定是形象，是视觉回忆，它和茶的味道连在一起，并试图和味觉同时来到我的意识中。它在挣扎，然而太远，非常模糊，我隐约感到那难以捉摸的、令人眼花缭乱的五颜六色，正发出晦暗的反光；但是我看不清形状，我无法请求这唯一可能的译员给我翻译味觉——它的孪生姊妹，寸步不离的伙伴——发出的信息，无法请求它告诉我这牵涉到哪个特殊场合，牵涉到过去的哪个时期。

相似的瞬间唤醒了深埋在我心灵深处的遥远的往日的瞬间，召唤它，摇晃它，激励它；这个回忆，这个往日的瞬间，能不能上升到我清醒的意识上来呢？我不知道。现在我什么也感觉不到，它停住了，也许又落下去了；谁知道它会不会再从黑暗里升起呢？我重复向它俯身了十次。但是，怯弱使人们在一切艰难任务，一切重大努力面前畏缩不前，怯弱每次都劝我放弃这种追求，劝我只管喝我的茶，只去想我今日的烦恼和毫不费劲地反复思索明日的欲望。

可是，突然间，回忆出现了。这个味道正是那一小块玛德兰点心的味道，在孔布雷，每个礼拜天早上（礼拜天，在做弥撒的钟点以前，我是不出门的），我到莱奥妮姑姑的睡房里向她问好的时候，她总把一小块玛德兰点心在茶或药茶里浸一下给我吃。小玛德兰点心，在我没尝到它以前，并没有勾起我任何回忆；也许是因为我后来经常在糕点铺的货架上看到它，却再没有尝过，它的形象便和孔布雷的那些日子分离，而与另一些更近的时光联系起来；也许是因为在如此长久地被记忆力遗忘的往事中，什么也没有残存下来，一切都解体了；形状——包括糕点铺卖的那种外壳纹路严肃而富有虔诚的宗教意味，但内容却富于肉感的小蛤蚌——消失了，或者处于冬眠状态，丧失了使自己进入意识境界的扩张力量。然而，当人亡物丧，昔日的一切荡然无存的时候，只有气味和滋味长久存在，它们比较脆弱，但却更强韧，更无形，更持久，更忠实，好比是灵魂，它们等待人们去回忆，去期待，去盼望，当其他一切都化为废墟时，它们那几乎是无形的小点滴却傲然负载着宏伟的回忆大厦。

（桂裕芳 译）

【瑞典】诺贝尔

王楫 译

设立诺贝尔奖遗嘱①

人间留白

244

诺贝尔（1833~1896）临终之前决定以自己大部分遗产设立的这项奖金，对于20世纪的人类精神的影响是不可低估的。在科学界，诺贝尔奖已取得至高无上的地位，紧密追踪并及时肯定物理、化学、生理学或医学的重大发现或发明，给予最权威的评定。在文学界，诺贝尔奖争议最多，由于视野的狭隘和西方价值观的偏颇，文学奖一面有遗珠之憾，一面有明珠暗投之嫌，但它大体上还是反映了人类在想象力产品方面的较高水平。1969年新增设的经济学奖，对人类社会的影响是具体而实在的。耐人寻味的是"和平奖"，一个发明炸药的化学家，在奖金中特意为"和平"留下一个位置。虽然在20世纪，人类发生了前所未有的两次大规模自相残杀，"和平奖"并不能阻止两次世界大战的爆发，但"和平奖"作为一个象征，坚韧地昭示着"和平"的向往永存人心。

我——签名人艾尔弗雷德·伯哈德·诺贝尔，经过郑重的考虑后特此宣布，下文是关于处理我死后所留下的财产的遗嘱：

在此我要求遗嘱执行人以如下方式处置我可以兑换的剩余财产：将上述财产兑换成现金，然后进行安全可靠的投资；以这份资金成立一个基金会，将基金所产生的利息每年奖给在前一年中为人类做出杰出贡献的人。将此利息划分为五等份，分配如下：一份奖给在物理界有最重大的发现或发明的人；一份奖给在化学上有最重大的发现或改进的人；一份奖给在生理学或医学界有最重大的发现的人；一份奖给在文学界创作出具有理想倾向的最佳作品的人；最后一份奖给为促进民族团结友好、取消或裁减常备军队以及为和平会议的组织和宣传尽到最大努力或做出最大贡献的人。物理奖和化学奖由斯德哥尔摩瑞典科学院颁发；生理学或医学奖由斯德哥尔摩卡罗琳医学院颁发；文学奖由斯德哥尔摩文学院颁发；和

---

① 选自徐葆耕、齐家莹编《20世纪巨人随笔·自然科学家卷·我们都是未解之谜》，光明日报出版社，1995年版。

平奖由挪威议会选举产生的五人委员会颁发。对于获奖候选人的国籍不予任何考虑，也就是说，不管他或她是不是斯堪的纳维亚人，谁最符合条件谁就应该获得奖金。我在此声明，这样授予奖金是我的迫切愿望……

　　这是我唯一有效的遗嘱。在我死后，若发现以前任何有关财产处置的遗嘱，一概作废。

人间留白

245

【法国】罗丹

沈琪 译 吴作人 校

"艺术遗嘱" ①

人间留白

一个伟大的艺术家在遗嘱中谈的还是艺术，罗丹（1840~1917）把他毕生追求艺术的宝贵经验毫无保留地传授给青年一代，真知灼见加上语重心长，使这份遗嘱非同一般。关于传统："对'自然'的爱好和真挚，这是天才作家的两种强烈的渴望。"关于艺术家："要点是感动，是爱，是希望、战栗、生活。在做艺术家之前，先要做一个人。"关于对"美和真理"的信念："要世界幸福，只有教人人有艺者心魄，就是人人爱好他自己的工作。"这些见解经得起时间的考验，并将给一代代青年以良好的教益。

青年们，想做"美"的歌颂者的青年们，在这里你们找到一个长期经验的撮要，这也许对于你们是高兴的事。

生在你们以前的大师，你们要虔诚地爱他们。

246

在菲狄亚斯②和米开朗琪罗③的面前，你们要躬身致敬。崇仰前者神明的肃穆和后者犷放的忧思吧。对于高贵的人，崇仰是一种醇酒。

可是要小心，不要模仿你们的前辈。尊重传统，把传统所包含的永远富有生命力的东西区别出来——对"自然"的爱好和真挚，这是天才作家的两种强烈的渴望。他们都崇尚自然，从没有说过谎。所以传统把钥匙交给你们，而靠了这把钥匙，你们会躲开陈旧的因袭。也就是传统本身，告诫你们要不断地探求真实，并阻止你们盲从任何一位大师。

但愿"自然"成为你们唯一的女神。

对于自然，你们要绝对信仰。你们要确信，"自然"是永远不会丑恶的，要一

---

① 选自李文俊主编《外国散文名篇欣赏》，中国青年出版社，1993年版。

② 菲狄亚斯，公元前5世纪希腊雕塑家。

③ 米开朗琪罗（1475~1564），意大利文艺复兴时期雕塑家、画家、建筑师和诗人。

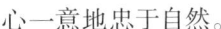

心一意地忠于自然。

在艺术家看来，一切都是美，因为在任何人与任何事物上，他锐利的眼光能够发现"性格"，换句话说，能够发现在外形下透露出的内在真理。虔诚地研究罢：你们不会找不着美，因为你们将遇见真理。奋发地工作吧。

诸位雕塑家，你们心里要加强领会深度的意义。心灵是不易和这个概念融合起来的，这个概念明显地表现的，无非是些平面。从厚度来想象形体，这件事情会使心灵感到困难，但这才是你们的任务。

首先，要明确地安排你们要雕刻的形象的大的"面"，要鲜明地强调你对人体每个部分，比如头、两肩、盆骨、腿所支配的方向。艺术要有决断。由于线条的显然的来龙去脉，你们才能够深入空间而获得物体的深度。当你们把面处理好以后，一切也就找着了；你们的雕像已经有了生命——其他细节自己会来，而且自会安排。

塑造的时候，千万不要在平面上，而是要在起伏上思考。

希望你们领悟到，所有面积，好像是正在它后边推动的体积的最外露的一面。你们要设想形象正迎着你们，向你们突出。一切生命皆从一个中心上迸生出来，然后由内到外，滋长发芽灿烂开花。同样，在美好的雕刻中，人们常常猜得出是有一种强烈的内在冲动。这就是古代艺术的秘密。

而你们，画家们，也要从深度上去观察现实。譬如说，你们瞧拉斐尔[①]的一幅肖像画吧。当这位大师表现一个人物的正面像的时候，他使胸部斜侧，因此给我们深度的幻觉。

一切大画家都是探测空间的，他们的力量就在这一厚度的概念中。

你们要记住这句话：没有线，只有体积。当你们勾描的时候，千万不要只着眼于轮廓，而要注意形体的起伏。是起伏支配轮廓。

你们要毫不松懈地锻炼，必须专心致志。

艺术就是感情。如果没有体积、比例、色彩的学问，没有灵敏的手，最强烈的感情也是瘫痪的。最伟大的诗人，如果他在国外，不通其语言，他能做什么呢？不幸在新一代的艺术家里面，有不少拒绝怎么说话的诗人，所以他们只能含糊其辞了。

要有耐心！不要依靠灵感。灵感是不存在的。艺术家的优良品质，无非是智慧、专心、真挚、意志。像诚实的工人一样完成你们的工作吧！

———————

① 拉斐尔（1483~1520），意大利文艺复兴时期画家、建筑师。

你们要真实,青年们,但这并不是说,要平板地精确。世间有一种低级的精确,那就是照相和翻模的精确。有了内在的真理,才开始有艺术。希望你们用所有的体形、所有的颜色来表达种种情感吧。

只满足于形似到乱真、拘泥于无足道的细节表现的画家,将永远不能成为大师。要是参观过意大利境内的墓地的话,无疑地你们会注意到那些负责装饰墓地的艺术家,多么幼稚地,在他们的雕像上,专以模仿刺绣、花边、发辫为能事。也许就这些做得精确,但既然不是出于自己的心灵,也就不会真实。

几乎我们所有的雕塑家,都使人联想到意大利墓地的雕塑。在我们公共广场的雕塑上,所能识别的只是些衣服、桌子、椅子、机器、氢气球、电报机,没有一点内在的真理,也就没有一点艺术。你们要厌恶这些旧货铺里面的东西。

你们要有非常深刻的、粗犷的真情,千万不要迟疑,把亲自感觉到的表达出来,即使和存在着的思想是相反的。也许最初你们不被人了解,但你们的孤寂是暂时的,许多朋友不久会走向你们——因为对一人真实的东西,对众人也非常真实。

可是不要扮鬼脸、做怪样来吸引群众。要朴素、率真!

最美的题材摆在你们面前:那就是你们最熟悉的人物。

不幸早逝的我的亲爱的、伟大的欧仁·加利哀[1],就是以画他的妻子和他的子女而显现出他的天才。歌颂母爱,足以使他崇高。所谓大师,就是这样的人:他们用自己的眼睛去看别人见过的东西,在别人司空见惯的东西上能够发现出美来。

拙劣的艺术家永远戴别人的眼镜。

要点是感动,是爱,是希望、战栗、生活。在做艺术家之前,先要做一个人!帕斯卡尔[2]说过,真正的雄辩是看不出雄辩的;同样,真正的艺术是忽视艺术的。这里,我再举加利哀为例:在每次展览会里,大部分的画幅不过是画而已;至于他的画幅,在别人的作品之中,好像开向生命的窗子!

你们要欢迎正确的批评,这是你们容易识别的。当你们被围在疑难之中,使你们不再犹像的就是这些批评。可是不要被自己的良心不能接受的批评伤害了你们。

不要怕不公正的批评,这种批评会激起你们的朋友的反感,会逼得他们在对

---

① 欧仁·加利哀（1849~1905）,法国画家。

② 帕斯卡尔（1623~1662）,法国著名数学家与哲学家。

于你们的同情上加以思考；而当他们明白并觑破这些批评的动机以后，他们对你们的同情更会明显地表露出来。

如果你们的才艺是新颖的，那么最初志同道合的只能很少，而敌人很多。但你们不要失望，前者将会得到胜利，因为他们知道为什么爱你们；而你们的敌人不知道为什么你们使他们讨厌。前者热爱真理，时时替真理吸收新的信仰者；后者对于自己的谬见，不会有经久的热诚。前者坚忍不拔，后者随风而转。真理的胜利是决然的。

你们不要浪费时间，在交际场中或政治圈里去拉关系。你们会看到许多同行，钩心斗角，谋求富贵——这些不是真正的艺术家；可是其中不乏聪明的人。如果在他们的地盘上打算和他们争名逐利，你们将和他们同样浪费时间。就是说耗尽你们的一生——那就再不剩一分钟的时间给你们去做一个艺术家了。

你们要热爱你们的使命——没有比这个使命更美好的了。它比世俗所想的高尚得多。

艺术家留下伟大的榜样。

他尊重自己的事业：他最珍贵的酬报是做好工作的喜悦。现在，唉！有人劝工人——为了他们的祸患——去憎恨自己的工作，破坏自己的工作。当一切人都有艺术家的灵魂，就是说人人都快乐地从事自己的职业，那时候，世界才会幸福。

艺术又是一门学会真诚的功课。

真正的艺术家总是冒着危险去推倒一切既存的偏见，而表现他自己所想到的东西。

因此他教同道们要率直坦白。

试想多么神奇的进步立刻就能够实现，如果人类都是绝对爱好真理的话！

啊！我们的社会将要多么快地把过去存在的错误和丑陋除掉，而且我们的世界将会何等迅速地变成乐园！

奥古斯特·罗丹

【苏联】列宁

"政治遗嘱" ①

　　1922年12月23～26日，在重病休养期间的列宁（1870～1924）口授了这封《给代表大会的信》，此信被后人冠名"政治遗嘱"。这里节选了关于斯大林和托洛茨基的部分。晚年的列宁一直在担心接班人的问题。对于斯大林，他是不满意、不放心的，但他已经心有余而力不足了，只能"建议同志们仔细想个办法把斯大林从这个职位上调开"。列宁未能阻止斯大林登上权力的顶峰，"不可容忍"的事情终于发生了，"粗暴"的斯大林成为专制的暴君，血腥的大清洗几乎屠杀掉所有的革命功臣和异见分子。人治的结果就是这样。

　　斯大林同志当了总书记，掌握了无限的权力，他能不能永远十分谨慎地使用这一权力，我没有把握。另一方面，托洛茨基同志，正像他在交通人民委员部问题上反对中央的斗争所证明的那样，不仅具有杰出的才能，他个人大概是现在的中央委员会中最有才能的人，但是他又过分自信，过分热衷于事情的纯粹行政方面。

　　（10天之后，列宁又补充了如下一段）

　　斯大林太粗暴，这个缺点在我们中间，在我们共产党人相互交往中是完全可以容忍的，但是在总书记的职位上就成为不可容忍的了。因此，我建议同志们仔细想个办法把斯大林从这个职位上调开，任命另一个人担任这个职位，这个人在所有其他方面只要有一点强过斯大林同志，这就是较为耐心、较为谦恭、较有礼貌、较能关心同志，而较少任性等等。这一点看来可能是微不足道的小事，但是我想，从防止分裂来看，从我前面所说的斯大林和托洛茨基的相互关系来看，这不是小事，或者说，这是一种可能具有决定意义的小事。

① 选自薛智、芳莹编《20世纪巨人随笔·政治家卷·神圣的回忆与忏悔》，光明日报出版社，1995年版。

【奥地利】茨威格

张玉书 译

绝命书①

　　从事精神劳动的人，自杀的比例较高，并不是他们更为脆弱，而是他们对精神的纯洁要求更高。茨威格（1881~1942）之死可作多重诠释：对法西斯的厌弃、对战争的抗议、对苦难深重的人类前途的绝望……这些都不无道理，但我们别忘记最重要的一点：茨威格是一个德语作家。流亡巴西的茨威格，仍有作品在英语世界流通，但他感觉漠然，他焦心的是他的作品在母语世界的被禁。所以，在非常冷静的状态下决定自杀，写下这份《绝命书》时，他已经明白无误地说出了告别世界的致命动机："与我操同一语言的世界对我来说业已沉沦，我的精神故乡欧洲也已自我毁灭。"母语，是一个作家的精神家园，是一个人存在的永远的皈依。

　　在我自觉自愿、完全清醒地与人生诀别之前，还有最后一项义务亟须我去履行，那就是衷心感谢这个奇妙的国度巴西，她如此友善好客地给我和我的工作以休憩的场所。我对这个国家的爱与日俱增，与我操同一语言的世界对我来说业已沉沦，我的精神故乡欧洲也已自我毁灭，从此以后，我更愿在此地重建我的生活。但一个年逾六旬的人再度从头开始，是需要特殊的力量的，而我的力量由于长年无家可归、浪迹天涯，已经消耗殆尽了。所以，我认为还不如及时不失尊严地结束我的生命为好。对我来说，脑力劳动是最纯粹的快乐，个人自由是这个世界上最崇高的财富。我向我所有的朋友们致意。愿他们经过这漫漫长夜还能看到旭日东升！而我这个过于性急的人要先他们而去了！

---

　　① 选自莞尔非玉选编《外国散文诗100篇》，上海文艺出版社，1993年版。

【美国】爱因斯坦

许良英等 译

给五千年后子孙的信①

252

　　1938年10月，在纽约世界博览会的工地上，人们把一些具有时代特色的纪念品密封在一个金属包里，深埋地下，预备等五千年后（即公元6939年）让后代子孙来开掘。爱因斯坦受罗斯福总统之邀，写下这封奇特的信并封存地下。信中概说了人类发展科技的现状，特别表达了人类对未来的恐惧，由爱因斯坦的口中说出这样的话是再合适不过了："所有这一切，都是由于群众的才智和品格，较之那些对社会产生真正价值的少数人的才智和品格来，是无比的低下。"除了人口素质，爱因斯坦没有表示任何别的担忧。什么是历史的感觉，这就是对历史的深刻敏感。

　　我们这个时代产生了许多天才人物，他们的发明可以使我们的生活舒适得多。我们早已利用机器的力量横渡海洋，并且利用机械的力量可以使人类从各种辛苦繁重的体力劳动中最后解放出来。我们学会了飞行，我们用电磁波从地球的一个角落方便地同另一个角落互通信息。

　　但是，商品的生产和分配却完全是无组织的。人人都生活在恐惧的阴影里，生怕失业而遭受悲惨的贫困，而且在不同的国家里的人民还不时互相残杀。由于这些原因，所有的人一想到将来，都不得不提心吊胆和极端痛苦。所有这一切，都是由于群众的才能和品格，较之那些对社会产生真正价值的少数人的才智和品格来，是无比地低下。

　　我相信后代会以一种自豪的心情和正当的优越感来读这封信。

---

　　① 选自许良英译《爱因斯坦文集》第3卷，商务印书馆，1979年版。

【捷克】塞弗尔特

庄继禹 译

世界美如斯①

怀着一种感激之情离开人世，是人生最后一个美丽的手势。司汤达："活过，爱过，写过。"罗曼·罗兰："我生存过了！"维特根斯坦："告诉他们，我有过一个美好的人生。"萨特："我对我的一生非常满意。"捷克诗人塞弗尔特（1901~1986）在病榻上留下这篇心境平和的文字，就像是絮絮叨叨的祈祷，感激友情、感怀人世、感谢生活。

> 我们没有时间孤独
> 我们只有欢乐的时间

——阿尔培·加缪

当我静静地缅怀往事，尤其是当我紧紧闭上眼睛的时候，只要心头一动，脑海里就会浮现出如此之多的善良人的面容。我同他们曾在人生的道路上不期而遇，曾同其中的不少人结下了亲密的友情。回忆迭替着回忆，一个比一个更加美好。我似乎觉得刚刚在昨天同他们谈过话，还感觉得到他们递过来的手上的温热。

我仿佛还听到沙尔达②愉快的笑声，托曼③的冷嘲热讽及霍拉④的娓娓清谈。在这种时刻，我似乎觉得要是不把同他们相处岁月的一些东西记下来，哪怕是片言只语，一则小故事，或是一段趣闻轶事，那就未免太可惜了。他们都是一些心地善良，很有意思的人。在那些同他们建立过友谊并对他们的文学生涯颇为熟悉的人间，我可能属于最后一批了。我也是能够将濒于湮没的旧事记录下来的最后

---

① 选自李任中、黄中林编《20世纪巨人随笔·文学家卷·素昧平生的友人》，光明日报出版社，1995年版。

② F.X.沙尔达（1867~1937），19世纪末至20世纪30年代捷克最有影响的文学评论家。

③ 卡莱尔·托曼（1877~1946），捷克诗人。

④ 约瑟夫·霍拉（1891~1945），捷克诗人。20世纪20年代初为无产阶级诗坛主将之一，但不久即脱离革命阵营。第二次世界大战期间写了许多反法西斯侵略的诗篇，解放后被授予"人民艺术家"称号。

一个人了，直至有一天我自己也将加入他们冥冥中的沉默而无形的行列。

他们都已去世，但是我不会废然叹息，尽管眼泪，正如尤维纳利斯①所说，是我们的感官中最美丽的部分——Lacrimae nostri pars optima sensus②，要是我在学生时代背下来的句子没有记错的话。然而我不会写回忆录。我家里没有片纸只字的笔记和资料，况且我也缺乏写这类东西的耐心。于是，我只剩下了回忆，还有微笑！

1927年1月底，霍拉走进了杜莫夫卡咖啡馆，给我带来了一本他的新出版的诗集《鲜花盛开的树》。这个日期是我在书中他的题词下面发现的。当时我同他谈了些什么，现在当然记不起来了。不过肯定是谈了某个已经去世的人，也许是谈到了活尔凯尔③吧，因为关于活尔凯尔的诗我们当时议论得很多。突然，霍拉把送我的书又要回去，然后他在正文前面第二张空白书页上写了这么几行诗：

> 阴影笼罩着坟墓，
> 鼓手与世隔绝。
>
> 须知死者也会嫉妒！
> 颓丧的垂柳以自己的沉默
> 将人声撕裂。
>
> 死者在冥冥中说生者的闲话。

这几行诗显然是霍拉的即兴之作。在几乎半个世纪以后，当我躺在维诺赫拉墓园南墙的对面。从病房的大窗户，我看得见许多墓碑和十字架，还有那座低矮、凄凉、式样古怪的建筑物——骨灰堂。

一天傍晚下起了小雪，纪念碑和墙上积了薄薄的一层雪糁，仿佛摄影师为了使昏暗中拍摄的图像轮廓显得鲜明一些，在晦暗的石头浮雕上撒了一把面粉似的。

暮色已深，医院沉浸在夜的寂静中。忽然，我听见身底下传来说话的声音，两个声音不协调地交杂在一起。显然这是某位大夫打开了半导体，另一位病人忘记关闭每个病房都有的有线广播便进入了睡乡。在这座单薄的现代建筑物里，声音好像来自地底深处，但清晰可闻。我的目光不由自主地投向没有挂窗帘的大窗户，望了一眼窗外的墓园。这两个声音真像是从近在咫尺的墓园里，从地面底下冒出来的。

---

① 尤维纳利斯（约60~140），古罗马讽刺诗人。

② 拉丁文：眼泪是我们感官中最美的部分。

③ 活尔凯尔（1900~1924），第一次世界大战以后捷克青年一代中对无产阶级革命运动最为忠实的诗人。

我连忙驱散了这个幻觉。死者是缄默的，执拗地缄默不语。

因此，还是让我来说他们的闲话吧，说这些长眠地下的故人的闲话。不过，我将友善地、怀着热爱说他们的闲话。

我也要说自己的闲话。

【英国】毛姆
李传声 译

江上歌声①

　　一个游客的眼光总是在寻求异国情调，毛姆是个作家，他的眼光落在民生的层面。他在中国也不过匆匆一游，但打动他的是三峡的纤夫号子，是实实在在的中国普通民众的生存状况，从那"简直不是人的声音"的"歌声"中，他听出了汉语的吼声："生活太残忍，歌唱是绝望的最后抗议。"

　　毛姆（1874～1965），英国作家，作品有《人性的枷锁》《刀锋》等。

　　沿江两岸回荡着船夫号子声。

　　船夫划着收扎起帆樯的高尾舢板，顺流而下；你听，他们喊着嘹亮雄浑的号子。

　　桡夫背着纤绳，逆流而进，五六人拖着小舟，两百人曳着扬帆舢板，越过激流险滩；你听，他们喊着船夫号子，那是更加气喘吁吁的歌唱。船中央，一人站立，不停地擂鼓督阵；他们弓腰曲背，着了魔似的曳着纤绳；极力挣扎，有时就在地上爬行。他们奋力紧拉纤绳，同激流的无情力量抗争。工头在一旁巡察，谁不拼死卖命，那一头破开的竹鞭，便会抽打他赤裸的脊背。人人都得竭尽全力，要不就会前功尽弃。他们喊着激越、高亢的号子——激流曲。

　　语言怎能描述歌声里蕴蓄着多少辛劳。这歌声啊，足以显示那极度劳损的心灵，那紧绷欲绽的筋肉，以及那人类征服自然力量的顽强精神。纤绳可能断裂，舢板纵然旋回，而湍流险滩终将被战胜。劳累的一天结束时，饱餐一顿，或吞云吐雾，或陶醉在悠闲自在的美梦中。

　　然而，最痛楚的歌唱却是码头工扛着沉沉大包，沿着陡峭石阶，走向城垣时哼出的歌声。他们上上下下，走个不停，"嗨哟，啊嗬"，那节奏分明的喊声，就像他们的辛劳一样，永无休止。他们光脚赤膊，汗流浃背。他们的歌唱是痛苦的呻吟，是绝望的叹息，是凄惨的悲鸣：简直不是人的声音。它是无限忧伤的心灵的呐

① 选自于晓丹编《世界散文随笔精品文库·英国卷·玫瑰树》，中国社会科学出版社，1994年版。

喊，只不过带上了点旋律和谐的乐音，而那收尾的音调才是人的最后一声抽泣。

生活太艰难，生活太残忍，歌唱是绝望的最后抗议，这就是江上歌声。

【法国】米修
程抱一 译

少女们的面容①

米修（1899~1984）是个诗人，他仿佛被中国少女的美一头撞晕了，于是说话有点语无伦次。"中国仿佛永远葆有二八佳龄。……在那么多世纪之后，依然如此鲜妍无双。"什么话！难道因为中国古老，中国少女就该是老太婆吗？米修自然不是如此不讲逻辑，他的兴奋点在于："少女美妙的国度：好国度！……人种在那里化为杰作。"从少女的美丽面容，他看见了一个亘古常新的中国，一个源远流长的文化滋润着美丽少女的活力永存的中国。

少女美妙的国度：好国度！那该是曾经好好活过的国度。人种在那里化为杰作：颇不简单的事啊！

少女的面容上标明了她们从中出生、从中长大的文化。

少女们的面容，我第一次在香港、在广州看见。奇迹似的面容，中国仿佛永远葆有二八佳龄，自初梦中醒来，在那么多世纪之后，依然如此鲜妍无双。花的灵魂，鱼的灵魂，脚踏实地却又天真信赖，深深自矜却又任情欢笑，啊，你曾令我心悦诚服！少女、中国、美、文化……穿过这我领悟了一切，一切以及我自己。

从此我以另一眼光来看世界。

---

① 选自程抱一译《法国七人诗选》，湖南人民出版社，1984年版。

【法国】雨果

程曾厚 译

致布特列尔上尉①

1860年10月，英法联军火烧圆明园。次年11月，雨果（1802~1885）在这封写给布特列尔上尉的信中，尖锐地谴责了这次强盗行径。一个人敢于指证自己的国家（政府）是"强盗"和"窃贼"，这需要多大的勇气，这就是一名知识分子的良知和胆识。一个优秀的人在本质上属于歌德所谓的"世界公民"，他在对待人类所创造的灿烂文化时都持有一视同仁的态度。不论它是哪个国家的文化，都是全人类的文化遗产。

先生，您征求我对远征中国的意见。您认为这次远征是体面的、出色的。多谢您对我的想法予以重视。在您看来，打着维多利亚女王和拿破仑皇帝双重旗号对中国的远征，是由法国和英国共同分享的光荣，而您想知道，我对英法的这个胜利会给予多少赞誉？

既然您想了解我的看法，那就请往下读吧：

在世界的某个角落，有一个世界奇迹。这个奇迹叫圆明园。艺术有两个来源，一是理想，理想产生欧洲艺术；一是幻想，幻想产生东方艺术。圆明园在幻想艺术中的地位就如同巴特农神庙在理想艺术中的地位。一个几乎是超人的民族想象力所能产生的成就尽在于此。和巴特农神庙不一样，这不是一件稀有的、独一无二的作品；这是幻想的某种规模巨大的典范，如果幻想能有一个典范的话。请您用大理石，用玉石，用青铜，用瓷器建造一个梦，用雪松做它的屋架，给它上上下下缀满宝石，披上绸缎，这儿盖神殿，那儿建后宫，造城楼，里面放上神像，放上异兽，饰以琉璃，饰以珐琅，饰以黄金，施以脂粉，请同是诗人的建筑师建造一千零一夜的一千零一个梦，再添上一座座花园，一方方水池，一眼眼喷泉，加上成群的天鹅、朱鹭和孔雀。总而言之，请假设人类幻想的某种令人眼花缭乱的洞府，其外貌是神庙，是宫殿，那就是这座名园。为了创建圆明园，曾经耗费了

---

① 选自《人民日报·国际副刊》，1982年版。

两代人的长期劳动。这座大得犹如一座城市的建筑物是世世代代的结晶，为谁而建？为了各国人民。因为，岁月创造的一切都是属于人类的。过去的艺术家、诗人、哲学家都知道圆明园；伏尔泰就谈起过圆明园。人们常说：希腊有巴特农神庙，埃及有金字塔，罗马有斗兽场，巴黎有圣母院，而东方有圆明园。要是说大家没有见过它，但大家梦见过它。这是某种令人惊骇而不知名的杰作，在不可名状的晨曦中依稀可见，宛如在欧洲文明的地平线上瞥见的亚洲文明的剪影。

这个奇迹已经消失了。

有一天，两个强盗闯进了圆明园。一个强盗洗劫，另一个强盗放火。似乎得胜之后，便可以行窃了。对圆明园进行了大规模的劫掠，赃物由两个胜利者均分。我们看到，这整个事件还与额尔金①的名字有关，这名字又使人不能不忆起巴特农神庙，从前对巴特农神庙怎么干，现在对圆明园也怎么干，只是更彻底，更漂亮，以致荡然无存。我们所有大教堂财宝加在一起，也许还抵不上东方这座了不起的富丽堂皇的博物馆。那儿不仅仅有艺术珍品，还有一堆的金银制品。丰功伟绩！收获巨大！两个胜利者，一个塞满了腰包，这是看得见的，另一个装满了箱篋。他们手挽手，笑嘻嘻地回到了欧洲。这就是这两个强盗的故事。

我们欧洲人是文明人，中国人在我们眼中是野蛮人。这就是文明对野蛮所干的事情。

将受到历史制裁的两个强盗，一个叫法兰西，一个叫英吉利。不过我要抗议，感谢您给了我这样一个抗议的机会。治人者的罪行不是治于人者的过错；政府有时会是强盗，而人民永远也不会是强盗。

法兰西帝国吞下了这次胜利的一半赃物，今天，帝国居然还天真地以为自己就是真正的物主，把圆明园富丽堂皇的破烂拿来展出。我希望有朝一日，解放了的干干净净的法兰西把这份战利品归还给被掠夺的中国。

现在，我证实，发生了一次偷窃，有两名窃贼。

先生，以上就是我对远征中国的全部赞誉。

维克多·雨果
1861年11月25日　于高城居

---

① 臭名昭著的英国殖民主义者。小额尔金（詹姆斯·布鲁斯）曾任英国驻加拿大总督，1860年10月英法联军火烧圆明园的罪魁之一。其父老额尔金（托马斯·布鲁斯），英国外交官员，曾参加毁坏希腊雅典巴特农神庙的罪行并掠走该庙的精美大理石雕塑。

【英国】罗素

蓝仁哲 译

中国文化与西方文化的对比①

    1920年10月至1921年7月,"世纪智者"罗素应邀来中国讲学。1922年出版专著《中国问题》,阐述"西方思想在中国的一次经历"。罗素超前的学术思想虽然没有在中国找到知音,但他以全球意识和深远的历史感觉对中国文明所做的客观评价,以及代表现代知识分子的社会良知对现实中国给予的知识关怀和终极关怀,今日读来,仍令人钦佩和感动。在1965年《中国问题》重印本的前言中,93岁的罗素仍充满深情地说:"中国人曾经历经磨难,但他们的英雄主义拯救了他们,他们应该成功。愿成功是他们的!"

    本文是《中国问题》一书的第十一章。在许多探讨类似问题的著作中,此篇以态度公正、要言不烦取胜。罗素言简意赅地比较了两种文明源起和异同,并敏锐地察觉到急匆匆向西方学习科学的中国,正有许多值得西方人学习的地方,尤其表现在民族性方面,他统言之"深思熟虑的智慧、宽容的美德、深沉平和的心灵"。

    在当今的中国,封建中国固有的文化与我们的文化之间有着紧密的联系。这种联系将孕育出一种比双方更优越的新文化呢,或者只会毁灭中国固有的文化而代之以美国的文明,现在还是一个疑问。在人类前进的历程中,不同文化之间的联系过去通常是成功的,竖起了一座座里程碑。希腊学埃及,罗马学希腊,阿拉伯学罗马帝国,中古欧洲学阿拉伯,文艺复兴的欧洲学拜占庭帝国。在许多这类史例中,学生常常超过老师。在中国的情形,如果我们视中国为学生,结果也可能不一样。实际上,我们彼此都有需要学习的东西,但我们能学到手的可能性太小了,假如我视中国为学生而不是相反,仅仅是因为我担心我们不堪教化。

    我打算在这儿谈谈中西文化的结合所提出的问题,只谈这些问题的文化形态方面。除开16世纪西班牙和美洲的文化结合外,我想不出任何各自经历了漫长发

---

① 选自庄敏、江涛编《罗素思想小品》,上海社会科学院出版社,1996年版。

展过程的两种文化结合的例子，像中国和欧洲文化相结合的情形。试想两地如此遥远，中西之间的相互了解却没遇到更大的困难，这真令人惊奇。为了阐明此点，有必要先追溯一下这两种文化的历史渊源。

西欧和美国具有事实上相似的心理，溯其源有三：一、希腊文化；二、犹太教及其伦理；三、现代工业主义——这本身就是现代科学的产物。我们可以柏拉图、《旧约》和伽利略作为这三者的代表，发展至今，彼此仍然脉络分明。我们从希腊人那里继承了文学艺术、哲学和理论数学，以及我们社会观的更加文雅的部分。从犹太人那里继承了狂热的信仰，或如其信徒所称的"信念"；由于罪恶观念而产生的道德热忱；宗教的偏执，以及我们的部分爱国精神。从科学那里，像应用于工业的情形那样，我们获得了力量和对力量的信念，相信我们是神，可以当之无愧地成为野蛮种族的生死主宰。我们还继承了实验主义方法，我们的一切真知几乎都是由此获得的。我认为，以上三种因素可以说明我们的基本心理。

在中国的发展过程中，上述三者没有哪一桩起过积极作用，除了希腊间接地影响过中国的绘画、雕塑和音乐。中国在其历史发端时期属于几个大河流域帝国之一，其中埃及和巴比伦曾为我们的文化源头做过贡献，它们对希腊人和犹太人产生了直接的影响。正如尼罗河、幼发拉底河和底格里斯河的肥沃冲积土上的子孙使它们的文化成为可能，中国最初的文化是黄河浇灌出来的。即使在孔子的时代，中央帝国的疆域也未伸到黄河南北多远的地方。但尽管有地理和经济环境的相似条件，中国人与埃及人和巴比伦人的思想观念之间却很少共同之处；同属于公元前6世纪的老子和孔子就具有我们今天看到的现代中国的特征。把一切都归结为经济因素起作用的人，会难以对中国与埃及和巴比伦之间的差异做出解析。我自己也提供不出别的理论。在现阶段，我不认为科学能够完全解析国家的特性。气候和经济条件可以说明部分问题，但不可能说明整个问题。也许在很大程度上，取决于恰好在平常年代临世的卓绝人物的个性，比如像摩西、穆罕默德和孔子那样的人物。

中国最早的贤哲是老子，道家的创始人。"老子"并不是一个适当的名字，仅仅表明他是一个"古代的哲学家"。他与孔子同一个时代（按传统说法），比孔子年长，但他的哲学在我看来远更有趣。他认为，每一个人、每只动物和每件事物，都具有某种与其相宜的行为准则；我们自己应当遵循这一自然的法则，也应鼓励别人这样做。"道"即"道路"，但多少带有一种神秘的意味，正像在《圣经》里的这句话："我即是道、真理和人生。"[①]他认为，死亡是由于离开"道"的结果，倘若我们都严格按自然之道行事，我们就会像天体一样永生。道家在后世沦为巫术，主要热衷于追求长生不老的金丹。但依我看，道家哲学一开始就包含着逃避

---

① 见《圣经·新约》的《约翰福音》第14章6节。

死亡的企求。

老子的著作，或者说归在他名下的著作，篇幅很短，但他的思想被他的弟子庄子发展了，庄子比他的老师更有趣。他们两人都倡导自由哲学，都鄙视政府以及对自然的任何干预。他们抱怨当代生活忙忙碌碌，并用来与他们称为"古之真人"的安静生活相对照。道家的教义带有一点儿神秘意味，因为它认为尽管众生各警，在某种意义上道仍为一，所以如果大家以此为生活的准绳，世上就不会有纷争了。但是，这两位贤哲身上已经有了中国特色的幽默、节制和含蓄。他们的幽默可以用孔子的伯乐论来说明，伯乐"善治马"，驯马至死过半。拿他们与西方的神秘主义者相比，他们的节制和含蓄是显而易见的。中国的文学艺术具有这两方面的特点，当今有教养的中国人的谈吐也是这样。中国各阶层人士都喜欢诙谐，从不错过说笑话的机会。受过教育的阶层，其幽默隐晦精妙，因此西欧人常常领悟不到，这更增添了中国人的快乐。他们谈吐克制的习惯是卓越的。有一天，我在北京遇见一位中年人，他对我说，他对政治理论抱有学术性的兴趣。由于初来乍到，我便信以为真，但后来我发现他是一省之长，而且早就是一位出类拔萃的政界人物。中国诗歌明显地缺乏热情，这也是由于克制含蓄的缘故。他们认为，智者应当经常保持缄默；虽然他们也有热情奔放的时候（事实上是一个很容易激动的民族），但不愿意让感情表现于艺术而使之长存，因为很藐视它们。我们的浪漫主义运动曾引导人们热爱激情，就我所知，他们的古乐，有一些是很美妙的，但乐音轻微，只能勉强听见而已。他们的艺术讲究雅致，他们的生活追求合理。莽撞的武夫不会受到称赞，无节制的热情不会受到赏识。经历了西方的较为喧嚣的生活的人，开始全然看不见他们正在追求的种种目标，但他们生存的优雅和尊严会逐渐变得显明起来，因此，在中国居住最久的外国人最喜爱中国人。

道家虽然作为术士幸存了下来，却全然失宠于儒家培养出来的知识阶层。我得承认自己难于欣赏孔子提倡的德行。他的著作大部分谈论繁文缛节，他主要的关注在于教导人们举止得体。但是，如果将他同别的时代和民族的传统的精神首领相比，必须承认他具有高尚德行，即使那些德行基本上是消极的。由他的信徒加以发展而形成的一套体系是纯伦理性的，不带任何宗教的信条，没有造成一个强大的教主阶层，没有导致宗教迫害。显然，它成功地造就了一个彬彬有礼的国家。中国的利益不止是沿袭惯例，没有先例可循的情形也照样合乎礼仪；而且，不局限一个阶级，甚至存在于最卑微的苦力中间。目睹中国人以尊严的态度冷静地接受白种人的傲慢而不屑于以无礼还击无礼，这真叫人感到耻辱。欧洲人常以此为懦弱，但它却是真正的力量，就是用它，中国人治服了历来的征服者。

中国传统文化之中唯一仅有的重要外来因素是佛教。佛教是在耶稣公元的头几百年间由印度传入中国的，并在这个国家的宗教领域里确切地占了一席位置。

我们从犹太那里继承了不容异教的观点，认为一个人皈依了一种宗教便不能信奉另一种。基督教和回教的正统教义就是限定性的：谁也不能接受两种宗教。但在中国却不存在这种不相容性，一个人既可以信佛教，也可以信儒教，两者之间没有什么水火不相容的地方。同样，在日本大多数人既信佛教又信道教。不过，诸教之间有气质上的区别，这使信仰的个人有所侧重——即使两者均信。佛教这种宗教，我们可以从该词的含义去理解，它有神秘的教义，讲求超度和来世。他告诉想要治愈绝望的世人；它认为对于那些没有信仰的人来说，感到绝望是自然的事。它明显地持悲观主义态度，这种悲观只有以某种信念才能加以消除。儒教没有这一切，它认为人与世界基本上是谐和的，不需要鼓励人们生存，只需要教导人们如何生存。而且它的伦理教育并不建立在任何玄奥的或宗教的教条之上，完全是世俗的一套。这两种信仰在中国并存的结果是，信仰更虔诚、忏悔更真切的人转向佛教，积极入世的人则安于儒家学说，这种学说成了官方历来的主张、求取功名仕途的应试科目。结果，千百年来中国政府操纵在不信神的文人学士手里，他们的治理缺乏蓬勃的朝气和敢破敢立的冲动，而这种品质是西方国家要求其统治者具备的。实际上，中国的统治者的做法很接近庄子的学说。这样的结果，除了内乱带来的疾苦外，民众一直不安居乐业；属国被给予自治权利，外国没有必要惧怕中国，尽管她拥有众多的人口和丰富的资源。

将中国的文化与欧洲的文化相比，人们会发现中国文化中有许多见之于希腊文明的东西，而呈现于我们文化的另外两种因素——犹太教和科学，则几乎全然没有。中国实际上是一个不信教的中国，不仅在上层阶级，整个民众都如此。中国存在着一套非常明确的伦理准则，但它并不残酷或压迫人，也不包含"罪恶"的观念。迄今为止，除了近年来受欧洲的影响而起的项目，中国几乎没有科学和工业。

这一古老的文化与欧洲文化相接触会产生什么结果呢？我考虑的不是政治的或经济的影响，而是对中国的思想观念的影响。当然这两者是难于截然分开的，因为与西方文化的接触必然要受其政治和经济的影响。然而，我希望尽量孤立地谈论文化问题。

目前在中国，已有一股获得西方知识的巨大热情，不纯粹是为了增强国力、抵御外侮，许多人把学知识本身当做一件好事。中国有崇尚知识的传统，但是过去却只向经典文学索取知识。现在大家都意识到，西方知识更有实用价值。每年都有许多学生去欧洲各大学学习，去美国的更多，去学自然科学、经济学、法律或政治理论。这些人回到中国后，大都当了教师、公务人员、记者或从事政治。他们迅速地使中国人的观点现代化，尤其在受过教育的阶层。

中国传统的文化已经变得停滞不前，在文学艺术方面不再产生很多富有价值的成果。我认为这不是由于这个民族堕落了，而仅仅是因为缺乏新的素材。西方知识的注入恰好提供了所需要的刺激。中国学生很能干，特别敏慧。高等教育缺乏资金和图书，但绝不缺乏优秀的人才。尽管中国的文化迄今为止在科学方面很薄弱，但没有任何敌视科学的因素之类的障碍。我相信，中国人只要有一个稳定的政府、充足的资金，他们就会超过我们，因为他们带着新的热情，具有一种振兴的气势。事实上，从中国年轻一代身上表现出来的求知热情，不断使人联想起15世纪意大利的文艺复兴精神。

值得注意的是，中国人不同于日本人，他们希望从我们这儿学习的不是那些带来财富或增强国力的东西，而更多的是具有伦理和社会价值的东西，或者是纯学术性的东西。对于我们的文化，中国人绝不是没有批评地兼收并蓄。他们之中有人告诉我，1914年前他们没有这样持批评态度，但那次战争引起了他们深思，西方人的生活方式一定有不完善之处。然而，当时向西方求知的风气很盛，一些青年人认为，布尔什维克或许能满足他们的寻求。这种希望一定会遭到失望，不用多久，他们就会意识到，得靠全新的办法来解救自己。日本人学了我们的短处，保留了自己的宿弊，但是不可能希望，中国人能作相反的选择，保持他们自己的优点，汲取我们的长处。

应当说，我们文化的显著长处在于科学的方法，而中国文化的显著长处则是人生目标的合理观念，这就是人们希望看见逐渐结合的两点。

老子把道描写成"生而不有，为而不恃，长而不宰"[①]。我想人们会从这几句话里领会到富于沉思的中国人所持的人生终极观念；应当承认这与大多数白人确定的人生观念是大为不同的。对于白人来说无论国家或个人，都迫切地追求财富的占有、自我的表现和支配的地位。这些观念已升华为尼采哲学，而尼采的信徒不限于德国才有。

但是人们会说，这是在把中国的理论和西方的实践加以比较，要是把中国的实践与西方的理论相比，情形便会截然两样。当然，这话有道理。老子希望人们放弃的三者之一的占有，普通的中国人自然也是很热心的。作为一个民族，他们对金钱是看重的——或许不如法国人，但肯定胜过英国人或美国人。他们的政治腐败，有权势的人为了金钱不择手段。这一切都是无可否认的事实。

尽管如此，在表现自我和追求支配这两种恶习方面，中国人的实践却显然比我们超脱得多。比起白种人民族来他们统治别人的欲望远为淡薄。中国为世界所知的软弱性，既可以归于种种迫害现象，又可以归于这种德行，而我们却总是把迫害归为唯一的原因。如果世界上存在任何"不屑于战"的国家，那便是中国。中国人的态度的本色是容忍和友善，待人以礼，也希望别人以礼相待。要是中国人

[①] 见老子《道德经》十章。

愿意的话，他们会成为世界上最强大的国家，但他们只希图自由，不追求统治地位。倘若别的国家要强迫他们为自身的自由而战，他们也许会失去那种德行而滋长出建立帝国的愿望，这也不是不可能的。但是在目前，尽管已有2000年封建帝国的历史，他们对于建立帝国的热情是极为淡薄的。

虽然中国发生了许多战乱，但中国人的本来观点是很主张和平的。我不知道在别的国家里，有像诗人白居易所做过的那样，将一个断臂以逃避兵役的老翁作为一首诗的主人公，这首诗韦利译作《新丰折臂翁》①。中国人的和平主义植根于深思熟虑的观点，植根于他们不愿思变的愿望。正如他们的绘画所表明的，他们乐于让各种各样的生命尽呈其态，无心强使万物整齐划一。他们没有通行于西方各国的发展观念，这种观念为我们的自发冲动提供了合理的解释。当然，发展的思想甚至于我们也是很现代的，这该归功于科学和工业主义。当今中国的有教养的保守分子，嘴上谈的完全与他们先贤笔下所写的一样。如果有人向他们指出这点，他们会说："知足常乐，何求发展？"这种观点欧洲人乍一听来是过时的懒怠，但逐渐地会怀疑那是我们自己不明智，会认为我们所说的发展大半只是变化不定而已，不会使我们接近任何理想的目标。

把中国在西方的探求与西方在中国的追逐两相对照，是很有趣的。中国在西方寻求知识，希望知识能作为智慧的敲门砖——这恐怕多半要落空。白种人则怀着三种动机到中国：作战，赚钱，使中国人皈依我们的宗教。最后一种动机具有理想化的长处，激励过许多人英勇地献身。但是，士兵、商人和传教士一个样，都热心于在世界上打下我们文化的烙印。在某种意义上说，三者都是逞强好斗的。中国人却无意使我们皈依儒教，他们说："教门纷繁，其理则一。"于是，他们听任我们自行其是。他们是精明的商人，但他们经商的方法与在华的欧洲商人的手腕截然不同。欧洲人老是要求让步，垄断铁路、矿山，靠炮舰的支持来满足自己的要求。一般说来，中国人不善于作战，因为他们知道，要求他们为之战斗的理由并不值得。但是，那只证明他们通情达理。

我想，中国人的容忍性，欧洲人凭自身在国内的经验是无法想象的。我们以为自己很宽容，这只是和我们的祖先相比而言。但是我们仍然在进行政治的和社会的迫害。而且完全以为我们的文化和生活方式无比地优越于别的任何文化，因此当我们遇到像中国这样的国家，便深信我们最友好的行动是使他们仿效我们。我认为这是一个绝大的错误。在我看来，即使是一个贫困可怜的中国人，也比普通的英国人更幸福的原因是中国建立在一个比我们更加合乎人性、更加文明的思想观念上。烦躁不安，逞强好斗，不仅会带来明显的痛苦，而且使我们对生活十分不满，使我们不能感知美好事物，几乎失去了思辨的能力。在这方面，我们的状况

---

① 阿瑟·韦利是英国著名的中国古典文学翻译家。

在过去100年间迅速地恶化了。我不否认,中国人在相反的方面走得太远,但正是由于这个缘故,我认为东西方的接触很可能对双方都会富有成果。他们可以学习我们的不可缺少的务实效率,我们则可以学习他们那种富于沉思的智慧;这种智慧使中国绵延至今,而别的所有古老国家却衰亡不存了。

我到中国是去讲学的,但我住在那儿的每一天,该教他们什么的问题却考虑得不多,考虑得更多的是向他们学习什么。我发现在中国住过较长时间的欧洲人当中,这种态度很普遍,但在那些停留短暂的人中,或在那些纯粹去赚钱的人中,这种态度却很罕见。罕见的原因是,中国人不擅长于我们所珍视的尚武精神和事业进取心。但是,凡珍视智慧、美好的事物,甚至淡泊生活的人,在中国会比在狂乱动荡的欧洲更多地发展这些东西,会乐意居住在这些东西受到珍视的地方。但愿我能希望,作为吸取我们的科学知识的回报,中国会把她的宽容大度的气量和恬然自得的心境赐些给我们。

【英国】李约瑟

范育庭 译

中国科学对世界的影响①

李约瑟（1900~1995），英国最卓越的汉学家，中西文化的"搭桥者"。他撰写的巨著《中国科学技术史》是一部迄今为止最完备的中国科学史，中国学者也无法望其项背。美国学者罗伯特·坦普尔将此书浓缩为普及本《中国：发明与发现的国度》，坦言"西方受惠于中国"："迄今为止尚未披露的最大历史秘密之一是，我们所生活的'近代世界'原来是中国和西方成分的极好结合。'近代世界'赖以建立的种种基本发明和发现，可能有一半以上源于中国。"阿Q曾经说："老子先前也阔过。"其实他并不知道自己先前是怎么"阔"的，他需要"洋鬼子"来告诉他——你的祖先是这样阔的！

话说中国

在详述通盘考察中所得到的主要奇论之前，我们必须注意一桩奇怪而可能是意味深长的事实。即至少在技术领域里，我们可能发觉，由亚洲，主要是由中国来的新发明，都是成群结队的，我将称之为"团"（clusters）。例如，在公元第4世纪与第6世纪间，大家看到绫机与胸带式马具携手而来。第8世纪时，马镫对欧洲发挥不寻常的影响力，不久卡当平衡环装置出现了。第10世纪初，颈圈式马具拖着简单的抛石机到欧洲来。第11世纪时我们看到印度数字、数位，零的符号传遍全欧。在第12世纪要接近尾声时，磁罗盘、船尾骨舵、造纸术、风车的构想，团簇而来，后面还紧跟着独轮车与用平衡力操作的抛石机。这正是托雷登星表（Toledan Tables）出现的时代。13世纪末与14世纪初，又来了另一团发明物：火药、缫丝机、机械钟、拱桥，这是亚丰朔星表（Alfonsine Tables）时代。相当时间以后，我们看到铸铁鼓风炉，木版印刷的到来，不久后面又来了活字版印刷，不过这些仍属于第二团之一部分。15世纪时，旋转运动与直线往复运动互换之标准方法在欧洲建立起来了，而东亚在其他工程上的构想，诸如燃气叶轮、竹蜻蜓、

① 选自徐葆耕、齐家莹编《20世纪巨人随笔·自然科学家卷·我们都是未解之谜》，光明日报出版社，1995年版。

卧式的风车、球链飞轮、运河的闸门等也纷纷出现。16世纪时带来了风筝、赤道式枢架与坐标、无穷空间理论、铁链吊桥、帆车、诊服术的重视，及音乐声学上的平均律。18世纪殿后者，则是种痘术（疫苗接种法之前身）、瓷器技术、扬扇簸谷机、防水隔舱以及一些以后引进来的东西，像医学健身法及文官考试制度等，所组成的一团。

这张技术传播一览表，虽然很不完整，但稍可把欧洲吸收东亚的发现与发明之年代整理一下。大体而言，我们无法追溯任一张"蓝图"或任一启发性的观念之传播路线，更无把握说已有办法解决任何问题，可是我们仍可清楚地见到，在特别的时间里，都有便于技术传播的一般环境——在十字军东征，及新疆有西辽王国时，第12世纪那一团便传到了欧洲；在大蒙古风时代，就出现了第14世纪那一团；当鞑靼奴婢出现在欧洲时，便出现第15世纪那一团，葡萄牙旅行家及耶稣会教士来华时便出现第16世纪以后之各团。早期的传播年代较为模糊，有进一步研究的必要，但我们可以清楚地看到世界受惠于东亚，尤其是中国技术之全盘图像。

我想作为结论的第一个奇论是，根据一般人的见解，中国从来就没有科学技术。看到了我们在前面所述之一切，大家可能会奇怪何以一般人会有这样的见解，可是在我开始研究这些问题时，我发现这正是在我之前的汉学家之看法。他们还把这种见解郑重地写进许多名著之中。他们的说法再经看不懂中国文献，只对中国人日常生活作肤浅观察的人，一代一代复述下去，终于使中国人自己也相信了。中国大哲学家冯友兰，在40多年以前写了一篇论文，题目是《何以中国无科学》。他在文中说：

> 我要斗胆地下个结论：中国不曾有过科学，因为根据中国人的价值标准，中国不需要科学……中国的哲学家不需要科学的确定性，因为他们想知道的只是自己；同样的，中国哲学家不需要科学的力量，因为他们想征服的只是自己。对他们而言，智慧的内容并不是知识，而智慧的功能也不在增加身外的财富。

这段话当然有一点道理，但只是有一点而已，而他可能是在感情用事，以为既然以前中国得不到科学，现在也不值得要了。和冯友兰之青年的悲观主义相反，是同样不正当的汤恩比之乐观主义：

> 不管是否可能在西方历史的源流上，找到西方人机械癖的泉源，我不怀疑机械癖是西方文明特有的，就像爱美癖是希腊文明特有的，宗教癖是印度文明特有的。

今日大家都十分明白，哲学上的神秘主义、科学思想或技术才能并非任何民

族之专利品。中国人并非如冯友兰所说的，对于外界自然不感兴趣；而欧洲人也绝不像汤因比所吹嘘的，那么富有发明天才。所以会有这种奇论，多半由于大家对于"科学"一词的意义，还不清楚。假如我们把科学的意义局限在现代科学的范围里，那么科学的确只起源于文艺复兴后期，16、17世纪的西欧，而以伽利略的生活时代为转折点。但就整个的科学来说，便不是这么回事了！因为在世界上各部分，上古及中古的民族早就奠定了科学的基础，等待着科学大厦的兴建。当我们说现代科学只在伽利略时代的西欧发展，我想，我们大部分的意思是，只有在那个地方才能发展出应用数学化的假说来说明自然现象之基本原则，并使用数学来提出问题，一言以蔽之，即将数学与实验结合起来。但是如果我们同意文艺复兴时代发现了发现的方法，那么我们必不可忘记在伽利略式突破前，科学方面已有几百年的努力。至于何以科学突破只出现在欧洲，那是社会学的研究主题，我们在此不必预先判断这种研究结果如何，然我们已十分明白，只有欧洲才经历文艺复兴、科学革命、宗教改革与资本主义勃兴之联合变化。而这一切也是社会主义社会与原子时代以前不安定的西方所发生的最不寻常的现象。

但在这里又发生第二个奇论。由上面所说的一切，我们清楚地知道，在公元前第5世纪与公元后第15世纪之间，中国的官僚封建制度，在将自然知识作实际应用方面，比欧洲蓄奴的古典文化，或以农奴为基础的贵族武士封建制度，来得有效率得多。中国人的生活水准通常比较高，而大家都知道马可·波罗认为杭州是个天堂。虽然大体上中国人的科学理论比较少，但是他们的实用技术一定比较多。虽然士大夫阶级有计划地压抑商业资本的成长，但是他们似乎不热心于压制技术新发明，因为新的技术可以用来改良他们统治的省或县的生产规模。虽然中国有一座似乎永无竭尽的劳力宝库，但事实上我们没有碰到过任何因公然恐惧技术引起失业而拒绝接受新发明的情形。事实上，官僚制度的作风在许多方面好像都会帮助过应用科学的发展。例如，汉朝政府使用地震计以便在灾难的消息到达京师前先侦测出灾难的发生及发生的地点。宋朝政府建立了一个雨量及雪量的侦测网。唐朝政府派人测量从印支半岛到蒙古地方长达1500里的子午线弧，并绘制爪哇到南极20度内的星图。在制定kilometre之前100年，中国的里早就被制定为测量天地的标准。那么我们可不要轻视天朝的官吏了。

于是我们终于谈到奇论中的奇论——"停滞的"（stagnant）中国捐赠给西方那么多的发现与发明，这些东西在西方社会中的作用就像是定时炸弹一样。"停滞"这个陈腔滥调，系生于西方人的误会，而永远不能适用于中国。中国是慢而稳定地进步着，在文艺复兴以后，才被现代科学的快速成长及其成果所赶上。对中国人而言，如果他们能够知道欧洲的转变，那么他们会以为欧洲就好像是永远在作剧烈变化的文明。对欧洲人而言，当他们逐渐认识中国时，中国似乎总还是那副样子。也许西方的凡夫俗子最愚蠢的行为便是相信：虽然中国人发明了火药，但他们却笨得——或聪明得只用来放鞭炮，而却让西方人去发挥火药的一切威力。我们不愿意否认西方人有某种造炮（Büchsenmeisterei）的癖好，但在凡夫俗子的心目中却以为没有西方，创造性或伟大的发明便不能发生。中国人一定要使墓穴朝正南方，但哥伦布发现了美洲。中国人设计了蒸汽机的构造，但瓦特将蒸汽用于活塞。中国人发明了旋转扇，但只用来冷却宫殿。中国人了解自然淘汰，但却将之限用于金鱼的饲养上。一切像这样虚幻的对立命题，就历史而言皆可证明其为伪。中国人的发明与发现，大多有了广泛的用途，只是在相当安定的社会控制之下而已。

无疑地，中国社会具有某种自然超于稳定平衡的倾向，而欧洲则具有与生俱来的不稳定性格。当田尼生在著名诗句中谈论"辚辚轨道前进的变化"与"欧洲50年胜过中国一甲子"时，他觉得有某种理由迫使他相信，激烈的技术改革总是有利无害的，可是我们在今天可能就不会这么肯定了。他只知其果，不知其因，而且在他的时代，生理学家还不了解内部环境的恒定性，而工程师也不会建造过自我调节的机器。中国是一个能自己调节的，保持缓慢的变动之平衡有机体，一个恒温器——事实上，传达控制学的概念大可用来说明经历每一种恶劣环境而都会保持其稳定进步的文明。这种文明，好像装有一架自动控制器，一组回馈的机构，在一切骚扰之后仍回复到"现状"，尽管有些是基本的发现与发明所产生的骚扰。从旋转的磨石进出来的火花点燃了西方的火种，而磨石则纹风不动，亦未磨损。有鉴于此，我们了解，由于中国文化具有这种性格，所以才能设计出指南车，因为指南车正是一切传达控制机之祖。

中国社会的相当"稳定状态"并没有什么特别优越的地方。在许多方面，中国很像古埃及，其长期绵绵的连续存在使年轻而善变的希腊人大感惊奇。内部环境的保持常态，只是生命体的一种功能而已。虽然很重要，但比不上中枢神经系统的活动复杂。改变形态也是一种完美的生理作用，在某些生物中，身体的一切组织甚至可以完全分解再重新组合。也许文明就像不同种的生物一样，其发展期长短不一，而变化的程度大小不同。

中国社会的相当"稳定状态"也没有什么特别神秘的地方。社会构造的分析肯定地指出中国的农业性质，早期需要大量的水利工程、中央集权政府、非世袭的文官制度，等等。这和西方社会构造之截然不同，乃是毫无疑问的。

然则，欧洲的不安定性之理由何在？有人以为是贪得无厌的浮士德灵魂在作祟。但我宁愿用地理上的原因来说明。欧洲是多岛地带，一直有独立城邦的传统。这个传统是以海上贸易，以及统治小块土地之贵族武士为基础，欧洲又特别缺乏贵金属，对不能自制的商品（特别像丝、棉、香料、茶、瓷器、漆器）有持续的需要，而表音文字又使欧洲趋于分裂。于是产生出许多战国，方言歧异，南蛮缺舌。相形之下，中国为一紧密相连的农业大陆，自公元前第3世纪以来就是统一的帝国，其行政传统在古代无与之匹敌者，又极富于矿物、植物、动物，而由适合于单音节语言的表意文字系统将之凝结起来。欧洲是浪人文化、海贼文化，在其疆域之内总觉得不自在，而神经兮兮地向外四处探求，看看能找到什么东西——像亚历山大到大夏，维京人到文兰地，葡萄牙人到印度洋。中国有较多的人口，自给自足，几乎对外界无所需求（19世纪以后则不然，故有东印度公司之鸦片政策），大体上只作偶然的探险，而根本不关心未受王化的远方土地。欧洲人永远在天主与"原子真空"之间动摇不定，陷于精神分裂；而聪明的中国人则想出一种有机的宇宙观，将天与人，宗教与国家，及过去、现在、未来之一切事物皆包括在里面。也许由于这种精神紧张，使欧洲人在时机成熟时得以发挥其特殊创造力。无论如何，此创造力所产生的现代科学与工业之洪流在冲毁中国海上长城时，中国才觉得有加入科学力与工业力所形成的世界共同体之必要，而中国遗产也就和其他文化的遗产联合起来，坦然地形成一个互助合作的世界联邦。

【美国】罗伯特·坦普尔
陈养正等 译

中国：发明与发现的国度[①]（3则）

美国学者坦普尔编撰此书，是对英国学者李约瑟的皇皇巨著《中国科学技术史》的主题归类的精彩提炼，选择了在时间或质量上"中国的一百个世界第一"的科技发明。这里说几件微小物件的发明：纸的发明与使用，你大概不知道，颜回戴纸帽、陆游盖纸被、军队穿纸质铠甲；汉代发明的马镫，开辟了西方的骑士时代；载人风筝，始于南北朝一个皇帝的恶作剧，梦想之轻难脱现实之重。

纸（公元前2世纪）

纸，虽从"纸莎草纸"一词派生而来，但两者间没有任何关系。纸莎草纸最早出现于公元前3世纪的古埃及，是用纸莎草内皮制成的。它除了像纸一样可供书写外，同纸有着根本的区别。中国人最迟在公元前2世纪就发明了纸。

现在纸多以木质浆为原料，使问题更加复杂化的是，古代不是用木浆造纸的。那么，当时的纸是什么样的呢？

把纸浆置于平整的纸膜上，水滤出后取下纸膜上留下的一层已分解的纤维，干燥后就成纸张。这种纸浆里的纤维可以是任何物质的纤维，而植物纤维是其中最为常用的，正像前面所述的木纤维是今天造纸业的主要材料一样。欧洲最早的造纸原料不是木浆而是用已分解并捣碎的亚麻布碎片。任何拥有或使用过欧洲公元17世纪出版的书籍的人都会注意到这种亚麻纸经久耐用且富于柔韧性。当公元20世纪所出的大部分书籍已经变质腐烂时，这种公元17世纪的亚麻书仍然完好如初。

世界上现存最古老的一张纸是公元1957年考古学家在中国陕西省西安市东郊（灞桥）的一座古墓中发现的。它约有10平方厘米，造于公元前140年至公元前87年间。这张纸以及比其晚一个世纪留下来的类似纸片都厚，而且表面粗糙，凸

---

① 选自《中国：发明与发现的国度——中国科学技术史精华》，21世纪出版社，1995年版。

凹不平，都是以大麻纤维制成的。从其干燥痕迹看，很显然，这些纸是在长纤维编织的苇席上面干燥的，而不是在我们所熟悉的纸模上。在这早期阶段，水分是通过纸浆下面的席子慢慢排干的。席子上留下的干纸浆被揭下来再彻底干燥便成了纸。这种纸厚而糙，用于书写不尽如人意。

纸用于书写看来是发明纸后的相当一段时间的事。世界上最早的写有文字的纸是公元1942年在内蒙古居延地区查科尔帖的一座汉代古烽火台废墟下面出土的。这座烽火台在西昌部落叛乱时被中国军队遗弃。这张纸上写有20多个清晰可辨的字，其年代可上溯至公元110年。

在中国，至少在纸发明之后一个世纪或更晚以后，人们才注意到纸可用于书写。它最初被用来做衣服、包装，制作漆器和卫生纸。据公元前93年的一书中记载，皇家一个卫兵向太子推荐用纸揩鼻子的事（这是世界上第一块纸巾）。公元前12年记载的一起谋杀案中的毒药是用红纸包着的。汉光武帝时，已设有主管制作"官印和纸、笔、墨"的内阁大臣。

也许用纸做衣服乍看起来似乎是不可思议的，因为我们会想到当今的纸很薄，不可能用它来抵御风寒。但是自公元前2世纪以来，中国人就用过纸制作衣服御寒。我们虽不能肯定中国南方从何时开始用桑树皮造纸，但很早以前，人们已发现捣碎过的这种树皮适于做衣服。似乎在发明纸以后不久，桑皮纤维以及更平常的麻都可用于制作真正的纸了。

纸最初是用简单的方法将桑皮捣碎制作的。我们知道，公元前6世纪，孔夫子的鲁国弟子颜渊戴的就是一顶用桑皮制作的帽子。据史学家司马迁记载，公元前2世纪，在商品流通中就有大量的桑皮。据公元1980年的消息报道，在吐鲁番的考古发掘中发现了公元418年的一顶纸帽子、一条纸腰带和一双纸鞋。

是不是纸衣服就一定易破呢？也许当今用劣质木浆生产的纸会是这样，但那时用粗而坚韧的纤维制成的纸则不致如此。那时的纸很结实，常被用做鞋里。纸衣服是那样暖和，寒风也穿不透，所以人们还抱怨穿纸衣服不透气，热得穿不住。在冬天，床是用纸帘来保温的，夏天也用薄纸帘做蚊帐。

大约在公元1200年，诗人陆游在给理学家朱熹的一封信中，感谢朱熹赠送给他一条纸毯，此信保存至今，使我们读来便知其喜悦和感激之情："纸被围身度雪天，白于狐腋软于绵。"

纸不仅可以做衣服，还可以做铠甲！公元9世纪，有一位叫徐商的河中节度使，拥有一支常备的、用强弓硬弩都不易穿透的编制的（褶皱）纸铠甲装备起来的、人数上千的军队。纸甲在水军和步兵中广为使用。在公元12世纪的一次大赦中，从两艘投降的海盗船上就收缴了110套纸甲。据记载，公元12世纪的一名戍边兵真德秀称，他有足够的御敌武器装备，但他希望能以现有的100套铁甲换取50

套优质纸甲来装备水师。据说枪弹也不能穿透优质纸甲。

请看公元1629年茅元仪所写的一段话：

"铠甲是士兵的基本装备，有了这种装备，他们就能够面对锋利的武器而立于不败之地。南方地形险要，故常用步兵，快速前进时，他们难以负重。若下雨地湿，铁甲易生锈而不可使用。日本海盗和当地土匪常使用火铳和其他火器，即使使用藤或动物的角制作的铠甲，子弹也能穿透。再则，铠甲较重，穿的时间不能太长。步兵的最佳选择是纸质铠甲，其原料混有多种丝和布。若纸与布都薄，甚至箭也能穿透，更不用说子弹了；因此铠甲应衬上棉花，约三厘米厚，充分扎实，长至膝盖。太长则不便在泥田中行走，太短则不能蔽身。沉重铠甲仅能用于船上；因为在船上就用不着在泥田中行走，而且敌人能用子弹在射程内射中目标，所以没有沉重铠甲就无法防御。"

中国人还发明了墙纸，这显然是由于人们发现印好的大张纸更便于粘贴在墙上。墙纸是法国传教士于公元15世纪从中国传入欧洲的。

至于卫生纸的使用，在中国有些令人惊叹不已的统计数字。公元1393年，布政司生产了规格为0.6米×0.9米的卫生纸72万张，以供皇宫一年之用。此外，还为皇室生产了15000张19平方厘米"厚而柔软且芳香的"为同一年使用的专用卫生纸。卫生纸一般采用稻草为原料，成本低，易于生产。中古时期消费的卫生纸已不计其数。公元1900年前后，仅浙江省的卫生纸每年产量就达1000万包，每包约1000~10000张。这就是说，在西方还根本没有使用卫生纸的时候，浙江省每年就已生产卫生纸达100亿~1000亿张。据此推算，这意味着一个世纪之前，中国消耗的卫生纸达数万亿张。中国使用卫生纸的历史可上溯到什么时候呢？我们可从早在公元6世纪的文官颜之推于公元589年的著述中看到一些蛛丝马迹，他写道：

"纸上有《五经》引语或评注，或贤达的姓名，不敢作卫生纸用。"

一位阿拉伯人写道："他们（中国人）不注意清洁，便后不用水洗，而只是用纸擦擦而已。"

在中国，纸的用途还很多，若在本书中一一列举，本文会显得冗长。显然纸还有一项重要用途是做风筝，这是中国人的另一项发明。中国人还在世界上率先将折纸和剪纸用于装饰设计。一些古代纸花保存至今，源于中国的折纸已流行于世界各地。起源于中国并广为谈论的还有纸伞和纸币。中国人造纸的纤维品种很多（各自成为研究题目），其中包括竹、稻草、麦秆、檀木、芙蓉树、海藻、茧丝、藤、黄麻、亚麻、苎麻等等。依次而言，早期的主要原料是大麻，然后是桑树、藤、竹、草。中国能生产出各种花色、香型、有光泽度的纸和其他专用纸，其中有些纸质量优于西方所产的纸。

纸在公元7世纪传到印度，公元8世纪传到西亚。阿拉伯人从撒马尔罕战争的中国战俘那里学到造纸技术，却对欧洲人戒心重重地严守造纸技术秘密，以从向欧洲人销售纸的贸易中获取厚利达五个世纪之久。欧洲人约于公元8世纪末才从阿拉伯人手中得到第一张纸。尽管如此，有迹象表明，纸在欧洲的应用不会早于公元11世纪，而且在西方，以纸取代纸莎草纸似乎是一个缓慢的过程。欧洲人造纸始于公元12世纪，意大利的造纸业直到公元13世纪才说得上发达起来。这比中国人发明纸晚1500年。

（潘晓宇　译）

马　镫（公元3世纪）

人类骑马史上的大多数时间里，双脚都无所寄托。波斯人和米堤亚人、罗马人、亚述人、埃及人、巴比伦人和希腊人，这些古代民族的强大军队，大多对马镫一无所知。亚历山大大帝的骑士们横扫整个中亚时，都骑在马上无处搁脚。奔驰或跳跃时，骑手们必须紧紧抓住坐骑的鬃毛，以免颠下马背。罗马人发明了一种安在鬃毛前部抓手的器具，这使得他们在地面崎岖的情况下能有个东西可抓；不过每当他们未能紧紧夹住马肚时，两条腿便只好摇来晃去地悬着。

没有马镫，骑上马也不那么容易。彪悍的武士为自己能左手紧抓马鬃，飞身上马而自豪。有些不用马鞍的骑手今天仍然这样上马。古代的骑兵部队用手中的矛点着地支撑身体而跳上马，也有像撑竿跳似的腾空而上，或者靠踩住安装在矛上的横栓而上马。否则便需要马夫当垫脚骑上马了。

到了大约公元3世纪，中国人改变了这种局面。借助其先进的冶金技术，他们开始生产铸铜或铸铁脚镫。马镫的发明者未能青史留名，而最初的想法可能是从偶然用皮绳打成套环再踩套环上马而得到启发的。自然，这样的皮绳套环不可能用于策马行进，因为一旦跌下马来，皮绳套势必会将骑手拖住，其结果是很危险的。这样的皮绳套可能最先由中国人、印度人或与中国接壤的中亚游牧民族使用。马镫原理可能就是在大草原上产生的，它是那些生活在马背上的、有独创性的人们的发明成果。显然从公元3世纪起，中国人便能铸造精美的金属马镫。现存对马镫的最早描绘是在长沙一座古墓中发现的一尊陶骑俑上，其年代被确定为公元302年。

对马镫的精彩描绘还可以从中国皇帝唐太宗陵墓中的一个浮雕上看到。我们可以在图39中看到公元6世纪或公元7世纪的一个真实马镫。马镫非常迅速地输入到朝鲜，我们在该国公元5世纪的坟墓画上看到了马镫。还应指出，只是在马镫得以使用之后，才能够真正开展马球比赛。

一个名叫猵狷（Juan-Juan）的强悍部落的迁徙导致了马镫向西方的传播，他们向以阿瓦尔人著称（Avars是一个土耳其文词汇，字面上是"流浪者"的意思）。他们的骑兵掠夺起来十分强悍，因为他们配备了铸铁马镫。大约在公元6世纪中叶，他们被迫西进，穿过俄罗斯南部后在多瑙河与蒂萨河之间定居下来。到公元560年，阿瓦尔人对拜占庭帝国构成严重威胁，拜占庭帝国的骑兵部队进行了彻底改编，以便与之抗衡。莫里斯·泰比里厄斯皇帝（Emperor Maurice Tiberius）编了一本军事手册，即公元580年问世的《战略学》（仍幸存），详细说明了应采用的骑兵战术，其中提到必须使用铁马镫——这是西方文献中最早的记载。

通过北欧海盗也许还有伦巴族人（Lombards），马镫传向欧洲其他地方（在伦敦出土了一只阿瓦尔式的儿童用马镫，也是由北欧海盗带来的）。不过欧洲的其他民族（除了拜占庭人和北欧海盗以外）使用马镫的时间要晚得多，其原因尚不完全清楚。欧洲的常规军队在中世纪初期以前看来都没有采用马镫。也许缺乏冶金技术是原因之一，因为马镫在很长的时期里都是用铸造金属制成的。只有使用铸造金属技术才能大批量生产马镫。

只要我们想一想中世纪欧洲，我们眼前便出现身穿盔甲、手持沉重长矛和骑在马背上的骑士。然而，如果没有马镫，他们是不会那么神气的。因为没有马镫，负担如此沉重的骑手势必很容易跌下马来。中国人发明了马镫，使西方有可能出现中世纪的骑士，并赐予我们一个骑士制度的时代。

（夏侯炳　顾卫亚　译）

载人风筝（公元前4世纪）

在北齐的历史文献里，我们看到了关于载人风筝的最早的确切记载。北齐只存在了27年（550~577），历史之短暂而不引人注目。下面将叙述到的事件发生在中国历史上结束分裂实行第三次统一的时候，也是被大家认为黄金时代的开始之际。而在同一时期，欧洲还处在黑暗时代的痛苦之中。

载人风筝的史料讲述了一个耸人听闻的事件：北齐的第一个皇帝高洋（在位时间是公元550年至公元559年）有计划地杀害了拓跋和元氏两个家族的全部成员。这两个家族原是南北朝时魏国的统治者。高洋在位的最后一年里，这两个家族至少有721人惨死在他的圣旨下，而高洋杀人的方法是别出心裁的。

高洋信仰佛教，他经常去首都邺西北的金凤台参加庆祝佛教圣职的授任仪式，邺在现在黄河北岸的临漳县附近。在古代中国，表示虔诚的做法之一是"放生"，例如将鱼或鸟捉到后把它们放掉。佛教认为只有这样做了，那么人才积了功德。在高洋参加的庆祝佛教圣职授任的仪式上，他创造了一种称之为"放活物"的做法。这无疑是中国一位最坏的皇帝采取的最邪恶或者说最疯狂的做法的一个典型事例，他所谓的"放生"的含义也是与众不同的。

他"放生"的"活物"就是他的政敌，即拓跋和元氏两个家族的人。他的做法是让他们从30米高的塔上跳下去。正史是这样记载的：

"他召来许多死囚，将他们绑在作为翅膀的大竹席上，然后令他们由塔顶飞到地上，称为'放生'。所有这些囚犯都死了。可是这位皇帝却哈哈大笑，视为乐事。"

以后他继续实施空中飞行的方案，进行了更令人震惊的试验。公元559年，即他在位的最后一年，他不断地让判死刑的囚犯从金凤台上跳下去，把他们当做载人风筝的实验飞行员。李约瑟评论说："事情表示了一位残忍的皇帝以囚犯来取乐，因为这些风筝必须有人在地面控制着，而且技术高超者才能掌握好手中的线，最多也就是尽量使风筝放得久些，飞得高些。"一位魏国的王子，元氏家族的一位著名人物，随同风筝在空中飞翔达13公里远。反映这一时期的历史名著《资治通鉴》里叙述了这件事：

"高洋使元黄头与其他囚犯从金凤台各乘纸风筝（纸猫头鹰）向下飞。只有元黄头一人飞得远至紫陌，他在那里降落到地上。但后来他被交给御史中丞毕义云，毕义云让元黄头饿死了。"

李约瑟把著名的道家葛洪（约281~341）称为"他那时代最伟大的炼丹家和中国最伟大的炼丹术作家"。葛洪是一位具有多方面才能的科学家，他探索自然界的各种现象，特别醉心于天文学和地质学。他喜欢标新立异，多次强调有关自然界的传统观点是不恰当的。公元303年，当他年轻时，他镇压了那时的起义者，从而使他初露头角，名扬四海。多年以后，正是因为他年轻时的这些功绩而被授予爵位。但是他对官场上高升不屑一顾，断然拒绝了对他的封赠。他不遗余力在科学上进行探索，并和当时最有名望的学者相处甚好。

李约瑟在谈到葛洪时说：

"如果我们不了解中国长期以来按照动物的形状来制作风筝的话，那么我们对他的关于许多似乎是对动物的描写会感到不好理解。我确信他所讲的东西实际上是载人风筝。"

下面是一段有关公元4世纪载人风筝的文字，文中把葛洪称为大师：

"有人问这位大师关于登到高处冒着危险远行的道理时，这位大师说：……有人用枣心木为飞车，用牛皮带结在环剑上，以发动机器。还有人有这样的想法：制作五蛇、六龙和三牛，以对付'强风'而乘之，一直上升到20公里的高度。这个区域称为'太清'。太清中的气（由空中发出，也许是风）极其强劲，因此它能胜过人的力量。老师（我们不知道葛洪在这里是指谁，可能是指道家哲人庄子）说：'此风筝（鸟）螺旋式向上飞，越飞越高，然后只需伸展两翅，不再拍打空气，就可以自行前进，这是因为它依靠"强风"滑行。以龙为例吧。龙开始腾空时是靠云为阶梯，当它们达到20公里高度时，它们就可以不费力地向前冲去——滑行。'此话出自仙人之口，流传于百姓之中，而凡人是不知道的。"

正如李约瑟所说："在公元4世纪初能出现这样的文字，实在是令人惊讶的。……毫无疑问，葛洪提出的最初的飞行计划涉及直升陀螺，特别是提到使用皮带，旋转翼不可能是指别的东西。"

李约瑟继续说：

"我可以肯定他谈到的是载人风筝，但是，至今我们没有证据可以说明葛洪或他的同时代人制作了这么大的风筝，虽然看来他们制作这样的风筝是不会有什么困难的。在民间一定拥有制作这样的载人风筝的专家。……最后，葛洪所说的'硬风'是什么意思呢？从他提供给我们的在空中滑动和飞翔的鸟的例子来看，很明显，这里讲的是在空中飞行的特征。不管是自然的还是人为的，飞行物的机翼受到了气流的冲击……葛洪把这一概念……很清楚地应用于滑翔。……事实上在他以前的庄周（庄子）已经这样做了。在公元前4世纪，庄周写到了巨大的鹏鸟迎着劲风飞翔。葛洪总结说这是由于飞行物把云层当做阶梯在空中逐渐上升，这种说法很富有诗意，暗示存在着一层层上升的气流，对于这一点现代滑翔飞行员是十分熟悉的。类似的情景可以在抽烟时看到，特别是对于喜欢隐居在高山的道教徒来说，那里的云雾也正是这种样子。"

多少世纪以来，道家总是居住在云雾缥缈的深山道观里。在那里，道长们把各种传说口头传给徒弟，但许多深奥的学问无法用文字记录下来。载人风筝这一思想不仅对这些居住在山高风大的深山上的早期飞行专家很合口味，而且很可能是他们的一种极为重要的追求，一种在秘密中实施的追求。古代圣人不会愿意告诉路人，他们是如何在山洞里提炼长生不老药以及如何炼金的，更不会愿意透露给别人他是如何模仿鸟勇敢地飞上天空的。正是因为这些，道家现在被认为是中国最早的原始科学家。

公元18世纪，载人风筝在中国已经广为流行。在马可·波罗的《马可·波罗游记》里，我们读到了下面极富戏剧性的场面：

"我们来告诉你，当一只船决定开船前，是如何来预测生意好不好的。船主用柳条制作一只筛筐，筛筐的四边及四角系上绳子，一共八条，它们的另一端系上一条长绳子。接着是找来一个傻瓜或醉鬼，把他们绑在柳条筛筐里，由于他们不是精神错乱，就是被弄得不知所措，所以他们不会意识到自己所面临的危险。这件事只有等到有大风的时候才能干。到时候劲风会把载人的柳条筛筐送上天空，而地上的人就握住长绳。假如空中的筛子偏离了风向，下面的人把绳子拉一下，这样筛筐就飞得高一些。当又出现倾斜时，下面的人又拉一下绳子，筛筐又平

279

稳了，接着又升高，最后又放绳子。总而言之，就是以这样的方法使筛筐愈飞愈高。如果手里的绳子够长的话，筛筐一直可以飞到看不见。这种占卜术可理解为：如果柳条筛筐直飞天空的话，那说明占卜者的船会碰上好运气的。……但是，如果万一筛筐飞不起来的话，那没有一个商人会愿意上这条船的。"

这肯定是历史上最稀奇古怪的财运占卜术！

在现代，人们也进行载人风筝的飞行。自从公元1895年波科克（Pocock）进行多次尝试后，在欧洲许多人也做了试验。公元1894年，B·F·S·巴登·鲍威尔（B.F.S.Boden Powell）成为进行载人风筝飞行并且取得完全成功的第一个欧洲人。从历史文献的角度来说，如果说公元559年中国元氏家族成员成功的飞行是世界上首次载人飞行的话，那么在中国和欧洲首次飞行之间竟相隔了1335年之久！

今天，普通人进行滑翔飞行已十分流行，这就使人们对中国早期的载人风筝飞行更加信服。熟练的滑翔员十分清楚葛洪提到的气流的特征，知道如何利用热气流上升到大约610米的高度，简单地说就是如何盘旋上升。就像葛洪所说，把云层当做阶梯，盘旋着愈飞愈高。当然，他所说的飞到大约20000米无疑是夸大之辞。看来，中国早期的道教徒远在葛洪以前，也可能在2000年以前，已经取得了载人飞行的成功，至少飞到了约610米的高度。即使我们把葛洪的前一世纪看做是中国首次飞行的年代，我们仍必须承认至迟在公元250年，或者说早在1700年以前，中国就已经有了载人风筝的飞行。

（陈养正　李志天　译）

【美国】杨振宁

近代科学进入中国的回顾与前瞻①

以1400年为界，之前的中国是世界上最先进的国家；之后600年停滞不前、逐渐落后。20世纪中国从零开始急起直追，用100年时间就将近代科技本土化了，21世纪的中国是可以乐观的。杨振宁博士用简洁明了、有理有据的语言概说近代科学进入中国的历史，佐以重量级科学家的身份（1957年获诺贝尔物理学奖）和对父母之邦的热诚，令听众动容。

历史学家普遍地承认，在公元1400年前，中国的技术是胜于欧洲的。我只举一个例子：公元1405年到1433年，这是在明朝初，有名的三保太监郑和下西洋的记载。根据中国的历史记载，郑和用过60条船，其中最长的船有440尺长，这样大的船当时世界上没有任何一个别的地方可以制造，西方的历史学家很长时间都认为这是不可靠的历史记载。一直到1962年，在南京发掘出一个舵的轴，这个轴是木头的，有36尺高，直径有1.25尺，这才使世界上所有的历史学家都了解到中国的历史记载是可靠的。

大家都知道，中国古时候有所谓四大发明，就是指南针、火药、印刷术和造纸。在17世纪初，英国有位大哲学家培根，他对欧洲以后近代科学的发展产生过巨大的影响。他曾说过，当时并不知道印刷术、火药和指南针是中国人发明的，可是他知道这些发明对于人类的历史有巨大的影响。所以他在一篇文章上讲，没有一个王朝、没有一个宗教派别、没有一个伟人对于世界文明的影响有这三个发明这么大。为什么呢？他说印刷术影响了整个世界的文学；火药影响了整个世界的战术；指南针影响了整个世界的航海术。刚才我讲1400年的时候，中国的技术超过了西方，历史学家都同意。在那以前，亚洲与欧洲的科技交流是很困难的，有时是通过海路，有时是通过陆路，所谓丝绸之路。可是这许多交流的方向都是从亚洲传到欧洲。在那以后的200年，就是1400年到1600年，明朝的时候，这200年之间中国是大大地落后了。到了1600年前后，明朝的皇帝要请一些传教士从澳

281

---

① 选自黎先耀主编《智慧的星光——诺贝尔自然科学奖获奖者文萃》，经济日报出版社，2000年版。

门把造火炮的技术引到北京来，这就代表在那200年之间，西方在技术的发展上已远远地超过了中国。在这200年之间欧洲受到了文艺复兴的影响，出现了很多大思想家、大科学家，如达·芬奇、哥白尼、卡瑞、那皮尔、弗兰西斯·培根、伽利略、开普勒、哈维、笛卡儿等等，这许多大思想家、大科学家可以说是在欧洲创造出来了肥沃的土地，使得以后的近代科学可以在欧洲萌芽。可以说在这200年间，中国停滞不前，而欧洲是向前飞跃。这个飞跃的结果就是产生了一种空气，产生了一个社会的体制，产生了一些学术的动向，使近代科学在17世纪首先从欧洲开始了。

1687年，牛顿出版了他的《数学原理》。因为牛顿的书第一次使人类了解到原来自然界的很多现象是可以用准确的数学语言描述，能够规律化、能够预测的。我们也可以说牛顿的书第一次使人类知道自然界的事情是符合准确的规律的，这是历史上第一次。而这个精神，这个了解，经过几百年发扬光大就产生了近代科学。而近代科学的产生直接影响了世界人类的生产力，而且影响了人类与环境之间不可逆转的新的关系，所以是人类历史上划时代的一个贡献。

牛顿的书出版以前的80年，那就是1607年，明朝的末年，中国已经有了欧几里得《几何原本》的翻译。这是科学史上一件有名的事情。上海人徐光启跟一个意大利的传教士利玛窦，他们两人在1607年翻译了《几何原本》的头六章。我们今天所用的几个数学名词，像"几何"就是徐光启发明的。如果你看一下《几何原本》，你就会深深地敬仰这些西方的科学家对中国有多么大的影响。我只举一个例子：徐光启在一篇文章里推荐《几何原本》原理的方法时说：似至晦，实则明；似至繁，实则简；似至难，实则易。就是看起来很隐晦，实际上非常容易懂；看起来很繁琐，其实是非常简单的；看上去是很难的，其实是非常容易的，他确实体会到了科学的真谛。

到了1840年，英国用炮打开了中国的大门。以后清朝的朝廷才感到有必要了解一些西方新的知识，所以到1862年就设立了所谓"同文馆"，就是翻译馆或编译馆，把西方的书籍翻译成中文。又过了5年，到1867年，这个同文馆又设立了天文、数学馆，翻译天文和数学。可是都受到了阻力。如当时的大学士倭仁就讲过：且闻治国之道尚礼仪不尚权谋，根本之途在人心而不在技艺。意思是说西方那些东西只是技艺而已，不是真正最重要的思想方面的发展。那时候觉得科技只是奇技淫巧，只是雕虫小技无关大局的。又比如大学者、大书法家俞樾讲，我们应该以拙制巧。他认为西方的科学不过是巧而已，而我们是正宗的、深厚的，可以抵制西方的巧。这种观念当时非常盛行。我再举一个例子：1872年，清朝的朝廷决定开始派留学生，他们就派30个幼童到美国东部康涅狄格州的哈特福特镇去上学，以后每年派30个学生。可是到了1876年，这件事受到了猛烈的抨击，所以在1881

年清朝政府就把所有这些留学生给召回了。

还有更重要的一点是因为受到这许多凌辱，中国人产生了一些自卑感，这自卑感还不仅限于中国人，日本人也有。

如果你去看19世纪末20世纪初年中国文献的话，你就会发现其中有很多奇谈怪论，都是因为受到了自卑感的影响。一种奇谈怪论叫做种族退化论。另外一个奇谈怪论叫做取消汉字汉语论，认为中国人所以不能做近代科学的原因是汉字汉语。在19世纪的最后10年，发生几个惨痛的事情：一个是甲午战争；一个是八国联军进北京。那时中国面临被列强瓜分的危险，有亡国灭种的危险，可以说这些惨痛的经验最终使中国觉醒了。所以从1900年开始，中国才开始正式地、渐渐大规模地引进西方的科技。其中有三件事可以认为有划时代的影响：一是1898年成立了京师大学堂，就是北京大学的前身，这是在中国第一次设立了一个大学，所教的东西比较全面，包括了现代的科学。二是1905年清朝最后废除科举，科举制度使得中国的年轻人不能向视野广阔的方向发展他们的才能。三是1896年到1898年间，清朝开始派学生到日本去留学，到欧洲、到美国去留学稍微晚一点。可是这个门一开以后，立刻就开得很大，跟1872年那一次不一样。到1907年，据现在统计去日本的留学生有1万人。

这些留学生，他们在国内没有接触近代科技，他们到国外上学的时候，也不顾修硕士和博士的学位，只是念了学士的学位就回来，他们回来以后很多人做了教师。他们是真正把近代的科技大规模引进中国的第一代人。由他们训练出来的第二代学生在国内就可以接触到一些近代的科技知识，这些人出国以后就有很多人读了博士学位。

我们可以说两代人从1900年开始就把先进的近代科技知识介绍到中国来了。

不过到了1950年，20世纪中叶，我们可以说中国已经引进了一些科技，可是科技在中国还不能认为已本土化。为什么呢？因为受到训练的科技人才虽然有，可是数目还是太少。引进的科技的方向虽然有，可是不够广，而且没有工业基础支持尖端的试验工作。同时1900年到1950年这50年之间中国社会有种种的动荡，这些运动使需要稳定环境的科技研究不能蓬勃发展。可以说1900年至1950年这50年之间，中国开始引进了近代的科技，可是还没有达到科技本土化这个目标。

从1950年到今天这40年时间，新中国通过人才的训练，通过科研机构的建立，通过工业的发展，可以说近代的科技在中国本土化了。如果你需要证明的话，我们可以了解一下中国在近代科技方面近年有了哪些惊人的发展。

反应堆是一个非常复杂的近代科技，在美国是1942年第一个建造的，这个反应堆是费米教授主持的。费米教授当时参加了美国战时的工作，后来他在芝加哥

大学当教授，是我的导师。中国在1956年建了第一个反应堆，是通过苏联的帮助设立的。原子弹在美国第一个炸出来的，是在1945年，在中国是1964。氢气弹在美国是1952年，从原子弹到氢弹共花了7年时间；中国氢气弹是1967年，从原子弹到氢弹只花了2年零8个月时间；中国氢气弹的窍门是两个人想出来的：一位叫邓稼先，一位叫于敏。中国只花了2年零8个月解决了无数的技术问题，而且想出来这个窍门，当时大大引起震惊，因为法国还没有做出来，法国前后用了8年时间才把这个问题解决了。

中国卫星上天是1971年，这又是一个震惊世界的科技成就，中国的半导体元件，集成电路，每一个做出来都使得世界的科技界震惊。

如果总结一下刚才我所讲的几个时代，我们可以这样说：在公元1400年以前中国的科技是领先的；1400年至1600年是举步不前的；1600年至1900年是极端抗拒新科技的引入；1900年至1950年是以两三代的速度就引进了西方很多的科学；1950年至2000年，中国已经加入世界先进的科学国家之间的竞争。

那么，有人问，到21世纪会发生什么现象？要想预测未来当然是非常困难的事情，但是一个长远的社会动态通常都有很深的很长远的因素。我个人认为，以下的几个长远的因素是使得一个社会、一个国家能够有辉煌的科技发展的必要条件。第一是需要有聪明的年轻人，有头脑做科学研究；第二是需要有重视纪律、重视忍耐心、重视勤奋的社会传统；第三要有决心；第四要有经济条件。我认为这四项在21世纪中国都会具备的。当然有人讲，你讲得太简单了，中国将有许许多多问题，会有政治动乱，有接班人问题、政治体制问题、贫富不均问题、外交问题，简直数不清的问题。

不错，不错，这些问题都会发生，可是我们看看20世纪发生了什么事情，这个世纪是中国以极高的速度从零开始达到一个把近代科技本土化了的局面。这样一个发展是在什么情形之下出现的呢？是经过两次大革命，经过了无数次的内战，经过了日本的侵略，经过了种种的困难，经济的困难、外交的困难，经过了史无前例的"文化大革命"的摧残。可是，这一切的一切都并没有阻挡中国20世纪科技的蓬勃发展。为什么？因为科技的发展所需要的原来很简单，只是我刚才所讲的四个条件，只要有人才、有纪律、有决心、有经济的支持，中国在20世纪里有前三者，到了21世纪我认为将四者具备，所以我对21世纪中国科技的发展是绝对乐观的。

【美国】谢弗

吴玉贵 译

唐代的外来文明·胡风①

　　大唐盛世的外来文明之多,让你误以为长安是个异国都市。异域风物,总是让人满怀想象,并充实了现实生活。大唐人们的开放胸襟和良好的想象力,造就了一个物质极端丰富、人民极端自信、文化雅俗纷呈、让当世人不虚此生、让后世人无限景仰的繁华盛世。

　　谢弗(1913~1991),美国汉学家、人类学家。《唐代的外来文明》,原名《撒马尔罕的金桃》,通过对物质内容的讨论来研究人,是一部上乘的汉学名著。

　　唐朝人追求外来物品的风气渗透了唐朝社会的各个阶层和日常生活的各个方面:在各式各样的家庭用具上,都出现了伊朗、印度以及突厥人的画像和装饰式样。虽然说只是在8世纪时才是胡服、胡食、胡乐特别流行的时期,但实际上整个唐代都没有从崇尚外来物品的社会风气中解脱出来。当时有些人物对这种新的观念感到痛心疾首。例如诗人元稹就是其中之一,他在8世纪末年写道:

　　　　自从胡骑起烟尘,毛毳腥膻满咸洛。
　　　　女为胡妇学胡妆,伎进胡音务胡乐。

咸、洛是指长安(诗中用已经废弃的、长安的前身咸阳来代指长安城)和洛阳两座都城。在唐代,这两座城市是胡风极为盛行的地方。

　　胡风的盛行波及了语言文字领域,唐朝有些汉人是懂得突厥语的。当时有一部供正经学者使用的突厥——汉语词典,而且在唐朝的一些诗歌中,也表现出了突厥民歌对唐诗诗体的影响。有许多虔诚的佛教徒还学习了梵文。但是对于其他一些外语,如高丽语、吐火罗语、吐蕃语以及林邑语等语种的学习是否也达到了这样的程度,我们还不清楚。

---

① 选自谢弗《唐代的外来文明》,中国社会科学出版社,1995年版。

　　唐朝两京的风尚尤其注重效仿突厥和东伊朗人的服饰。在唐代，当男人及女人出行时，特别是在骑马的时候，都戴着"胡帽"。7世纪上半叶时，贵族妇女喜欢一种带着包头巾的外衣，这种将帽子与面纱连接在一起的衣饰当时称作"羃䍦"。其实这是一种类似披风的衣服，它将面部和身体的大部分都遮盖了起来，这样既有助于傲慢的贵妇人隐匿身份，又能够避免粗人闲汉好奇的窥视。但是到了7世纪中叶之后，端庄淑静的风气日渐衰退，而长面纱也在这时被"帷帽"取代了。帷帽是一种带有垂布的宽边帽，这种帽子的垂布只是下垂到肩部，甚至可以将脸露出来。帷帽最初是用来在灰尘扑面的长途旅程中保护头部的，它是一种男女都可以戴的帽子。帷帽的流行，尤其是妇女戴帷帽，当时在社会上曾经引起了强烈的物议，咸亨二年（671），唐朝发布了一道诏令，试图禁断那些"深失礼容"的女骑手，要她们在出行时体面地坐进带顶的马车。但是，对于这种诏令根本就无人理会。到了8世纪上半叶，妇女们头戴胡帽，甚至靓妆露面，穿着男人们骑马时用的衣服靴衫在街市上到处策马驰骋。在服饰方面，中唐时期流行的还有另外一些外来风尚。如丈夫戴豹皮帽、妇女穿伊朗风格的窄袖紧身服，并配以百褶裙和一种绕着颈部披下来的长披巾，甚至连妇女的头发式样和化妆也流行"非汉族"的样式。而8世纪的宫女则时兴"回鹘髻"。9世纪时，正当凉州（这里以易于向外来风尚妥协而知名）这样的城镇中的居民随意地选择外来服装和生活方式时，处在吐蕃统治下的敦煌人民却在保持祖国纯正风俗的精神鼓励下保留了汉装。

　　追求突厥人生活习俗的热情，竟然使一些贵族能够忍受那种很不舒服的帐篷生活，他们甚至在城市里也搭起了帐篷。诗人白居易就曾经在自己的庭院里搭了两顶天蓝色的帐篷，他在毡帐中款待宾客，并且还不无得意地向他们解释帐篷如何能够对人提供保护，免受冬季寒风之苦。在这些都市里的毡帐居住者当中，最著名的一位是伟大的唐太宗的儿子，不幸的皇太子李承乾。承乾太子在生活起居等所有方面都刻意模仿突厥人，他宁愿说突厥语而不说汉语，并且在皇宫的空地上搭造了一顶地地道道的突厥帐篷，而他本人则穿得像一位真正的突厥可汗，坐在帐篷前的狼头纛下，亲手将煮熟的羊肉用佩刀割成片大嚼大吃。伺候他的奴隶们也都是全身穿着突厥人的装束。

　　尽管在当时模仿承乾太子的人肯定大有人在，但是具有这种粗野爱好的人的数目毕竟是很有限的。唐朝社会上更普遍流行的是从外国传来的食品，这些食品当时广泛地受到人们的喜爱。而在外来食品中，最流行的就是各种类型的小"胡饼"，其中特别是各式各样的带有芝麻的蒸饼和油煎饼，尤其备受人们的青睐。虽然胡饼深受外来居民和唐朝本地人的欢迎，但是制作胡饼的技术是从西方传来的，所以制作和出售胡饼的通常都是西域人。在唐代颇为流行的一个故事中，曾经提到过这样一位胡饼商。有一个姓郑的年轻人在黎明前从他的情人的家里回来，这时他所在的里坊的大门还没有开，在等待开启里门的晨鼓声时，这位年轻人光顾了这样的一所胡饼店。据记载：

> （郑子）及里门，门局未发。门旁有胡人鬻饼之舍，方张灯炽炉。郑子憩其廉下，坐以候鼓。①

与大众食品形成鲜明对照的，是为富豪和体面人的餐桌上准备的精美菜肴。这些菜肴中有些是利用昂贵的进口配料制作的，但是在制作方法上却似乎没有根据外国的烹饪方法。在这类食品中，特别流行的是各种添加了香料的香味食品，例如在一种叫做"千金碎香饼子"的食物中，就必定添加了香料。而有些食品则显然是根据外国传来的食谱制作的，例如在笼屉中蒸制的"婆罗门轻高面"就属于这一类食品。

与衣、食、住以及日常生活其他方面的外来影响相适应的是，在当时的艺术作品中也表现出了对外来事物的浓厚兴趣。唐朝的诗人以及画家们都在他们的作品中描绘了纷纷涌进唐朝境内的外国人。由于艺术家本人的气质可能会与他所处的时代中广为流行的，而且普遍受到人们信奉的文化潮流不相谐调，所以每个时代都会出现一些崇尚异国情调的艺术家，这是一点也不足为奇的。但是对外来事物的兴趣最为浓烈的时代，却往往是那些开始或重新开始与异国他邦相互交往的时代。所以一个时代对于外来事物的兴趣是否强烈，尤其与扩大国家势力的征服以及商业扩张活动有着密切的关系。典型的以反映外来事物作为创作主题的艺术家在赞颂自己国家的同时，也暴露了他们内心的愧疚——对外国的压迫和剥削使他们的良心受到谴责，而他们又是通过将被压迫者和被剥削者理想化来赞颂自己的国家。正如德拉克洛瓦和高更的绘画作品中的阿尔及利亚人和塔希提人的形象一样，在戈佐利和贝利尼的画作中的摩尔人和撒拉逊人的形象也同样表现出了一种自大的和傲慢的文明的特征。在唐代，也有一些与此极为相似的艺术作品。甚至在外来题材的宗教作品中，也确实存在着类似的情形。例如集中表现在文艺复兴时期艺术中的三贤人画像的特点，就与在远东佛教艺术中所见到的，长着印度人面孔的阿罗汉的形象不无相似之处。

有些中世纪的评论家并没有将反映外来题材的绘画看做是一个特别的种类。例如著名的郭若虚就是如此。郭若虚是在11世纪时评论9、10世纪的绘画作品，这样就使他正好处在一种不远不近，十分有利和客观的地位上。郭若虚将古代的绘画分作"观德""壮气""写景"与"风俗"等几个类目，但是他并没有将反映外国人的以及内容与外国有关的绘画作品归作一个专类——即便他偶尔也曾讨论过以外来事物为主题的绘画，例如，他曾经指出了描绘来源于印度的神像的

---

① 《酉阳杂俎》卷16。

正确方法，认为在绘制因陀罗的画像时"须明威福严重之仪"。

相反，12世纪书画鉴赏家宋徽宗收藏书画的目录书《宣和画谱》的佚名作者，却为我们留下了关于表现外国人的绘画作品的一个简要的叙论。这位作者具列的，描绘外国形象的著名画家中有胡瓌和他的儿子胡虔，他们的许多作品一直保存到了宋代。胡氏父子以擅长描绘边荒绝域的狩猎场面以及外来的马、驼、隼而著称于世。这位佚名的目录学家声称，这类绘画的真正价值在于，与汉文化比较而言，这些作品描绘了蛮夷文化的粗俗低劣。类似这种说教式的沙文主义，在宋代肯定要比唐代普遍得多。在唐代，以外国为主题的绘画激发出来的感情，是一种屈尊俯就的自豪感；而在宋代，由这类绘画而产生的则是忧惧交加的妄自尊大。总之，有一点可以肯定，即大多数唐代的艺术爱好者以及大多数宋代的书画收藏家，都从这些绘画的风格和色彩中得到了最大的艺术享受。

尽管在艺术批评家的著作中很少对表现外来题材和其他时尚的艺术作品进行归纳总结，但是通过对批评家提到的，艺术家们个人最擅长的题材进行综合概括，我们就可以很轻易地勾勒出唐代艺术潮流和风尚的简单轮廓。如果稍加总结的话，就不难发现，7世纪是唐代绘画中外来题材最流行的时代。这时唐朝皇帝的武功已臻顶峰，畏威臣服的蛮夷充斥朝廷，胜利的自豪使这些化外之民似乎也成了为公众所承认的，适合于绘画的主题了。与绘画中的外来题材相比较而言，我们在下文中将会看到，在唐代文学作品中，外来题材最盛行的时代是在9世纪，而9世纪则是一个怀旧的时代。在7世纪时，表现外来题材的画家中名气最大的画家是阎立德。阎立德其人是阎立本的哥哥，阎氏兄弟二人齐名，阎立本曾以图写唐太宗本人的真容而享有盛誉。据说在描绘外来题材方面，与阎立德同时或比他更早的画家中，没有一个人能够超过他的成就。贞观三年（629），中书侍郎颜师古向朝廷引见了一位居住在今贵州省境内偏远山区的土著人。据记载，这位土著的西南蛮"冠乌熊皮冠，以金络额，毛帔，以韦为行縢，著履。中书侍郎颜师古奏言：'昔周武王治致太平，远国归款，周史乃集其事为《王会篇》，今圣德所及，万国来朝，卉服鸟章，俱集蛮邸，实可图写贻于后，以彰怀远之德'。上从之，乃命阎立德等图画之"。

描绘外国山川形胜的图画，同样也是在讯问外国贡使的基础上画出来的。虽然在唐代，实用与审美二者在目的及其效果方面无疑都是判然不同的，但是尽管如此，我们几乎还是无法将表现外国山川形胜的美术图画与实用的战略地图区别开来。贞观十七年（643），阎立本曾受命描绘太宗朝万国输诚纳贡的场面。在阎立本的作品中，有两幅《西域图》。距离阎氏兄弟之后一个多世纪，活跃在唐朝画坛上的是周昉与张萱两位画家。周、张二人都以擅长画仕女画而著称。令人难以置信的是，他们两人都曾画过《拂林（Prom，或Hrom，或Rome）图》，所谓拂林国是指拜占庭疆域内的某个地区。如果这些作品能够保留下来的话，对我们来说它们将是无可比拟的瑰宝，但是现在我们已经无法想象这些画家在画面中表现的那些异域景象的特点。甚至伟大的王维也根据某个"异域"创作了一幅风景画，但是王维画的"异域"究竟是指哪里，现在也无从考证了。

唐朝画家描绘的这些远国绝域的居民的形象，通常都是穿着他们本地的服装，而且这类绘画都尤其突出地表现了异域人奇特的相貌。在所有表现外国人的艺术作品中，能够确认其年代的作品，大多数都是由唐朝工匠创作的赤陶小塑像。在这些塑像中，我们可以发现头戴高顶帽、神态傲慢的回鹘人，浓眉毛、鹰钩鼻的大食人（对他们还不能完全肯定），此外还有一些头发卷曲、启齿微笑的人物形象，不管这些鬈发的形象属于哪个民族，在他们身上都表现出了希腊风格的影响。然而，虽然外国人是唐朝大画家喜欢表现的一个主题，但是他们创作的外国人的形象留存下来的却很少。现在我们已经无法得见阎立本画的，进贡者在唐朝皇帝面前躬身致礼，将兽中之王狮子贡献给朝廷的图画了。其他如李渐与他的儿子李仲和画的骑在马上的蕃人弓箭手的形象，张南本创作的《高丽王行香图》，周昉画的《天竺女人图》，张萱的《日本女骑图》等等，今天也都已经见不到了——但是在敦煌壁画中，我们还可以看到一些面貌古怪、帽子奇特，留着外国发式的中亚民族人物的形象——然而，当武士、文吏以及疲惫不堪的朝圣者在唐朝驻军的保护下，通过当时西域的绿洲城市时，他们就会看到身穿希腊风格衣饰的佛陀形象，具有最纯正的伊朗人特征的供养人形象，还有直接表现热烈的印度史诗场面的裸体女像。

在唐代这一段激奋人心的岁月里，对于艺术家而言，异域的野生动物（尤其是那些由外国使臣作为贡礼，带来献给唐朝朝廷的野兽）还有家畜（特别是唐朝人羡慕和渴望得到的那些家畜，如鹰隼、猎犬、骏马等），也都差不多具有同样强烈的吸引力。

最后，唐朝艺术家喜欢表现的外来题材还有外国的神和圣者，尤其是佛教发源地的神与圣人，更是他们喜欢表现的对象：瘦削憔悴的印度罗汉，璎珞被体、法相庄严的菩萨，还有表现为佛法的守护神和中国的殿堂门庭里的保护神的古代因陀罗和梵天以及其他一些已经部分地同化于北方游牧民族文化和汉族文化的守护神——例如北方的保护神俱毗罗就被表现为身上穿着中国式的长袍，但是却长着颔毛和胡髭的形象。这种在绘画中将中国的和外国的特点混杂在一起的现象，有时是因为描绘外来题材的画家使用了汉人作为模特的结果，例如当时一所佛寺中的梵天女的形象，就是一位侍奉大贵族的艺妓形象的写真。这就如同意大利名妓的外貌被借用来描绘文艺复兴时期的圣母形象一样。那些表现佛教极乐世界的精美画像，必定也是由许多这种混杂的形象组合而成的。而在表现虚无缥缈的仙境的图画中，也存在类似的情形。初唐时期佛像画家中最著名的一位画家本人就是于阗的胡人。这位画家的名字在汉文史料中称之为尉迟乙僧。尉迟乙僧大概是在7世纪中叶时被于阗王推荐到唐朝宫廷中来的，他带来了一种来源于伊朗的，新的绘画风格。尉迟乙僧用这种绘画技法创作的形象带有强烈的立体感和明暗色彩，人物形象凸现于画面之外，几至飘然欲出。这位大师创作的一幅"天王像"，一直流传到了现在。据说，他的画风影响了画坛巨擘吴道玄，而且为敦煌地区的石窟壁画所效法。尉迟乙僧还因为帮助将"铁线描"（即用粗细不变的线条勾画人物的西方技法）带入了唐朝的大城市中而享有盛誉。尉迟乙僧不仅用外国技法作画，而且他也并不鄙视表现外来题材，比如，他曾经创作过一幅"龟兹舞女"的画像。

文学作品对异域的风貌的兴趣不仅表现在这一时代的散文中，而且也体现在这一时期的诗歌的内容中。绚烂的色彩、奇丽的想象、浪漫的意境等等，吸引了9世纪许多优秀的诗人的注意力，这一时代的典型人物是李贺。李贺是一位想象丰富、奇诡险怪、色彩鲜明的诗人。他在诗歌创作中总是喜欢使用夸张和举隅的手法，例如以"琥珀"代表"酒"，用"冷红"借指"秋花"等等。这位年轻的文人热衷于阅读丰富的古代典籍"诸子"和禅宗的《楞伽阿跋多罗宝经》，李贺英年早逝，宋代批评家称他为"鬼才"，而所有这些在我们看来则是毫不足怪的。在李贺的诗歌中自然而然地流露出了奇妙的异域风情，正如在《昆仑使者》一诗，或在他对一名鬈发、绿眼的胡人儿童的描写中反映出来的那样。

想象的贡品一开始并不是在唐代的文学作品中出现的，但是这些经过想象加工的贡物反过来确实刺激了人们的想象力。

下文列举的几个故事，就属于9世纪的这种创作性回忆的典型范例：

据一则故事中记述，在唐朝一位大臣献给唐朝皇帝的"定国宝"中，有两枚"西王母"的白环——西王母是一位模糊而久远的人物，她与居住在世界之巅的山里的神仙的梦想有密切的关系——这种白玉环与其他那些民间传说中非常有名的，具有魔力的玉环很相似。据信，谁要是有了这种玉环，他就能使所有周边的国家臣服。

另一个故事讲的是由交趾国进贡的一枚犀牛角，这枚犀牛角"色黄如金"，放置在皇宫的金盘里。据带来犀角的使臣解释，这种犀牛角具有驱寒的功能——在犀牛角周围也确实"温温然有暖气袭人"。与辟寒犀角功能类似的，是被称作"瑞炭"的一百根炭条。据说，这种炭是由甘肃境内的一个古代国家，即西凉国贡献的瑞炭，坚硬如铁，"烧于炉中，无焰而有光。每条可烧十日，其热气迫人而不可近也"。

来自龟兹的一件贡礼是由一块酷似玛瑙的光滑的石头制作的，做工"甚朴素"的枕头。有幸能够枕在这个枕头上睡觉的人，就可以在梦中四处漫游，海洋陆地，无所不至，甚至还能到俗世凡人闻所未闻的仙境中游历。故事中告诉我们，这个幸运的人是新贵官僚杨国忠。由于杨国忠是唐玄宗所宠爱的杨贵妃的堂兄，所以他真可以说是幸而又幸了。

　　8世纪是一个神奇魔幻、无所不能的时代。那些在其作品中虚构外来物品的作家们力图发挥想象重新创作的，正是这一去不复返的，8世纪的世界。

【英国】汤因比

荀春生 朱继征 陈国梁 译

东亚——全世界统一的地理和文化上的主轴①

古老而博大的中国，从来就是一个不可忽视的存在。在西方，有人说，历史已经终结了。言下之意，人类只有跟着美国一条道走到黑了；也有人说，使人类不至于走向灭绝的拯救之道存在于东方文化之中。史学家汤因比认为，以中国为核心的东亚，是"全世界统一的地理和文化上的主轴"。当今世道，"全世界在政治以外的各个领域，都按西方的意图统一起来了。恐怕可以说正是中国肩负着不止给半个世界而且给整个世界带来政治统一与和平的命运"。如此期许，当今国人三思。

汤因比（1889~1975），英国历史学家，著有12卷历史学扛鼎之作《历史研究》。

我期待着东亚对确立和平和发展人类文明能做出主要的积极贡献。世界要稳定下来，这才是避免世界陷于悲惨结局的唯一道路。我认为亚洲其他地区即印度、巴基斯坦次大陆和中东地区，对这种稳定似乎还不能起到这样的积极作用。

中东有庞大的石油资源，但印度、巴基斯坦和中东在经济上都很落后。并且这些地区在政治上也很混乱。印度教徒和伊斯兰教徒，阿拉伯人和以色列人，巴基斯坦和孟加拉以及阿拉伯各国内部政治上的保守派和激进派等的对立，这和北爱尔兰的旧教徒和新教徒之间的纠纷性质是相同的，不过规模较大。因此西亚的各国国民，大概对人类各种问题的解决，不会有什么帮助。相反，他们倒有一定要靠别的国民帮助才能解决的自己地区的问题。

另一方面，东亚的状况怎样呢？中国现在在经济、军事两个方面都不是超级大国，在这些方面即或想与美苏对等，成功的前景也是遥远的。然而美苏两个超级大国、日本以及别的很多国家，还是把中国看做是世界上的一大势力，这在他们的行动中可以看得出来。苏联由于担心中苏关系恶化，对西方就更加采取和解态度。尼克松总统访问北京，也显示对中国的重视。这些都明显地表示中国是有

话说中国

---

① 选自贺学君、汤学智编《20世纪巨人随笔·人文科学家卷·生命之舞》，光明日报出版社，1995年版。

威信的。可以设想,中国现在有这样的威信,将来也会有。但是,中国在物质方面的力量和这种威信完全是不相称的。这究竟该怎样说明呢?

从鸦片战争到中国共产党统一大陆之前,世界各国都以轻蔑的态度对待中国,无所顾忌地欺负中国。从物质方面说,就是现在中国和西欧各国、苏联、日本等相比,也不比过去受屈辱的那个世纪强大多少。虽然如此,像今天高度评价中国的重要性,与其说是由于中国在现代史上比较短的时期中所取得的成就,毋宁说是由于认识到在这以前2000年期间所建的功绩和中华民族一直保持下来的美德的缘故。中华民族的美德,就是在那屈辱的世纪里,也仍在继续发挥作用。特别在现代移居世界各地的华侨的个人活动中也都体现着这种美德。

东亚有很多历史遗产,这些都可以使其成为全世界统一的地理和文化上的主轴。依我看,这些遗产有以下几个方面:

第一,中华民族的经验。在过去21个世纪中,中国始终保持了迈向全世界的帝国,成为名副其实的地区性国家的榜样。

第二,在漫长的中国历史长河中,中华民族逐步培育起来的世界精神。

第三,儒教世界观中存在的人道主义。

第四,儒教和佛教所具有的合理主义。

第五,东亚人对宇宙的神秘性怀有一种敏感,认为人要想支配宇宙就要遭到挫败。我认为这是道教带来的最宝贵的直感。

第六,这种直感是佛教、神道与中国哲学的所有流派(除去今天已灭绝的法家)共同具有的。人的目的不是狂妄地支配自己以外的自然,而是有一种必须和自然保持协调而生存的信念。

第七,以往在军事和非军事两方面,将科学应用于技术的近代竞争之中,西方人虽占优势,但东亚各国可以战胜他们。日本人已经证明了这一点。

第八,由日本人和越南人表现出来的敢于与向西方挑战的勇气,这种勇气今后还要保持下去,不过我希望在人类历史的下一阶段,能够把它贡献给和平解决人类问题这一建设性的事业上来。

在现代世界上,我亲身体验到中国人对任何职业都能胜任,并能维持高水平的家庭生活。中国人无论在国家衰落的时候,还是实际上处于混乱的时候,都能坚持继续发扬这种美德。不过中国也并不是总处于混乱状态。1911年到1949年是动乱时期。在这以前也有过几次混乱时期,这都是事实。然而从公元前221年最早的政治统一以来,在政治上大体上都保持了统一,有效地统治下来了。

公元前221年以前的中国政治史跟旧大陆最西部分的政治史有些类似。也被不少好战的地方国家群雄分割过。但是公元前221年以后,政治上的分裂和无政府状态的逆流是极为少有的并且是短暂的。从整体上看,帝政中国的历史是一部在政治上富有成功经验的历史，而且今天还在以"人民共和国"的形式继续存在着。这跟在西方企图实现持久的政治统一和和平而没有达成的罗马帝国的历史，形成了鲜明的对照。

罗马帝国崩溃后，西欧世界再也没有能够挽回原来的政治统一。当然西欧世界在人们活动的所有领域，都发出了巨大的能量。过去500年间，在经济和技术方面而且一定程度上在文化方面，把全世界统一成为一个整体了。然而在罗马帝国解体后，西方本身或在世界其他地区，都没有实现过政治上的统一。不仅如此，西方对政治上的影响是使世界分裂。西方对自己以外的地区推行的政治体制是地方民族主权国家体制。罗马帝国解体后，西方的政治传统是民族主义的，而不是世界主义的。由此看来，今后西方也似乎不能完成全世界的政治统一。不过今天之所以在政治上要求世界统一，从起因来说，也是因为西欧各国国民把势力扩展到全世界的结果，在政治以外方面已经实现了世界统一的缘故。这也是不能否认的。

将来统一世界的大概不是西欧国家，也不是西欧化的国家，而是中国。并且正因为中国有担任这样的未来政治任务的征兆，所以今天中国在世界上才有令人惊叹的威望。中国的统一政府在以前的2200年间，除了极短的空白时期外，一直是在政治上把几亿民众统一为一个整体的。而且统一的中国，在政治上的宗主权被保护国所承认。文化的影响甚至渗透到遥远的地区，真是所谓"中华王国"。实际上，中国从公元前221年以来，几乎在所有时代，都成为影响半个世界的中心。最近500年，全世界在政治以外的各个领域，都按西方的意图统一起来了。恐怕可以说正是中国肩负着不只给半个世界而且给整个世界带来政治统一与和平的命运。

珍藏本后记

关于《青春读书课》

　　《青春读书课》缘起于我在深圳市育才中学开设的一门选修课。时值1999年，当时可能是中国内地中学开设的第一个成系列的语文选修课。原本定位于人文精英课程，由于得到众多学子的喜爱，于是校方慷慨决定印制教材。开课的同时，教材陆续印制出来，并且不胫而走，成为一套民间流传的人文读本，引发了网友和媒体的新奇关注。2003年，百年老店商务印书馆出版了这套教材，《青春读书课》遂成为公共话题。有教育学者认为"青春读书课"这几个字就有很高的时代价值；香港媒体称之为中华人民共和国成立后"第一部私人编著的语文教材"；联合国教科文组织的有关人员表示要向海外推广；中国关心下一代工作委员会、中央电视台、深圳读书月等机构将此套书列为推荐书目；中语会专设"课外语文"课题组持续研究推广相关理念；国内上百所中学选择其作为语文课校本教材正式开课；更多的学校推荐为学生常备课外阅读书籍；甚至有一些大学和小学分别选用其中的某卷作为教材。

　　关于读本的编辑理念，早已向芸芸媒体告白，不再饶舌。

　　《青春读书课》人文读本，一套七卷十四册，近五百万字，导读文字就有四十多万字。十年磨一剑，"上穷碧落下黄泉，动手动脚找东西"。在这段漫长而快乐的岁月中，仿佛与自己心仪的古今中外的人杰约会了一遍。有的匆匆而过，有的侃侃而谈，有的悄声细语……我遥望他们远去的背影，期待着以后的再次约会；我记住了其中一些深情凝注的眼神，一些万语千言的叮咛，一些柔肠寸断的长叹，一些热血沸腾的激情……这些高贵的灵魂，将继续滋养我的生命，因为有了他们，我的人生才不虚此行，并且幸运的是，通过我，给中国孩子们的健康成长，传递着巨大的柔情。

　　孩子们的反馈是对我的最大激励。深圳南山外国语学校初一学生丁梦琪给我来信："严老师：我是你的书的新的读者，我今天读了你的《成长的岁月》，真是激动得想跳楼。真是太好看了！！"我回信："非常理解你阅读时的欣喜之情，老师编读本的目的，就是让大家好好活。"深圳大学一位学生偶然读到《白话的中国》，其中尖锐的思想刺激得他彻夜难眠，第二天跑来自费购买十余册，说是要送给他的同学好友，让朋友们能够在一个共同的精神层面对话。我的学生赵真、高藏等留学国外，在超重的行囊里，依然塞着读本，一份关爱伴随游子走四方。

　　学生的评价是最本真、最重要的。请允许我引用几句他们的感言：

　　杨建梁：青春读书课，可以说是一门给你自由，教你自由的课。

程羽博：原来精神也有家园，也需要归宿。于是，我也开始寻找并构筑属于自己的精神家园。这一切从《白话的中国》开始。

于乐实：每次上完读书课，都会有一种海阔天空的感觉……

谢予：在读书课上，我肯定了许多问题的价值，文学的价值，思考的价值，想象的价值，而在以前，我都是有所怀疑，或是轻视的。

南昌外国语学校是最早引进《青春读书课》教材开设选修课的学校之一，听听这些可爱的声音：

唐嘉辰：年轻的心是躁动的，本以为没有任何事物可以制服它，遇到了"青春读书课"，它却出乎意料地平静了下来，滤去一切繁杂。我们真的沐浴在中国文化的精髓中，我甚至站在了前人文化的高峰上看中国的文化遗产……

钟鸣：这里没有陈词滥调的教化，没有任何强制接受的压迫，毫不经意之中，实现了思想的交流、沟通和碰撞。站在此处再回首，蓦然发现思想真的可以如苍鹰般展翅飞翔。而《青春读书课》就是将我们送上天空的风。当我们的灵魂一次一次地经受洗礼与升华之后，我看见了自己稚气未脱的脸庞上那无比坚毅与坚定的目光。

肖旭：《青春读书课》是对我青春生命的救赎。

因为《青春读书课》，听到许多志同道合的声援，体会到"道不孤，必有邻"。早在读本正式出版之前，蛇口工业区的创始人袁庚先生，看到读本后约我见面，并流利地背诵韩翰咏叹张志新的短诗："她把带血的头颅，放在生命的天平上，让所有的苟活者，都失去了——重量。"听说，他向许多人推荐这个读本，于是很长一段时间，都有人慕名找到学校来。数年之后，年近九旬的袁老，在我再次拜访他时，竟然向我这个编者推荐我编的读本——他已经不认得我了，但还惦记着这个读本，并关心它的出版。广东省语文教研员冯善亮在听课后肯定："以往我们总说语文课脱离时代，严凌君老师的读书课就贴近了时代脉搏，把枯燥乏味的语文课变得博大精深。"珠海市语文教研员容理成多次带领珠海的老师不下百人前来听课研讨。四川的李镇西老师在K12教育网站率先推荐："从这本教材中感到了中国语文教育的一点点希望！"山东的王泽钊老师在联系出版自己的教材时，从中青社某编辑手上获得《白话的中国》，自言"如获至宝"，并千里迢迢前来深圳会晤。国编《语文》教材主编顾之川先生告诉我："人教社新编《语文》教材，从《青春读书课》读本中吸收了不少东西。"并邀请我参与人教社高中《语文》的编写。《读写月报》副主编漆羽舟引着编辑部全体成员来到育才中学召开第一次"读本研讨会"，随后亲自在南昌外国语学校操鞭执教。善良诚挚的摩罗先生积极为我联系出版，并建议增补"小说"一卷，这就是后来的《世界的影像》；远在美国留学的梁讯，欣然加盟《世界的影像》一卷的编写。还有那么多我的同仁，在全国各处发出呼应：新疆的冯远理老师撰文支持；北京的赵谦祥老师将读本引进清华附中作选修课教材……我从老一辈教师身上感受到庄重大气的品格。师心淳厚的钱理群先生闭户半月，为读本欣然挥笔写下2万多字热情洋溢的长序；虚怀若谷、鹤发童心的商友敬先生甚至说："你编的读本后来居上。"这两位前辈都是《新语文读本》的编者。在徐州参加"中国青年教师论坛"，初识《那一代》的几位作者蔡少阳等人，他们正在热烈聚谈，一见我，立即没头没脑地嚷道："严老师，你说你说。"那些热血纯真的年轻面孔，让我感受到万象更新的"五四"氛围……这些相互感应的人们，还有那些素昧平生的使用读本的老师们，他们都是我的同道、我的族人，也是像我一样为书本所蛊惑、为理想而痴迷、为教育而揪心的书痴吧？

我怀着温情在这里记下三位素昧平生的朋友：两位青年和一名工人。

2004年2月，《南方周末》发表记者徐楠对我的采访——《严凌君：还语文教师以尊严》。全国各地问询的、支持的电话不断，有学生家长，有记者，也有教师。一天，我的办公室来了一位青年，先拿出学生证给我看，证明他是贵州警校法律系学生，然后拿着本子，上面写着一些问题，非常认真地一一提问，话题集中在"青年的精神家园"。不是采访，是他心中的困惑。交谈中蹦出一句："老师就像当年的鲁迅先生一样。"让我突然感到巨大的悲哀！21世纪了，我们的青年多么需要真实的精神资源，他们一旦看见好东西，就如此轻易地矮化自己，我们的社会没让他有机会成为自立的人。我惶恐辞谢，转告他鲁迅先生的话："不要寻什么'乌烟瘴气的鸟导师'，自己从荆棘中闯出一条路来。"

有一天，一位瘦高的青年来找我买书。自我介绍是山东潍坊人，大学园林专业毕业生，在深圳工作。因为是独子，要离开深圳回老家了。说是在走之前要"带回去一点能够代表深圳的精神和文化的东西"，浏览深圳的报纸和网站，知道了《青春读书课》这套书，就来了，说是要送一套给他在老家当老师的女朋友，要我签名题字，还说自己的学生时代没有这样的书、这样的老师，希望女朋友拥有这样的书，当这样的老师。临别，我伸手与他握别，他突然后退一步，给我一个毕恭毕敬的九十度的鞠躬，让我惶惑不安。

2004年3月的《南方周末》，载文反驳我的一些观点，说语文就是技术，不同意我的"尸检说"。这是在意料之中的：这恐怕是目前中国教育界的"主流声音"，一些一线教师正在成为教育变革的第一阻力。6日子夜，接到一通电话，来电者自称是黑龙江佳木斯市的一位下岗工人，他声音激动地表示要著文反驳，并说："你给中国教育带来了曙光……"这样的期许，让我惭愧难当。其后，又接到他的深夜来电，表示自己水平不够，已经请当地一位教授代为撰文。

这三位特殊的友人，我至今连他们的名字都不知道，那位工人甚至说："你不需要知道我的名字，我只是一个支持你的中国人。"是啊，只要是关爱中国的中国人，这就够了。

关于修订本

《青春读书课》初版至今15年，此前作为校本教材使用至今已经20年。这些年，读本在教学实验和公众阅读中，得到众多师生及各界读者的积极反馈，他们为读本的修订提供了诸多智慧的建议。我也在一边教学一边进行修订，于是就有了这个修订本。

与初版比较，修订版共删除文本56篇，新增文本89篇。删除的基本原因：用更合适的文本替代，使主题更为结实有力。增补的一般理由：发现更佳或更新的文本，对诠释主题更有代表性。修订版较之初版，全套书更为经典和新鲜。

下面逐卷简介修订情况，重点提示一些"欣喜的发现"。

《成长的岁月》卷，删去6篇诗文，新增文本10篇。增加了两本可爱的童书：《当世界年纪还小的时候》和《芒果街上的小屋》。还增加了联合国前秘书长安南《致全世界儿童的一封信》。小说《受戒》用全本替代了节本，《小王子》则增加了章节，新增《小毕的故事》，补充了男孩成长的主题。

《心灵的日出》卷，原《悲壮的两小时》一文，经读者提醒并查实，是一篇虚构的航天故事，删除。增加了几篇精品文字：台湾作家张大春的《小说稗类》一篇，大陆文字高手阿城的短篇小说《遍地风流》三篇，另有诗人海子的散文以及关于时间妙想的一本奇书《爱因斯坦的梦》。

《世界的影像》卷，根据教学实践，对多个栏目做了重组。删除了7篇小说；增加了《有人弄乱了玫瑰花》一章，集合马尔克斯、博尔赫斯等后现代文风的作品，让学子亲近当代大师，一窥新小说风光。新增王朔的《我的千岁寒》，鼓励一种有活力的汉语书写探索；而《肖申克的救赎》，是小说电影俱佳的作品，喜欢该电影的读者再读原著，或有鸳梦重温之快。巴别尔是重新出土的俄国文学大师，尤瑟纳尔是罕见的智慧型女作家，都有新作入选。

《古典的中国》卷，是我私心最爱的一卷，导读就写了13万字。除保留余冠英和萧兵二先生的《诗经》《楚辞》译注之外，对全书译注做了全新修订。散文的译注力求准确生动，诗词曲的注释新鲜发散，倾情展示中国文学中韵文强项的独特魅力，以注释而论，几乎是一本新书。本书散文部分，为适合学生阅读，特别邀请刘曦耕先生注释并白话翻译，对老友的智力支援，不敢言谢。感谢钟叔河先生慷慨提供多篇笔记小品译文，这种不同于传统直译的串读式译述，本身是别具情味的小品文风；感谢台北"中央研究院"的华玮教授提供清代才女吴藻的《乔影》一文，为《书生意气》一章补充了女性题材和女性视角，使被漫长历史遮蔽的另一半书生有机会崭露头角；感谢素昧平生的热心读者冯良遵先生提供的校对建议，使本书更为完善。得与素心人谈诗论文，不亦快哉。

《世界的影像》与《古典的中国》两卷，初版的疏漏较多，修订版改用原稿重新排版；两卷都补上了受读者喜爱的彩页插图，保持全套书体例统一。

《白话的中国》卷，删除25篇，增补38篇，是全套书中文本调整最大的一卷。多个栏目面目一新，重新认定了各位作家的代表作，以求更全面地反映当代白话文的成就和华语文学的新收获。"启蒙者鲁迅"主题，用陈丹青先生的《笑谈大先生》替换了王晓明先生的学术文章，便于学生读者亲近鲁迅。"诠释中国"主题，在李敖解剖国民性的犀利之外，扩大阵容，增添对书生风骨的温情回顾，于是有了魏晋风度和苏东坡的话题。原"文化随笔"改名"重读古典"，文本大幅增删，确定为对中国诗史的全面扫描，入选的都是妙不可言的名家名篇。《当代诗抄》与《海外中文诗》两章，重新增补了当代华语诗人的代表作，替换较大。其中雷平阳《杀狗的过程》，是我近几年读诗最震撼的发现。而木心先生的"横空出世"，为当代白话文增添了高雅的文化含量，我通读其全集寻章摘句，收拾起一地碎金，编辑成一个语录体文本以飨读者。

《人类的声音》卷，与其他各卷以放为主不同，这一卷主要是收，删去了不够经典的篇目，长文压缩节选，让青少年读者容易进入文本。较好地表现在"话说中国"主题，新增一篇传播（《中国：发明与发现的国度》）、一篇吸收（《唐代的外来文明·胡风》），呈现中外文化双向交流的面貌。

《人间的诗意》卷，删8首，增24首，增补较多。这要感谢河北教育出版社等近年来致力于引介外国诗歌的出版机构，使多语种的外文诗进入中文读者视野，也让我们的新选本更为精粹，主题更为丰厚。比如《我是谁》一章，扩展了自我探寻的精神领域；《亲爱的母亲》一章更名为《我的父亲母亲》，让诗歌中较为少见的父亲主题得以出现。另外在多个主题补入了上佳的诗作，连我自己也愿意不时重温一下。

关于海天版

移民深圳二十余年，我从不讳言自己喜欢这座城市。一座移民新城要成为故乡，至少需要三代人的时间。而今天的深圳人，正在酝酿着家园的感觉。我在20世纪90年代涂抹了一本批评深圳的城市文化观察类的文字《深圳城市病》，当时胡洪侠先生主编的《深圳商报·文化广场》用专栏形式连载，而《天涯》杂志以《来自深圳的报告》专刊发表后，《深圳青年》杂志的编辑不无遗憾地对我说："为什么不先给我们发表？"当《青春读书课》还未正式出版的时候，《深圳周刊》的王绍培先生就曲折寻来，发表《在人文的历史长河上摆渡——与严凌君对话》，这是读本见诸媒体的第一篇深度报道。我知道,这些人都是真爱这座城市的。

　　海天出版社是深圳特区的出版机构,与我供职的深圳市育才中学结缘较早,我校学生的长篇小说《花季·雨季》就是当年由海天推出的新时期青春文学代表作品。2007年,海天出版社与深圳发行集团合并成立深圳出版发行集团。集团是誉满天下的"深圳读书月"的承办单位,我多年忝列读书委员会专家之列。集团副总何春华先生数年来一直关注着读本的再版,在得知有多家大型出版社正在与我商谈修订版事宜之后,他一再叮嘱我把书留在"海天",最触动我的一句话是:"为了深圳!"2011年,尹昌龙先生履新集团总经理,又以多年文友的身份刺激我作为一个特区公民的文化情怀:"这是深圳人创造的文化成果,一定要让深圳人首先分享。"如此,《青春读书课》回到这片她诞生的土地,花落"海天",水到渠成。

　　彼此守望,青眼相许,相互砥砺,携手玉成,正是我喜欢的深圳人的风格。

　　愿《青春读书课》与海天出版社的结缘,成为深圳无数个好故事之中的一个。

关于珍藏本

　　这个珍藏本,有幸邀请到"中国最美图书"获奖者、著名设计师韩湛宁先生操刀,全面更新设计,完美地呈现出优雅隽永、丰盈高洁的中国书生的青春容颜,令我有爱不释手的感觉,相信读者也会喜爱。内容方面,全套书基本定型,比较理想地表达了我目前对青春学子的阅读期许和指引,大的更新尚须等待时局的演进。此次除了更精细的校对,篇目基本未作变动。这样的面目出现在你面前的一套书,应该值得书香家庭珍藏。

　　愿天下素心人因好书结缘,如果你是青春期学子,我对你的唯一期许是:打开这本书,读下去,读出一个全新的自己。

严凌君

2017年重阳于深圳市育才中学春韵网站